JN326537

近代日本の倫理思想

主従道徳と国家

高橋文博 著

思文閣出版

序

本書は、西村茂樹・福澤諭吉・阿部次郎・安倍能成・和辻哲郎、そして、修身教科書についての論考を集成している。これらのうち、西村茂樹と和辻哲郎にかんする論文や文章の比重が大きくなっている。このことは、二人の思想家が、他に比べて、それだけ重要な意義をもつことをただちに意味するわけではない。後に述べるわたくしの問題意識からすれば、他のいずれも、重要な研究対象である。二人の思想家の論考の比重が大きくなった理由は、執筆の機会が多かったという、学問的重要性という点からすればいささか外的な事情による面が大きい。

そもそも、本書に収めた論文や文章は、さまざまな機会に、それぞれ独立して執筆されたものである。それぞれの論考は、それぞれに特定の課題にもとづいた考察の成果であるから、それぞれ独立した学問的意味をもっている。その意味では、本書に収めた諸論考は、全体として密接な関連をもっているわけではない。だが、これらの論考の執筆にあたり、わたくしには、明確な問題意識があった。それは、近代日本の倫理思想の意義・特質を明らかにすることである。

近代日本の倫理思想といっても、決して一様ではない。そこには、階層的・地域的・時代的な変異がある。そうした変異にもかかわらず、近代日本の倫理思想として特徴的な性格を見出すために、わたくしは、近代日本における倫理思想の形成を主導した思想を取り上げて検討した。本書で取り上げた思想家や修身教科書は、近代日本における倫理思想の形成を主導した思想を展開している点で、考察対象として選択されているのである。

さて、近代日本における倫理思想の形成を主導した思想を、やはり、近代日本の倫理思想と呼んでよいであろう。だが、これらもまた、決して一様ではない。本書の考察対象とした思想は多様であり、時に相互に対立してもいる。考察の主題も、それぞれに異なっている。それでいて、本書の諸論考を通して、近代日本の倫理思想を特徴づけるものが、透けて見えてくる。

本書の諸論考から透けて見える近代日本の倫理思想の特質とは何か。それは、まず、統一的全体としての日本国家を表象し、その日本国家および日本国家に等置されるものとしての天皇を、至高の価値あるものとする観念である。この卓越した日本国家の観念に、その国家に属する日本人としての人々の自己意識が結びついている。この一連の観念は、西洋近代の思想や学問への同化とそれへの対抗というコンプレックスをなしている。近代日本の倫理思想は、西洋近代の学知の全面的受容を通して、西洋近代の諸国家社会と異なる、独自な日本という観念としてある。そして、このことの裏面に、アジアの思想や文化からの異化と、それらの卓越的代表というコンプレックスを伴っているのである。

ところで、右のこととともに、近代日本の倫理思想において重要なことは、主従道徳の持続的存在である。和辻哲郎は、近代日本国家における天皇への忠誠を、封建社会における主従道徳としての忠君と捉えることの誤りを、くり返し主張した。だが、和辻がくり返し批判した主従道徳は、近代日本の倫理思想のうちに、変容しつつも、根強く主張され続けた。近代日本において、国家と天皇への忠誠は、再編制された主従道徳と並存していたのである。

近代日本の倫理思想は、前近代からもち越しの主従道徳を国家への忠誠とともに求めていた。この事実は、倫理思想における日本の近代と近代以後の意味を考える上で、重要な視点を与えるであろう。本書の書名を「近代日本の倫理思想」とし、「主従道徳と国家」として内容を証示した理由である。

〈目　次〉

第Ⅰ部　近代の立ち上げ——知識人たち

第一章　明治十年代の道徳教育——修身教科書を中心に——

一　影の薄い道徳教育

明治五（一八七二）年八月に発布された「学制」は、近代日本の教育の出発点として重要な意義をもつものであった。「学制」は、小学校を下等小学四年・上等小学四年とし、第二十七章において下等小学の教科のなかに「脩身」をあげている(1)。

「学制」発布の翌九月、文部省は「小学教則」を公布し、授業内容や週当たりの授業時間数と使用する教科書を示した。「修身」は、下等小学の第一年に週二時間、第二年前半に週二時間、後半に週一時間であり、上等小学に配当時数はない。この教科は「修身口授」に「ギョウギノサトシ」と「フリガナ」があるように行儀作法のしつけとして位置づけられている(2)。

この「小学教則」は机上の計画として作られたもので、実際に広く通用したのは、明治八年に師範学校の作った「小学教則」であった。ところが、師範学校の「小学教則」では、「学制」と文部省の「小学教則」では一応独立した教科であった「修身」がなくなり、「上等小学教則」の「読物」で道徳的内容を扱うことになっている(3)。「学制」発布後の教育制度のもとで、道徳教育は独立した意義をもつものとしてほとんど認識されていなかったのである。

このような状況でなされた「修身」の授業は、「口授」という方法をとった。そして、文部省の「小学教則」

で掲げられていた修身教科書は、次のような西洋書の翻訳であった。

ⓐ 青木輔清『小學教諭　民家童蒙解』明治七年刊「近代」
ⓑ 福澤諭吉訳『童蒙教草』明治五年刊「近代」
ⓒ 箕作麟祥編訳『泰西勸善訓蒙』明治四年刊「近代」
ⓓ 阿部泰蔵訳『脩身論』明治七年刊「近代」
ⓔ 神田孝平訳『性法略』明治四年刊「近代」

これらの書物は、二種のまったく異なる性格をもっている。ⓐは、和漢洋の修身書から善言を集めており、「人は萬物の靈たる事」「人は幼少の時勤學すべき事」などの項目について教訓している。ⓑは、英人チャンブル著「モラルカラッスブック」の翻訳であり、「動物を扱ふ心得の事」「親類に交る心得の事」など各章に人としての心得を立てて数個の例話によってその心得をさとしている。

ⓒは、「緒言」によると、原本はフランスのボンヌが小学校で教えるために作り、一八六七年に刊行された。「第一篇　勸善學ノ大旨」第四章に「善トハ道理ニ合ヒ勸善ノ教ニ従フヲ云フ」とし、第六章に「善悪ヲ別ツ心ヲ良心ト云フ」とあるように、各人の「良心」と客観的な「道理」に照らして、人の務めを順序立てて説明している。人としての務めは、良心と道理の存在を前提として、理論的に説明されるのである。ⓓは、「凡例」によると、アメリカのウェーランドの「エレメンツ、オフ、モラルサイアンス」の訳である。人の内にある「本心」つまり善悪是非の判断能力と、それと対応する「定則」という客観的法則との存在を前提して、さまざまな人としての職務を理論的に説明している。

ⓔは、法律論であるから、いまは除外して、ただ「小学教則」では「講授」するとされていたことを指摘しておく。

こうみると、ⓐⓑの教科書は、望ましいとされている行為や態度を、具体的事実や例話あるいは教訓や嘉言によって、児童に教化するものである。「小学教則」では、これらを「説諭」する教科書としている。他方、ⓒⓓは、正しい判断力とそれに対応する客観的法則を前提して、望ましい行為や態度を理論的に説明するものである。「小学教則」では、これらを「講述」する教科書としている。

「修身」は、「学制」発布から明治十三年の『小學脩身訓』の登場までは、基本的に口授という形で教授されており、その場合の口授の方法は、右のような意味での「説諭」と「講述」であった。右にあげられた教科書はこうした方法に対応する書物であった。

「講述」の教科書は、西洋の倫理・道徳にかんする学問的書物やその簡略本の翻訳であり、この種の教科書を講述型とよぶこととする。これに対して、「説諭」の教科書は、例話・事実を内容とするものと教訓・嘉言を内容とするもの、両者をあわせる中間的なものがある。中間的なものを一応度外視して、例話型と教訓型とに分類することとする。

こうして、修身教科書には、講述型・例話型・教訓型の三つの類型があることになる。

『小學脩身訓』の登場する前年の明治十二年までの修身教科書の一部を例示してみる。

講述型　×『泰西勸善訓蒙』箕作麟祥編訳（明治四年）西洋書翻訳
×『脩身論』阿部泰蔵訳（明治七年）西洋書翻訳
×『啓蒙　脩身談』神鞭知常訳（明治十一年）西洋書翻訳「近代」
例話型　×『西國立志編』中村正直訳（明治三年）西洋書翻訳
×『童蒙教草』福澤諭吉訳（明治五年）西洋書翻訳
×『修身　人之基』土屋弘（明治七年）典拠は和漢「近代」

○『近世孝子傳』城井壽章　（明治七年）典拠は日本のみ　「大系」
○『小學脩身口授』漢加斯底爾《ファン・カステール》訳　（明治八年）翻訳書　「近代」
○『通俗　伊蘇普物語』渡部温訳　（明治五－八年）西洋書翻訳　「大系」
○『本朝列女傳』匹田尚昌　（明治八年）江戸期本の抄録、典拠は日本　「奈良」
○『明治孝節録』近藤芳樹　（明治八年）典拠は日本のみ　「資料」
×『皇朝言行録』土屋弘　（明治十年）典拠は日本のみ　「近代」
×『修身訓蒙』名和謙次　（明治十一年）典拠は和漢洋　「近代」
○『修身説約』木戸麟　（明治十一年）典拠は和漢洋　「近代」
○『小學口授　女子孝節談』内田尚長　（明治十二年）典拠は和漢　「近代」
×『小學教諭　民家童蒙解』青木輔清　（明治七年）典拠は和漢洋　「近代」
×『脩身要訣』石村貞一　（明治七年）自作　「近代」
×『智氏家訓』永峰秀樹訳　（明治八年）西洋書翻訳　「大系」
×『訓蒙　勸懲雜話』和田順吉訳　（明治九年）西洋書翻訳　「大系」
×『脩身女大學』青木輔清　（明治十一年）自作　「近代」
○『小學修身談』永田方正　（明治十二年）典拠は一例を除き日本　「近代」
○『女訓』萩原裕　（明治十二年）自作　「近代」
×『家道訓』貝原益軒　（明治十二年）江戸期本の翻刻　「近代」

教訓型

このように、修身教科書に三つの類型があることは道徳教育のあり方について基本的な方針がないことによるであろう。道徳教育を口授として行なうにしても、理論的講述で行くのか、教化的説諭で行くのか、説諭でも例話によるのか教訓によるのか定まっていない。

右のリストで、○をつけているものは挿絵のあるもの、×は挿絵のないものである。挿絵の有無に着目するのは、書物の性格をみる目安になると考えるからである。(4) 挿絵の存在は、娯楽的読み物としての性格や大衆性をもつことの目印とみられる。

講述型に挿絵がなく、教訓型もほぼ同様であることは、内容が視覚化するのになじまないという事情によるだろう。例話型には挿絵のつけられているものが多い。だが、それが原則となっているのでもない。例話型教科書も性格が定まっていないのである。

こうしたことは、「学制」発布から明治十二、三年ころまで、道徳教育が軽視されていたこととかかわることであろう。(5) 道徳教育が軽視されている状況では、道徳教育の方針も教科書の性格も定まらないのは当然である。

二　君臣関係の双務性

修身教科書の内容として、天皇の位置づけについて、若干触れる。

土屋弘『皇朝言行録』(明治十年)は、八巻四冊すべて漢文の嘉言・善行を集録している。その項目編成は、君道第一上・君道第一下・父道第二・臣道第三・子道第四・列女第五・友悌第六・交誼第七・雑記第八となっている。

「君道第一上」では、神武・醍醐ら八人の天皇の言行、「君道第一下」では、源頼朝・北条時頼・徳川家康ら十六人の武将の言行を集録している。天皇は尊重されているが、天皇が君として限定されているわけではない。徳川家康をはじめとする武将もまた君として扱われているのである。

「臣道第三」をみると、全体の項目数は百二、天皇への忠は二十あるが、他の項目は武士の主従関係における主への忠であるから、天皇への忠に重心を置く編成ではない。

『皇朝言行録』には、君を天皇と限定して、天皇への忠を強調する考え方は存在していないのである。

次に名和謙次『修身訓蒙』（明治十一年）をみる。『修身訓蒙』は、上下二巻二冊で、巻之下「報國」の項目で、次のように述べている。

凡ソ何ノ國ヲ論ゼズ、其ノ帝王政府ヲ尊奉スベキハ、即チ人民當然ノ職務ニシテ、殊ニ萬世一系ノ帝統ヲ傳へ給ヘル、我日出天皇ノ如キハ、更ニ崇奉ヲ極メ、萬一意外ノ不幸アラバ、亦孝子、其父ノ急ニ赴クガ如ク、身命ヲ擲テ、之ヲ擁護スベキハ、論ヲ待タズ

（『修身訓蒙』巻之下、二七丁表）

ここに「萬世一系ノ帝統」という表現があり、人民が天皇を尊崇すべきことを語るが、その後に、次のような議論を展開する。

國民ノ、帝王ニ對シテ忠節ヲ盡スベキガ如ク、帝王モ、亦國民ニ對シテ心ヲ竭サヾルベカラズ

（同、二九丁表）

「帝王」と「人民」「國民」は、善政と献身の双務的関係にあると考えられている。したがって、政府の悪政に対しては人民の抵抗権が、次のように主張される。

政府ノ為ス所、暴逆無道ニシテ、全國擧テ塗炭ノ中ニ陷リ、萬々已ムヲ得ザル時ハ、從前ノ政府ヲ廢シ、更ニ善良ノ政府ヲ編成セザルヲ得ズ、蓋シ政府ハ人民ノ為メニ設ケタル者ニシテ、人民ハ政府ノ為メニ設ケタル者ニ非レバ、若シ政府、人民ノ自由ヲ妨グルコト甚ダシケレバ、之ヲ廢スルモ、亦報國中ノ一部也

（同、三十丁表）

政府は人民のために設けたものであるから人民の自由を妨げる政府を打倒してもよく、それが「報國中ノ一部」であるとする。ここでは廃してよいものを政府といって、帝王、天皇とはいっていない。だが、「萬世一系

ノ帝統」という日本の独自な国柄に言及しつつ、このような帝王、政府と人民との双務的関係と抵抗権の主張をしていることは、万世一系の概念との整合性が十分突き詰められていないことを示している。

僅かな事例ではあるが、明治十年前後の段階で、天皇と万世一系の意義をこのような形で捉えている修身教科書が存在するのである。

三　異議申し立て

道徳教育に対する軽視という状況に対して、明治十二年九月、国家の中枢的部分から異議申し立てがなされた。所謂「教學聖旨」である。「教學聖旨」は、明治天皇の侍講元田永孚が天皇の意を体して草案を書いて天皇の名で内務卿、文部卿ら政府首脳に示された。それは、前半の「教學大旨」と後半の「小學條目二件」に分かれる。(6)

「教學大旨」によると、「教學ノ要」は、「仁義忠孝」の本と「智識才藝」の末という本末関係を弁えて、両者を兼備して、人の道をつくすことである。これが「我祖訓國典ノ大旨」であり、上下に通用する教えであるという。「我祖訓」とは、皇祖である天照大神の教えであり、それは、瓊々杵尊に三種の神器を授け、子孫が天壌無窮に葦原中国を統治すると告げたことを意味している。「國典」とは『古事記』『日本書紀』などであろう。

ついで、最近の智識才芸重視の教育の悪弊を指摘し、明治維新以後、西洋の智識才芸を導入したよい面はあるが、その結果、仁義忠孝の道徳を軽視する風潮が生じているのは、わが国の教学の伝統に反し、将来が危惧されるとしている。

そして、仁義忠孝の道徳を根本として、それを踏まえて智識才芸を育成して、本末をそなえた教学が普及すれば、世界に「我邦獨立ノ精神」を誇ることができるだろうという。

「教學大旨」は、教学における道徳と智識才芸の位置づけを議論するなかで、西洋の智識才芸に対して、日本張であるといえよう。

の伝統の継承を訴えている。それは、西洋文化への対抗・対応のなかでの文化的アイデンティティーの確立の主張であるといえよう。

「教學聖旨」の後半「小學條目二件」第一条は、道徳教育の方法を示すものとして注目される(7)。そこでは、まだ「先入主」つまり固定観念の出来上がる前の児童に対して、「忠孝ノ大義ヲ第一ニ脳髓ニ感覺セシメ」るべきであるという。望ましいとされている道徳を教化するのである。そのために「古今ノ忠臣義士孝子節婦ノ畫像寫眞ヲ掲ケ」、つまり、視覚教材を用いて感覚的に定着させるのがよいという。

これは、掛け図などの形で実物教授がなされていたことを受けており、画像・写真の道徳教育における有効性に着目したのである。教科書における挿絵の積極的利用とつらなるものである。

「教學聖旨」のねらいは、文明開化を旗印にする明治政府の教育政策を正面から批判し、儒学を基本として、神勅に由来する天皇統治の伝統を核心に据える教学をもって道徳教育を推進することを求めるものであった。

このことは、伊藤博文ら政府首脳を当惑させた。彼らは、明治五年の「学制」以来の教育政策について、その不備については改善するにしても、西洋の知識才芸の伸張をはかる方針を堅持したいと考えていた。したがって、教学の根拠を日本の伝統におこうとは考えなかった。それに、従来、天皇が国家に能動的にかかわる主体であると想定してこなかった。

内務卿伊藤博文は、天皇の下問(8)に対する回答として上奏文の形で、明治十二年九月と記された「教育議」を提示した。「教育議」の起草者は井上毅である。「教育議」は、臣下としての表面的な慇懃さとはうらはらに、教員や教科書についての統制など若干の補正をするとしたものの、政策転換については全面的に拒否した。

「教育議」には「若シ夫レ古今ヲ折衷シ、經典ヲ斟酌シ、一ノ國教ヲ建立シテ、以テ行フカ如キハ、必ス賢哲其人アルヲ待ツ、而シテ政府ノ宜シク管制スヘキ所ニ非サルナリ(9)」とあるから、明治天皇から「國教」の設定を求める発言があったようである。伝統にもとづく教学の普及という「教學聖旨」の主張に対応している。伊藤は、それは「賢哲」の出現によって可能であり、政府の管掌することではないとしたのである。

元田永孚は、「教育議」への反論として「教育議附議」を書いた。彼は、「聖上陛下、君ト爲リ師トナルノ天職ニシテ」、要路に人材のいる現在こそ「國教」普及の時であると述べている。彼にとって、それは、既にある伝統を振興するだけのことであった。元田の思想によれば、天皇が天照大神の徳を継承して、臣民を徳化することで成立することになる。(10) 彼は、ここで、道徳教育の核心が天皇統治の伝統にあるべきことを確認するとともに、天皇の有徳性を強調したのである。

このような方向性をもつ道徳教育の振興を求めて、明治天皇と元田永孚は政府要路に論争を仕掛けたのである。「教學聖旨」は、「教育令」の公布の直前に出されており、「教育令」の元老院における審議と深くかかわっている。

「教育令」の制定は、「学制」における理想主義的な画一的統制が多様な現実に妥当し得ない状況において、軌道修正をはかろうとするものであった。「教育令」案は、明治十二年四月、元老院の審議にかかり、六月二十五日に審議を終え、七月九日、勅裁を得るため上奏された。

元老院における「教育令」案の審議の過程で、議官佐野常民は、これまでの教育が知育偏重であり、道徳教育を軽視しているのを改め、道徳教育を担う重要な教科である「修身」を筆頭におくべきであると主張したが、少数意見として無視された。(11)

佐野は、侍補吉井友実と連絡をとっており、天皇側近の佐々木高行・吉井友実・元田永孚らは、道徳教育を重視しない政府の教育政策を憂えていた。天皇自身もそれに共鳴していたので、「教學聖旨」が出されたのである。

宮中派の抵抗により延引したが、「教育令」は九月二十九日に公布された。「脩身」は「教育令」第三条で教科の末尾に位置づけられた(12)。

元田らの主張は、この時点では通らなかったが、その後の推移を大局的にみると、道徳教育は、「教學聖旨」に示された方向で進んでいくのである。

四　経過措置

文部省にも、道徳教育の現状を憂慮するものがいた。そのうちの一人である西村茂樹は、重要な意味をもつ修身教科書を編集した。『小學脩身訓』（「近代」）がそれである。

西村は、文部省編書課長であったが、明治十三（一八八〇）年三月に新設された編輯局の局長に任命され、小中学校の教科書の編輯にあたった。彼は、同年十二月二日、報告局長に転じるが、翌年十一月三日再び編輯局長となって以後、明治十九年三月三日、伊沢修二と交替するまで、編輯局長の地位にあった。明治十年代中葉以後の修身教科書の編集は西村の強い指導下にあった。

明治十三年四月、『小學脩身訓』が、西村茂樹選録として、文部省から出版された。この書は、児童が所持すべき教科書として編集された点で重要な意義をもつ。

本書は、全編にわたり嘉言を集録し、解説的言辞を添えていない。「凡例」によると、生徒に嘉言を熟読暗記させ、幼時には意味が理解し得なくとも、記憶しておくことにより、長じて意味が理解され一生役立つという考え方による。ここには、儒学の学習における素読の伝統が継承されている。

もっとも「生徒ノ心ヲ感發開悟スルコトアラシメンヲ要ス」として、嘉言の意味を敷衍したり、故事などにより解説したりして、児童の心情に納得させる必要はあるとする（凡例）。この意味で、口授にも一定の役割がある。西村は、嘉言による暗記と善行による口授とを区別した上で、両者の相互補完によって、道徳の体得が可能となると考えていた。

『小學脩身訓』は、もっぱら嘉言のみを集録した、暗記用の教科書であり、先の修身教科書の分類でいえば、典型的な教訓型に属する。ここに挿絵はない。

児童が当座は理解できないにしても、早くから道徳的な内容を固定観念として教え込むという教育方法は、先の「教學聖旨」「小學條目二件」にみられた考え方と共通する(13)。

『小學脩身訓』の内容は、上下二巻からなり、巻上に学問・生業・立志・修徳の四項目、巻下に養智・処事・家倫・交際の四項目をあげている。各項目について和漢洋の書籍からとった嘉言を掲げ、それぞれの嘉言には典拠が示されている。

西洋を典拠とする嘉言は、和漢を典拠とするものに対してほぼ同程度の分量である。嘉言の内容において、和漢洋の違いに配慮されているとはみえない。本書は、日本の固有性とか儒教的性格などを積極的に打ち出すものではなく、和漢洋に共通の道徳を示そうとしているとみられる。

本書の想定する場面は、家族生活、学校での友人や先生との関係、職業生活などであり、国家的場面には視野が及んでいない。したがって、本書に天皇についての言及はない。

要するに、『小學脩身訓』の示す道徳は、児童が人として日常的な生活を営む上で体得すべきものであり、和漢洋に通ずるという意味で普遍性をもっている。

本書は、「東洋道徳復活の目的で編集された代表的教科書(14)」と評されているが、必ずしも東洋道徳を顕揚してはいない。それが東洋的といいえる点があるとすれば、嘉言を暗記させて道徳を体得させようとする教授法学習法によることであろう。既成の道徳を暗記させて児童に注入する教育方法は、東洋あるいは儒教に限るものではないが、儒教の学習における素読の伝統につらなることは確かである。

『小學脩身訓』は、次の点で、修身教科書の歴史において画期をなしている。従来の修身の教育は口授か読み物により、児童が教科書を所持することはなかったが、本書の後に、修身教科書はすべて児童が所持して授業を受けるべきものとなったのである(15)。

この後の修身教科書にとって、『小學脩身訓』は、一つの重要な範型となったし、道徳教育そのものの重要性を増すことにもなった。とくに、道徳を教訓として暗記させるという教授法が道徳教育のなかに明確に位置づけられたことは重要である。道徳教育は、法則の理論的研究ではなく、また各人の内面的良心に根拠をおくのでもなく、既にある道徳を定着させることであるという方向が確固として押し出された。ただ、ここには天皇の存在を道徳教育の核心とする考え方はあらわれていないのである。

五　大いなる転換

「教育令」は、自由化を目指したが、それがまた教育の衰退を加速するような役割を果たしたため、その改正を迫られた。文部省は、明治十三（一八八〇）年十二月二十八日、就学義務を強化し、中央と地方の権限を強化する内容の教育令を公布した。これが所謂「改正教育令」である。「改正教育令」で、道徳教育についての注目すべき変化があらわれた。教科について定めた第三条で、「修身」が筆頭に位置づけられたのである(16)。

「改正教育令」の文部省原案では、「修身」は教科の末尾にあって、元老院の審議でもなんの意見もなかったが、公布直前に天皇および侍補の強い要請によって筆頭へと修正された(17)。先の「教育令」審議の折には、彼らの道徳教育を重視せよとする意見は通らなかったが、今回は通ったのである。「修身」の筆頭教科としての位置は、「改正教育令」以後、第二次世界大戦における敗北に伴う教育制度の変革まで続くことになる。

「改正教育令」を具体化する上で重要な意義をもったのは、明治十四年五月四日に公布された「小学校教則綱領」である。「小学校教則綱領」第十条では、「修身」について、「初等科ニ於テハ主トシテ簡易ノ格言、事實等ニ就キ中等科及高等科ニ於テハ主トシテ稍高尚ノ格言、事實等ニ就テ兒童ノ徳性ヲ涵養スヘシ又兼テ作法ヲ授ケンコトヲ要ス」と規定している。(18)「格言」の熟読暗記と「事實」による心情的納得という、『小學脩身訓』の「凡例」に対応する教授法が示され、また、「作法」という「しつけ」の要素も明記されている。

なお、第十五条の「歴史」では、外国史を排して日本史に限定し、「尊王愛國ノ志氣ヲ養成センコト」という教育目的が掲げられている。(19)「小学校教則綱領」原案の起草に重要な役割を果たした江木千之は、「水戸學を以て頭を鍛へたる者」(20)と自ら述べているが、彼の面目があらわれている。江木個人のことは別として、後期水戸学の思想が、この時点で改めて見直されているのである。

「小学校教則綱領」における「修身」の記述は簡略であるが、「歴史」の項目に照らしてみると、そこに一定のメッセージを読み取ることは難くない。

文部省は、明治十五（一八八二）年四月二十七日、「修身」の重要性にかんがみて、その教育目的・内容を具体的に示した「小學修身書編纂方大意」を内示し、尊王愛国を核心とする道徳教育の方針を示した。(21)次にその概略をみる。

まず、わが日本には天照大神の神勅に由来する「萬世一系」の天皇統治の伝統があること、つまり「國體」を述べて、「尊王愛國ノ心ヲ養成スルヲ以テ一大主腦ト爲スベシ」としている。道徳教育の核心は、万世一系の天皇統治という独自な国柄の日本の愛重と天皇への尊奉という意味での尊王愛国の心を、児童に養成することである。

そして、「修身」の指針を儒教に求め、儒教は中国伝来であるが、既にわが国固有の教学とみてよいとする。修身教科書編集では、主に「本邦聖主賢哲ノ嘉言善行」をとり、「漢土聖賢ノ言行」を副え、欧米の学芸はわが国には弊害が多いとしている。

「修身」は、研究ではないから理論的なものは避け、格言を暗誦し記憶して実行に供するものとし、幼時にはその意味を理解できないにしても、後年の判断の導きになるとする。「修身」の教授においては、誦読と口授を兼用して、嘉言を暗記させ、善行を口授し、嘉言による暗記の教科書と善行による口授の教科書とは別にするのがよいとする。教科書として、教訓型と例話型を別立てとするのであるが、暗記による教訓型が主となっている。

教授法と教科書についての指示をみると、西村の『小學脩身訓』の考え方と合致するところがある。だが、西村には、嘉言の典拠として西洋と和漢をともに使用しており、道徳内容にも普遍性への志向があったのとは異なっている。

こうして、明治十四年五月の「小学校教則綱領」、十五年四月の「小學修身書編纂方大意」は、「國體」と「尊王愛國」を核心とする教育内容を前面に出し、修身教科書としては暗記による教訓型を主とする方向を示した。ここに、道徳教育における大いなる転換が生じた。

六　転換への対応

このような政府の方針に照応して、修身教科書に変化があらわれる。例えば、先にみた土屋弘『皇朝言行録』に『訂正増補　皇朝言行録』という改訂版がある（マイクロフィッシュとして国立国会図書館所蔵）。この改訂版は、「明治十五年三月三十一日出版御届、同年四月出版」と奥付にあり、「小学校教則綱領」以後の成立である。元版では「君道第一上」に天皇の言行を、「君道第一下」に武将のものを掲げていたが、改訂版では、元版の「君道第一上」に堀河、後三条天皇の言行を加えて章名を「君道」とし、元版の「君道第一下」では武将の言行に変更のないまま「君道附録」と章名を変更している。なお「臣道第三」に変更はない。

「君道」の章名にかんする変更は、君の概念として、天皇を基本として武将を二次的なものとするという含意であろうから、「小学校教則綱領」への対応とみられるのである。

別の事例として、亀谷省軒の編集になる二種の小学校用修身教科書をみる。亀谷は、『脩身兒訓』十巻十冊を明治十三・十四年に、『改正修身兒訓』十二巻十二冊を明治十六年に、それぞれ出版している（二種とも「近代」）。『脩身兒訓』は、序や奥付によると、全巻の版権免許を明治十三年十一月二十五日に得て、巻之一から三までが明治十四年五月二日、つまり「小学校教則綱領」公布の五月四日以前に出版されており、巻之四から十は「小学校教則綱領」公布以後の六月二日以後、十四年十二月三十一日までに出版されている。「小学校教則綱領」公布後に後半の七巻が出版されたが、全巻の版権免許を得た明治十三年十一月の時点で全体の構成は出来上がっており、「小学校教則綱領」への対応はなされていないと考えられる。

『脩身兒訓』は、和漢洋の書物を典拠とする嘉言・善行を集録し、内容・字数も含めて、児童の成長段階を考慮して配列している。僅かであるが挿絵もある。巻之九・十は、西洋翻訳書からの引用を含めて、漢文である。嘉言・善行の解説的言辞はない。内容的には、人としての望ましい態度や行為の仕方が、和漢洋に通用する道徳として示されている。

「報國」に着目すると、「巻之五・第十二章　報國」では、『泰西勸善訓蒙』から二条、漢籍から五条引かれ、「巻之七・第十章　報國」では、漢籍から四条引かれている。日本に対する特別視はなく、国家への献身の重要性を普遍的なこととして示すものである。そして、『泰西勸善訓蒙』からの引用に、次のような言葉のあることが注意される。

士民は。皆政府の守護に依り。身體財貨を全うするの益を受く。故に其恩に報ゆべきが為め。家産の多寡に隨ひ。租税を政府に納むべし。

（『脩身兒訓』巻之五・二六丁裏）

国民の納税の義務を政府の身体財貨の守護保全への恩の対価として説明している。これは、政府と国民との間に双務的関係があることを示すものである。

こうした政府と人民の双務的性格は、君と臣の双方に他方への義務と責任をみることと照応している。巻之八・九・十にそれぞれ「君道」として治者の道を、「臣道」として官吏と人民の道を示しているが、そこに双務的関係を示すものがある(22)。

「君道」は、ほとんど漢籍からの引用であり、ここでの君は天子を指す場合もあるが、治者一般と解すればおおむね足りる。ここでの君を天皇と解釈する必然性はない。『脩身児訓』には天皇個人への言及はない。「君道」における日本からの引用は、巻之十「君道章第九」にある、熊本の高橋の地を治めた斎藤芝山の例だけである。

要するに、『修身児訓』は、人として望ましいあり方を和漢洋の書物から引いた嘉言・善行の形で提示し、児童自身が手にするものとして編集されている。『小學脩身訓』と共通するものがあり、その影響は濃い。だが、『小學脩身訓』になかった国家的場面について君臣概念によって言及し、君としての治者と臣としての官吏、人民の双方に責務のある、君臣の双務性を示している。

『脩身児訓』は、修身教科書の類型としては教訓型に属するが、善行を含み、僅かに挿絵がついている点で、例話型としての性格もある。

『改正修身児訓』は、奥付によると、明治十六年三月二日に全巻の版権免許を得て、五月十五日から六月二十二日までに全冊出版されている。「小學修身書編纂方大意」内示後の出版である。本書は、善行を省略して嘉言を主とし、西洋書からの引用を削った点で、『脩身児訓』と大きく異なる。また、『脩身児訓』にあった和漢の嘉言を相当数差し替えているため、「改正」というよりは、別の書物といってよい程の相違がある。内容としては、皇統の連綿性と天皇の有徳性を語る言説の登場が注目される。

天祖統ヲ垂レ。天孫繼承シ。三器ヲ奉ジ以テ宇内ヲ照臨シ。皇統緜緜トシテ。天壌ト窮リナク。實ニ天祖命ズル所ノ如シ。是神州ノ萬國ニ冠タルユヱン。君臣ノ義尤重ズベキ所ナリ。藤田幽谷語　及門遺範（巻六・第五、一丁表）

ここでは、神勅にもとづく天皇統治の永遠性と、その日本の万国に冠たる存在であることが示される。皇統の連続と天皇の有徳性を語る言説は、他に頼山陽『日本政記』と藤田東湖『弘道館記述義』からそれぞれ一条引かれている（巻九・第一、一丁表・同裏）。

『脩身兒訓』から『改正修身兒訓』への変化で注意されるもう一つのことは、前者にあった治者としての君への要請が後者では後退することである。

『改正修身兒訓』には巻十一・十二の漢文部分に内容要目があるが、『脩身兒訓』にあった「君道」「臣道」の要目がない。また、巻十一第一「君臣父子」には、臣の忠、父母の慈や子の孝を示すが、これに対応する君の心得や任務は示されていない。巻十二第一「五倫」には、『荀子』天論第十七からの引用一条だけに君臣関係が登場し、「君臣之義。父子之親。夫婦之別」の重要性をを説くが、これは治者たる君の責務を説くものではない。「君道」の不在あるいは治者の責務の後退は、天皇統治の永遠性と歴代天皇の徳の高さを示すことと相関するであろう。天皇統治が永遠で天皇の徳の高さが既定であれば、治者としての天皇に才徳を要請する必要はない。だが、『改正修身兒訓』は、全体として、臣民の忠の対象として天皇を提示するように構成されていない。天皇を語る言説は断片的にとどまる。また、孝に続いて忠を示す嘉言を掲げても、それが天皇への忠として方向づけられているわけではない。

『改正修身兒訓』は、「小學修身書編纂方大意」の指示に対して、西洋書からの引用を排除して和漢からの嘉言のみを掲げ、皇統の連綿と天皇の有徳性の言説を引いて応じたが、全面的な対応ではない。それは、『改正修身兒訓』が「小學修身書編纂方大意」の重要な指示に対応していないこととも かかわる。「小學修身書編纂方大意」は、「本邦聖主賢哲ノ嘉言善行ヲ選擇シ」て載せて「尊王愛國ノ理義」を明らかにすべきであるとしていた。『改正修身兒訓』は、尊王愛国のメッセージに対応したが、それとリンクする形で天皇の言行を顕揚するところまで踏み込んではいないのである。

七　転換の推進

「小學修身書編纂方大意」の指示に、内容的に正面から対応する修身教科書は、宮内省から出版された『幼學綱要』(「資料」)である。『幼學綱要』は、明治十五(一八八二)年十二月二日、地方長官参集の折に、天皇の勅諭とともに頒賜された。

本書の編集は、明治十二(一八七九)年の夏秋の頃に天皇から元田永孚への命によっており、「教學聖旨」に端を発している。編集の中心は元田であったが、高崎正風・仙石政固などの協力を得ている。[23]

編集の過程で、材料を和漢に限定せず西洋の例話を入れる方針をとった時期があり、近藤真琴がその任に当たって、西村茂樹の助力も得た。ところが、「小学校教則綱領」の「歴史」では日本史のみで外国史を除く方針であることから、文部卿より申し出があり、和漢のみに限定することになった。[24]『幼學綱要』は、天皇の意思を受けたものであるが、文部省へ顧慮しながら編集されたのである。

全体の体裁は、孝行・忠節・和順など二十の徳目についてそれぞれの意義を説明し、次に経書からその徳目にかんする数句を掲げ、その後に範例となる和漢の例話をいくつか掲げている。日本画家松本楓湖による挿絵が六十二枚つけられている。[25]それぞれの徳目における例話の配列には、和からの例話を前半に、漢からのものを後半において、それぞれ年代順になっている。

この書の徳目の配列としては、はじめの五項目が孝行・忠節・和順・友愛・信義となっている。これは、父子・君臣・夫婦・兄弟・朋友の五倫の道に対応しているが、親義別序信という五倫の道そのままではない。夫婦の道は「別」とするのが一般的であるが、ここでは和順をあてている。(26) はじめの計画では忠節・孝行という順序として、忠節を第一義と位置づけようとしたが、最終的には、孝行・忠節の順序となっている。「孝行」を「人倫ノ最大義」とするとともに、次のように述べて、「忠節」も「人倫ノ最大義」とした。

忠節第二

宇内萬國。國體各異ナリト雖モ。主宰有ラザルノ民無シ。凡ソ人臣タル者。其君ヲ敬シ。其國ヲ愛シ。其職ヲ勤メ。其分ヲ盡シ。以テ其恩義ニ報ズルヲ以テ常道トス。況ヤ萬世一系ノ君ヲ戴キ。千古不易ノ臣民タル者ニ於テヲヤ。故ニ臣ノ忠節ヲ子ノ孝行ニ竝ベテ。人倫ノ最大義トス。(27)

「忠節」と「孝行」をともに「人倫ノ最大義」としたことは、忠の対象を天皇に絞り込んだことと照応する。「忠節」の対象は君と国であり、君は国の「主宰」である。「忠節」の和漢の例話は、すべて「忠節」の対象を天皇・天子あるいは朝廷・国家としている。

この書の重要な点は、「萬世一系」という天皇統治という独自な国柄とその国における臣民の忠という尊王愛国の思想を明確化し、例話において個々の天皇を道徳の体現者として示していることである。(28)『幼學綱要』は、「小學修身書編纂方大意」の求めたように「聖主賢哲」の嘉言・善行を掲げているのである。

本書は、構成にも工夫が凝らされている。徳目ごとの説明があり、次にある格言は暗記し得る形であり、六十二枚の挿絵は道徳を心情に納得させることになる。ここには、暗記のための嘉言と口授のための例話が兼備されている。「小學修身書編纂方大意」が別立てにするのがよいとした教訓型と例話型の教科書を一緒にしたものである。そのことにより、実用性は乏しくなっている。

『幼學綱要』は、児童すべてが手にもって学ぶ教科書ではない。それは、原則的に、願い出によって下賜・下付されるものであった。公立学校へは一校一部を原則として下賜されたが、修身教科書として使用した学校は少数であったと推測される。(29) 分量も多く、内容的にも、小学校生徒には高度で難解であった。

それでも、『幼學綱要』は、宮内省出版という形で、天皇の意向を受けて成った修身教科書であったから、小学校における道徳教育を方向づける上で小さくない意義をもった。それは、道徳教育の核心を万世一系の天皇の統治する国体における尊王愛国におくことを具体的に実現した画期的な教科書であった。

文部省は、「小學修身書編纂方大意」で修身教科書の編集方針を示した後、自ら修身教科書を編集、出版した。明治十六（一八八三）年六月に『小學作法書』全三冊、同じ六月『小學修身書　初等科之部』全六巻六冊、明治十七（一八八四）年十一月に『小學修身書　中等科之部』全六巻六冊（いずれも「大系」）が、文部省編輯局から出版されている。これら三種の教科書は、児童用として工夫され、また相互に密接に関連してなった三部作というべきものである。

まず、『小學作法書』の冒頭の「教師心得七則」に、次のようにあることが注意される。

一　行儀作法は。父母兄弟の間に行ふを先とするは勿論なれども。我が日本は。海外諸國と異なる所ありて。建國の初めより今に至るまで。皇家一系にして。吾がともがら祖先以來。君民の分義あれば。幼穉の時より。上天子を敬ふの作法をわきまへ置かざるべからず。教師たるもの。よく此意を體して教ふべし。(30)

「皇家一系」つまり万世一系の天皇統治を他国に類例を見ないわが国独特のこととして、生徒を教導すべきだとしている。

内容をみると、「巻之一」は、まず、子の親に対する応接作法から始まり、祖父母、兄姉、弟妹、義理の父母・兄弟姉妹、おじおばと家族への応接作法を記す。次に「天皇は。國家無上の至尊なれば。尤も尊敬を。盡くさゞるべからず[31]」として、天皇を見る時の敬礼の仕方を記す。その後に「皇后皇太后。又は皇子皇女等」「皇族又は參議又は大臣等」「此外卿輔議官將校書記官。又は府知事縣令。其他。すべて官位ある人」「警部巡査及び憲兵」「兵士。隊を組みて來たる時」「教師」への応対を順次記している[32]。

こうして、家族の内と外にさまざまな場面に階層的秩序が存在し、それに応じた礼儀作法のあることが明らかにされる。さまざまな場面における階層的秩序の心情を涵養することが、ここでの道徳教育の基本にある。

次に『小學修身書　初等科之部』をみる。これは「首巻」「巻之一」から「巻之五」の六巻六冊からなる。「首巻」は、小学初等科前期の生徒のために口授用に編集されている。まだ文字を習っていないから、「古語俚諺等」を口授を通して暗記させるのである。典拠は和漢だけである。「古語俚諺等」には「小引」として簡略な説明がついている。

冒頭は、孝悌から忠へという順序であるが、孝悌から忠への移行の場所に、次のような「小引」とともに嘉言が引かれる。

　父母に孝行する心を以て。吾が皇上を尊敬すべし。

孝を以て。君につかふれば。すなはち忠なり。　孝經

忠臣は。孝子の門にいづ。同　上　孔　傳[33]

このように解説がつけば、忠が天皇を対象とすることに紛れはない。

「巻之一」の巻頭に「教師須知八則」を掲げているが、これは「巻之一」だけにとどまらず、「巻之五」までの

本書全体にわたる指示である。ここでは「古人の名言」を集録して児童に暗記させるべきであるとしつつ、他方で、教師たるものは暗記のみに力を用いず、平常の生活についても指導すべきであると述べている。そして、教師の生徒への指導の眼目が、皇室尊崇の念を生徒に喚起するところにあることを示した上で、「古人の名言」を指導する上での指針を、次のように明確に示している。

一　編中の諸章は。皆先哲の言なれば。其君といひ主君といへるは。大率當時の國君を指すものなり。然れども今日に於ては。皆是を吾が皇上の上に遷し參らすべし。漢土にても。孔孟の君に事ふる道を説き給へるは。概ね前説の如きものなれども。後人は其道を以て。天子に事へたり。[34]

忠を語る和漢の嘉言には、君臣関係といっても多様であるが、これらの君をみな天皇と解釈すべきであるとする。こうして君への忠をすべて天皇への忠、さらに報国を日本への献身と解釈する立場を確立したのである。

このように解釈の方向性を明確にした上で、神勅に由来する天皇統治の永遠性と日本の臣民として天皇に向けられる忠とを語る言説が引用される。[35]これを基本にさまざまな徳目にかんする嘉言が、学齢を十分配慮して配列されている。典拠は和漢だけである。

『小學修身書　中等科之部』は、天皇統治の永遠性と臣民の忠を述べる言説を引く[36]ことも含めて、『小學修身書初等科之部』と同様な性格のものであるから、重ねて検討しない。ただ、この書の「教師須知」に、次のように記されていることに注意したい。

一　此篇。章ヲ逐ヒテ。修身中。稍卑近ナル者ヨリ。漸ク高遠ナル者ニ及ブ。蓋シ修身ハ。惟リ幼兒ニ急ナルノミナラズ。人生須臾モ離ルベカラザル道ナルヲ以テ。時ニ迨ビ。豫メ成人以後ノ務メヲ講ゼザルベカラズ。[37]

これは、幼時であっても、人としての道を予め暗記させておくと、成長後に有用であるとする西村茂樹の考え方に照応するものである。

『小學修身書　中等科之部』『小學修身書　中等科之部』は、内容的には、万世一系の天皇の統治する日本という独自な国柄における、臣民の天皇への忠という尊王愛国の道徳を明確に志向する修身教科書である。これは、格言を集録した暗記に向けた教訓型教科書であって、例話・事実を欠いているが、それは別立てとするというのが、「小學修身書編纂方大意」の方針であった。その意味で、三部作は「小學修身書編纂方大意」にかなり忠実であるといえるだろう。

八　道徳教育における明治十年代の意義

「学制」以来影の薄かった道徳教育にとって、明治十三年十二月の「改正教育令」で「修身」が教科の筆頭にあげられたことは、一つの転換であった。道徳教育を重視する方針のもと、修身教授法や修身教科書編集にも意が払われることになる。

道徳教育の内容における核心は、明治十四年五月の「小学校教則綱領」、同十五年四月の「小學修身書編纂方大意」を通して、万世一系の天皇統治の独自な国柄としての日本と、日本を統治する天皇への忠と定まった。これ以後、修身教科書の中でそれまで必ずしも定まっていなかった忠の概念が、第一義的に天皇を対象とするものとなった。ここに大いなる転換が生じた。

この大いなる転換を修身教科書において推進したのが、明治十五年の『幼學綱要』、明治十六年の『小學作法書』『小學修身書　初等科之部』、同十七年の『小學修身書　中等科之部』である。これらによって、天皇と天皇の統治する日本への忠の概念が、教科書の中に定着した。こうして、初等教育は、国家の担い手としての臣民を形成するための道徳内容を確定することとなる。

明治十八（一八八五）年十二月の森有禮の文部大臣就任を契機とする教育政策の転換のもとで、道徳教育をめぐる状況は変化する。だが、忠の概念を天皇と日本へ収斂する趨勢は、不可逆的なものであった。その帰趨が「教育に関する勅語」である。

道徳の内容とともに教授法とも関連する修身教科書の動向は複雑である。道徳教育重視の方向を促進した、明治十三年四月の西村茂樹『小學脩身訓』は、嘉言のみを集録した暗記用の教訓型教科書である。これは、道徳内容としては、和漢洋に典拠を求め、普遍性を志向する面があり、「小学校教則綱領」以後の転換に適応するものではない。

大いなる転換に対応する教科書として登場したのが、『幼學綱要』と『小學作法書』『小學修身書　初等科之部』『小學修身書　中等科之部』の三部作である。

『幼學綱要』は、天皇の嘉言・善行を掲げ、挿絵を多用することで、核心たるべき道徳内容を児童の心情に定着する工夫がなされている。これは、例話型と教訓型の性格を兼備するものであるが、それ故に、分量も多く難解であった。三部作は、暗記用教訓型としての『小學脩身訓』の延長上に道徳内容と典拠を転換して成ったもので、難易度についても、よく配慮されている。だが、そこには視覚的に心情に訴えるものがなく、また、暗記するには分量が多い。両者とも、修身教科書として明治二十年代に定着していくものではない。

明治二十年代中葉以後に定着していく修身教科書の類型は、挿絵付き例話型教科書である。このことは、次のことを意味しているだろう。明治二十三年十月に発布された「教育に関する勅語」は、核心となるべき道徳教育の内容を暗記し得るように簡約に体系化することで、暗記用の教訓型教科書を不要にする。「教育勅語」以後の修身教科書は、暗記されて先入主となった「教育勅語」を前提して、その体系的な教訓を例話と挿絵によって心情に感化するように編集されればよい。

このような仕方で挿絵付き例話型修身教科書が定着していく前提として、挿絵を多用する例話型教科書と素読の伝統を継承する暗記用教科書とが、正統性をもつものとして先行することが不可欠であった。この意味で、『幼學綱要』と文部省の三部作は重要な先駆性をもっていたといえるのである。

道徳教育において、明治十年代は、道徳教育そのものを教育体制のなかで重く位置づけるという転換が生じたことにおいて重要な意義をもつ。しかも、この転換とともに、万世一系の天皇統治の日本という国体の概念と、日本と天皇への忠という道徳内容の核心が修身教科書の世界に定着していくのである。また、この年代に、後に確立する修身教科書の先駆的形態が提示されている。これらのことは、日本における近代国家とその担い手としての臣民との形成の基盤が成立したという意味で、重要な意義をもっているのである。

文　献　参照した文献の典拠は、次の略号によって示している。

「資料」…『教育勅語渙發關係資料集』第一巻、國民精神文化研究所、一九三九年

「奈良」…奈良女子大学「電子図書館」画像原文データベース・女性関連資料

「大系」…『日本教科書大系　近代編』第一巻・修身(一)、第二巻・修身(二)、一九六一－一九六二年、講談社

「近代」…国立国会図書館「近代デジタルライブラリー」

（1）教育史編纂会『明治以降教育制度發達史』第一巻（教育資料調査会、一九六四年）二八三頁以下。

（2）同右、三九九頁以下。

（3）『日本近代教育百年史』第三巻（国立教育研究所、一九七四年）五五五頁以下。

（4）挿絵の有無に注目する着想は市古夏生『近世初期文学と出版文化』（若草書房、一九九八年）に得ている。また、西村清和・高橋文博編『近代日本の成立――西洋経験と伝統――』（ナカニシヤ出版、二〇〇五年）第五章で、西村清和氏は小説における挿絵と文体の変化を論じている。修身教科書における挿絵と道徳の変化の検討は、興味深い課題である。

（5）「学制発布から小学校教則綱領が公布されるまでの道徳教育は、きわめて軽視されていたといってよい」という評価がある。前掲（3）『日本近代教育百年史』第三巻、一〇一二頁。

（6）『教育勅語渙發關係資料集』第一巻（國民精神文化研究所、一九三九年）三頁。

（7）同右、三頁。

（8）天皇の下問は、「教學聖旨」と同趣旨の口頭による質問だったのであろう。海後宗臣『教育勅語成立史の研究』（東京大学出版会、一九六五年）七九頁。

（9）同右、八頁。

（10）元田永孚著述「國教論」（明治十七年八月）参照。海後宗臣『元田永孚』（文教書院、一九四三年）二〇四頁。

（11）前掲（3）『日本近代教育百年史』第三巻、五〇八頁。

（12）『明治以降教育制度發達史』第二巻（教育資料調査会、一九六四年）一六二頁。

（13）海後宗臣氏の紹介している元田の覚書「文部省修身書編纂意見」には、七つの項目名と簡単な説明があり、この項目名はみな『小學脩身訓』の八項目に含まれている。この文書の成立年時は不明であるが、両者の符合が認められる。前掲（10）『元田永孚』一九八頁以下。

（14）『日本教科書大系　近代編』第三巻・修身(三)（講談社、一九六二年）五一九頁。

（15）同右、五八七頁。

（16）前掲（12）『明治以降教育制度發達史』第二巻、二〇一頁。

（17）倉沢剛『小学校の歴史Ⅱ』（ジャパンライブラリービューロー、一九六五年）二〇一頁。

（18）前掲（12）『明治以降教育制度發達史』第二巻、二五三頁。

（19）同右、二五四頁。

(20)『江木千之翁経歴談　上』(大空社、一九八七年)五五頁。

(21)「小學修身書編纂方大意」は宮田丈夫編『道徳教育資料集成』1(第一法規出版、一九五九年)一一頁以下に紹介されているものに依拠した。

(22)君について一条、臣について二条、引いておく。

・巻之八君道章第十二

○程伊川曰。夫在上者。必有才德威望。為民所尊畏。則事行。而衆心服從。(『脩身兒訓』巻之八・二七丁裏)

○司馬温公曰、凡人臣者。上以事君。中以利國。下以養民。(『脩身兒訓』巻之八・二八丁表)

○治家規範曰。朝廷錢糧。依期封納。不可施延為里中頑民。(『脩身兒訓』巻之八・二九丁表)

(23)『元田永孚文書』(元田文書研究会、一九六九年)一八二頁。戸田浩暁『幼學綱要奉體の研究』(躬行会、一九四四年)一四頁。

(24)前掲(23)『元田永孚文書』一八三頁、『幼學綱要奉體の研究』一四頁。

(25)他に挿絵の執筆には二名の協力者があったという。前掲(23)『幼學綱要奉體の研究』一四頁。

(26)徳川時代以後の日本において、五倫の「夫婦有別」が夫婦の和睦・和合と受け止められている事情とその社会的条件については、次の論文に詳しい。渡辺浩「「夫婦有別」と「夫婦相和シ」」『中国——社会と文化』第一五号、中国社会文化学会、二〇〇〇年。

(27)前掲(6)『教育勅語渙發關係資料集』第一巻、四四頁。

(28)本書の嘉言・善行の例話に登場する天皇、皇后は十六人いる。

(29)『幼學綱要』の下賜・下付の状況と実態の詳細については、次の論文に譲る。矢治佑起「『幼学綱要』に関する研究——明治前期徳育政策史上における意味の検討——」『日本の教育史学』第三三集、一九九〇年。

(30)『日本教科書大系　近代編』第二巻・修身(二)(講談社、一九六二年)一八一頁。

(31)同右、一八二頁。

(32)同右、一八二頁。

(33)同右、一九九頁。

(34) 同右、二〇五頁。

(35) 引用文献は、本居宣長『玉匣』(巻之二第二章)、北畠親房『神皇正統記』(巻之四第五章)、竹村茂雄『道守之標』(同)。

(36) 引用文献は、北畠親房『神皇正統記』(巻之一第二章・巻之三第二章)、会澤正志齋『閑聖漫錄』(巻之一第二章)、同『廸彝篇』(巻之一第二章・巻之三第二章・巻之四第二章・巻之五第二章・巻之六第一章)、徳川齊昭『告志篇』(巻之一第二章)、安積艮齋『艮齋閑話』(巻之三第二章)。

(37) 前掲(30)『日本教科書大系　近代編』第二巻・修身(二)二三五頁。

第二章　徳育論争における福澤諭吉

一　はじめに

明治十年代から二十年代前半にかけて、「徳育をめぐる論争」と称されるさまざまな議論が展開した。これは、論争と通常いわれる場合のように、直接の応酬が連続的にあったわけではない。そういう応酬もあったが、多くは、徳育をめぐるさまざまな意見が提示されたのである。直接的な応酬という意味では厳密な論争とはいえないにしても、徳育を主題として種々の議論がなされたのであるから、これらの議論を総体として徳育論争と名づけることは許されよう。(1) この徳育論争の考察は、当該の時期における教育と思想の意義を明らかにする上で有意義である。

ここでは、論争の総体をみる余裕はないので、福澤諭吉（一八三四―一九〇一）の言説をめぐる論争を取り上げる。福澤は、明治初期以来、教育や思想の面で重要な位置を占めている人物であるから、彼を中心とする議論の検討は、徳育論争の思想史的意義を明らかにする上で小さくない意義をもつであろう。

福澤が論争に立ち入った理由は、森有禮（一八四七―一八八九）文部大臣が逝去して間もない明治二十二（一八八九）年二月二十八日の論説における、次のような回想のなかに示されている。

抑も文部省の建設以來、その主義とする所は西洋近代の文明説を擴張するに在ること相違もなき次第なれども、其間長官の更迭一ならずして、隨て學政の方向も亦一定せず、時としては人をして、不可思議の感をなさしめたることなきに非ず。例へば明治十五、六年頃の官公立學校に俄に儒教主義返り咲きを現じたるが如き、是れなり。然るに十八年の改革に森氏が文部大臣と爲りてより、政府の學校は其面目を一新し、舊來の文明主義に立戻りて着々歩を進めたるは明白なる事實にして、天下衆人の認むる所なり。

（「文部大臣の後任」『福澤諭吉全集』第十二巻、五二頁。以下、『全集』と略す）

福澤は、文部省設置以来、政府の教育は西洋近代の文明を受容することを中心とするものであったが、明治十五、六（一八八二、八三）年頃に「儒教主義」の復活があり、「不可思議の感」を抱かせられたという。これが、彼が徳育論争に関与していった理由である。

文部省の設置は明治四（一八七一）年七月であり、その一年後に「学制」が頒布されている。よく知られているように、文部省は、設置以来しばらくの間、福澤の強い影響下にあり、「学制」も福澤の思想の影響を受けている。福澤としては、文部省設置以来、日本の教育は彼の考える方向で進んでいたわけである。ところが、明治十五、六年頃に彼の意に反する傾向が生じたので、論争に参入したことになる。

さて、福澤の語る「文明主義」と「儒教主義」という教育方針や教育観の対立図式は、一定の妥当性はあるにしても、それだけで事態を正しくあらわしているわけではない。また、この図式は、福澤の言説自体ともずれる面がある。というのも、明治前期に生じた教育方針や教育観の対立には、徳育を学校教育や国家社会のなかでどう位置づけるかという問題もあったからである。それは、徳育を行うことはいかにして可能か、とりわけ学校教育の場で徳育が妥当であるか否かという問題を含んでいた。

この学校教育において徳育を行うことが妥当であるか否かの問題は、第二次世界大戦後の日本においても、今日に至るまで議論の継続している事柄である。そして、福澤は、学校教育で徳育を行うことに反対だったのである。

二　背景

さて、明治五（一八七二）年八月に頒布された「学制」は、学校教育の眼目として「人々自ら其身を立て其産を治め其業を昌んに」（太政官布告第二一四号「學事奨励に関する仰被出書」、「学制」正文の前に掲出されている）にするための知識の獲得をあげている。そこでは、徳育は、「尋常小學」に「上下二等」あるうち、「下等小學教科」の第六番目に「脩身」という名称の教科として規定されている。また、「中學」では「脩身學」という名称の教科が「下等中學教科」の第十五番目に、「上等中學教科」の第十一番目に規定されている（「学制」第二十七章・第二十八章）。

「学制」頒布の翌九月に、文部省は、「学制」を具体化して実施する「小学教則」を制定し、教科書と週当たり配当授業時間数などを定めたが、「脩身」は週当たり二時間となっている。「綴字」「習字」などが最高の週当たり六時間を配当されているのに比して、最低の配当時間数の教科に属している（教育史編纂会『明治以降教育制度發達史』第一巻、一九六四年、三九七頁以下）。

もっとも、これは、机上の計画であって、実施されたわけではない。ところが、実際に広く使用されたとされる、明治八年に師範学校の作った「小学教則」では、独立した教科としての「脩身」はなくなり、「上等小学」において「読物」という教科で道徳的内容を扱うことになっている（『日本近代教育百年史』第三巻、国立教育研究所、一九七四年、五五五頁以下）。

これらは、「学制」頒布以後の教育行政や教育の場において、徳育が軽い位置しか与えられていなかったことを示している。

こうした「学制」以来の徳育軽視の傾向に対して、徳育の重視を求める動きが生じた。明治十二（一八七九）

年七月、元田永孚（一八一八―一八九一）の起草した「教学聖旨」が政府上層部に示された。以後、同年九月までに、伊藤博文（一八四一―一九〇九）が（井上毅〔一八四三―一八九五〕起草になる）「教育議」によって「教學聖旨」に反論し、それを元田が「教育議附議」により再反論するというやりとりがあった。この徳育をめぐる論争は、世間に知られる形で展開したわけではないが、元田の主張は明治天皇の意向を受けていることもあり、一定の役割を果たした。

こうした徳育をめぐる論争において、徳育重視の主張は、徳育一般の重視というだけでなく、文明開化ないし欧化主義的風潮への危惧と相まって、伝統的道徳の尊重と表裏するところがあった。そして、伝統的価値観に立脚する徳育重視の主張は、天皇とその側近から発せられる傾向があった。他方で、明治十年代を通じて、欧化主義的風潮は盛んであったし、文部省のなかには徳育を学校教育のなかに重く位置づけることに同調しない傾向は強く存在した。

さて、明治十五、六年頃、福澤が「儒教主義」の復活を促したとする文部省長官は文部卿福岡孝悌（一八三五―一九一九）である。しかし、徳育を重視し、その内容を儒教と国体思想を中心におく傾向は、明治十三（一八八〇）年二月に文部卿に就任した河野敏鎌（一八四四―一八九五）に始まっている。河野は、同年四月、「応急挽回政策要綱」を定めた。そこでは、徳育重視を強く打ち出し、教師の心がけるべき教育方針として、儒教的徳目を前面に押し出すとともに、天皇への忠誠と尊崇、国体の信奉、愛国主義をうたっている（倉沢剛『小学校の歴史Ⅱ』ジャパンライブラリービューロー、一九六五年、一〇三七頁）。そして、明治十三年十二月に公布された「改正教育令」は、勅命により、修身を筆頭教科として位置づけている。

福岡が文部卿となったのは、明治十四（一八八一）年四月であり、以後、彼は、「改正教育令」にもとづく諸規則の整備に尽力した。彼のもとで、同年五月に定められた「小学校教則綱領」では、外国歴史を削除し、日本歴史によって尊王愛国の志気をを養成すべきことを規定した。福岡は、同年十二月の地方官会議の訓示のなかで、次のように述べている。

必修科目ヲ簡易ニシ修身ノ課程ヲ重クシテ之ニ作法ヲ加ヘ地理歴史等ノ授業ヲ省略シテ讀書習字算術等ノ授業ヲ増加シ外國歴史等ノ如キハ小學教則中全ク之ヲ削除シ本邦歴史ヲ教授スルノ要旨ヲ知ラシメ尊王愛國ノ志氣ヲ養成セシム（教育史編纂会『明治以降教育制度發達史』第二巻、一九七四年、一二三〇頁）

「小学校教則綱領」は国体思想にもとづく日本歴史と徳育の重視を強調したのである。この傾向は、同年四月の「小学教員心得」、翌年五月の「小學修身書編纂方大意」などにおいて、教員の心得、教科書の編集の指針として具体化されていく。こうして、明治十五、六年には、教育の場で、徳育重視の傾向が明確となり、その内容が儒教的な色彩を伴う忠孝道徳を基本におくものであったことは事実である。

福澤は、このような尊王愛国、忠孝を内容とする徳育重視の傾向を「儒教主義」であるとして「不可思議」とした。この徳育重視の傾向は、文明を受容する教育を凌駕するような大きな流れとなったわけではない。実際、政府・文部省に欧化主義の強い傾向があり、民間の自由民権運動もまた、文明と結びつく側面があったのである。だが、福澤は、変化する当時の状況を放置することはできなかったのである。(2)

三　「全國一般の徳育は宗教を頼むの外に方便ある可からず」

徳育論争に関係する福澤の論説において代表的とみなされているものは「徳育如何」（明治十五〔一八八二〕年十一月）である。ここで、彼は、大略、次のように述べている。明治維新（「政府の革命」）以後、「公議輿論」は一変して「自主獨立」の時代となった。だから、「社會の秩序都て相依るの風」に適合する儒教をもちだしても有効ではない（『全集』第五巻、三四九頁以下）。

福澤は、時代が変わったのに古い道徳を規準にして道徳の堕落を嘆き、徳育において伝統回帰を志向する傾向を批判したのである。ここでは、伝統回帰のいわば象徴としての儒教を標的として、儒教批判を行っている形である。

福澤は、別に「儒教主義」(明治十六(一八八三)年十一月)を書いて、「儒教主義の實際を見れば、決して純粋の道徳學には非ずして、大半政治學を混同す」(『全集』第九巻、二六八頁)としている。彼は、儒教ないし儒教主義を政治と道徳の混合体であるとし、それを道徳の部分だけ取り出して利用することは不可能だというのである。この批判は、道徳ないし徳育を政治と分離する福澤の基本的な考え方と相関することである。

要するに、福澤は、「儒教主義は周公孔孟の時代に適合したる教」(同、二七三頁)であり、社会のあり方の全く異なる現代の社会に適合し得ないというのである。

このような福澤による儒教批判は、尊王愛国を掲げる徳育重視の河野敏鎌や福岡孝悌らの立場への正確な批判になっていない。河野らの徳育重視は、一面で儒教の援用をはかるものであったが、その主眼は尊王愛国にあった。だから、福澤が彼らの徳育重視の動向を単に儒教主義の復活と捉えて批判するのは、事態の一面をみるにとどまっている。そして、後にみるように、福澤は、尊王愛国そのものを批判する立場にはないのである。

福澤は、「徳育如何」では、徳育をいかになすべきかを積極的に語っていない。それを語るのは「徳育餘論」(明治十五年十二月)である。彼は、ここで、次のように述べている。

徳育の一點に至りては學校教育のよく左右す可きものに非ず。家塾又は小私塾にて其塾主が直ちに生徒に接して教場の教の外に一種名状す可からざるの精神を傳ふるものは例外として、一般に公立の學校に於て公共の資格を持する教官が、公席に於て私徳の事を語り、以て徳育の實効を奏したるものは、古來今に至るまで曾て其例を見ず。

(『全集』第八巻、四六七頁)

福澤によれば、学校において徳育の実効をあげることは不可能である。徳育を実行しえるのは、私的な教育の場において、しかも、教育過程の外でなされる人格的感化によってである。徳育は「私徳」を教えることであるから、学校教育の場からは、特別に人徳のある場合は別として、原則的に、除外するべきこととなる。

この主張は、右の箇所に続いて、生徒は教師の徳を慕って入学するわけではないと、学校の役割を知識の伝授に限定することと相関する。福澤にあって、学校は、知識を伝授する場であり、徳育の場ではないのである。

福澤が、徳育重視の主張を批判するのは、明治の新しい時代は、社会の精神が「自主獨立」に移行していると考えるからである。だが、彼にあっても、この新しい自主独立の精神を、社会のなかに涵養するのは困難なことである。

そもそも、自主独立の精神は、各自が自ら保持するものであり、他人が育成する性質のものではない。福澤は、自主独立の精神を社会的に実現することの困難な理由を、次のように述べている。

自主獨立なるものは元來主觀の文字にして之を實際に施さんとするは甚だ易からず、（同、四六五頁）

福澤は、自主独立が、主観的内面的次元に属するところに、実現の困難な理由を認めている。だが、主観的内面性に属する自主独立を実現する方法として、彼は、客観的方向を考える。

今主觀の獨立を以て身躬から德義を脩むるは難きこととして、爰に客觀の一方より工風を始め、社會の士人をして各々自から其公私の德義を重んぜしむるの風儀を生ずるには如何にして可ならんと其方便を求むるに、我輩の見る所にては天下の公議輿論をして次第に高尚ならしむるの一法あるのみと信ず。（同上）

福澤は、自主独立の精神の涵養は、「公議輿論」という社会全体の識見や精神の向上、つまり客観的社会的条件の向上によって可能となると考える。その客観的社会的条件として重要なことについて、彼は、次のように述べている。

公議輿論なるものは、學者社會の議論に非ずして、下流無數の人民中に行はるゝ風儀を以て最も有力なるものとす。（同上）

古人の言に、君子の德は風にして小人は草の如しとあれども、今我輩は之に反し、君子却て草にして小人の德風に靡くなりと云はざるを得ず。（同、四六六頁）

福澤によると、社会的に少数である「士君子」は圧倒的多数である「下流無數の人民」の道徳的傾向に感化されざるをえない。そこで、「公議輿論」の向上をはかるためには下流の人民への道徳的教化が必要となる。福澤は、「下流無數の人民」への教化の方法について、次のようにするのがよいとしている。

全國一般の德育は宗教を頼むの外に方便ある可からず。我國は幸にして古來下流の人民に佛法を信ずる者多く、民間の道德は全く佛法より生じたるものなれば、此舊習慣を維持して毫も之を妨ぐることなく、其教導のまゝに放任したらば、民間の德育に足らざるものなかるべし（同、四六八頁）

福澤は、古来、日本社会の「下流の人民」に広く信じられている仏教に、「徳育」を委ねるのがよいという。しかも、その「徳育」は、世上に行われている仏教の「教導のまゝに放任」することで足りるとするのである。

このようにいう福澤の議論の前提を確認しておこう。第一は、当時の日本社会は、少数の上流の士人と大多数の下流の人民と大きく二つの階層からなるとする考え方である。この二つの階層には、知的・道徳的水準において大きな差異があるとみるのである。次に、徳育は宗教がになうものであるという考え方である。これは、加藤弘之など徳育論争にかかわった多くの知識人と共通する考え方である。そして、このこととも関係するが、第三に、徳育を行う場は、学校ではなく、社会に委ねられるべきであるという考え方である。

これら三つの考え方は、ここに引いた福澤の言葉のうちに含意されているが、当面、ここで注意したいことは、次のことである。

こうした福澤の考え方からすると、「自主獨立」の精神が容易に実現しがたい理由は、それが主観的内面にかかわるというだけのことではない。「自主獨立」の精神を容易に涵養し得ない、より重要な理由は、日本社会の圧倒的大多数の下流の人民が文明開化にほど遠い水準にあることにある。彼は、次のように述べる。

人民一般の開化は其日月甚だ長し。國中の開化人と不開化人と相比較すれば、開化の人は百中の一に足らず。自今百年を過ぎ千年を經るも純然たる開化世界に達せんと思はれず。（同、四六九頁）

福澤によれば、明治維新によって時代精神は変わったが、当代の日本社会は文明開化からほど遠い。文明開化は、百年千年してもむずかしいのである。彼にあって、新しい時代精神としての「自主獨立」の涵養は、彼の眼前にある日本社会では、まったく絶望的なのである。

社会的に定着することは甚だ困難であるにしても、新しい時代精神が自主独立であることは福澤の確信するところである。それが、彼の啓蒙的先駆者たる所以である。そして、そのことが、個人の内面に、政府や教師の介入すべきではないとする、福澤の思想信条の自由の主張と相関しているのである。

四　「道徳心の發育と其の標準は之を社會の氣風に一任す可し」

福澤の徳育論を、やや組織立てて論じられている別の資料によって、検討してみる。それは、「徳教之説」（明治十六（一八八三）年一一月）である。

福澤は、ここで、「道徳の教は如何するや」という問題を立てて、次のように概括的に述べた上で、持論を展開している。

第一　道徳の位は各人又各種族の人の心事に從て各守る所を一様にせず。

第二　道徳の教を博くせんとするには純然たる徳教にして數理を離れたる者に非ざれば目的を達するに足ら

ず。（『全集』第九巻、二七八頁）

第一の条項は、道徳は、それを実行する人々や集団の内面的精神にもとづくもので、相互に異なるというものである。福澤は、道徳は、多くの場合、宗教の尊信にもとづくものであり、宗教は多様であるから、その内面も多様であるという。

宗敎の風の異なること斯の如くにして、其の爭も亦甚しく互に相是非すと雖ども、結局各人又各種族の人が各其信ずる所を信じて德を脩め身を愼しむの方便たれば、其高きも低きも之を論ずることなく社會道德の爲には缺く可からざるものなり。（同、二七九頁）

淫祀も佛門も外道も耶蘇も一切信ずる所に放任して、人の知見の徐々に進むに從て道德宗敎の信心も徐々に改進するを待つ可きのみ。（同上）

福澤によると、宗教は多様であり、相互の対立も激しい。宗教を尊信する内面的精神は人々や集団それぞれに異なっている。道徳を実行する人々の内面は多様であるから、その内面についてはそれぞれの信ずるところにまかせるほかはないのである。

福澤は、道徳を思想や宗教に根ざすものであり、各自が自由に行為する結果に委ねるほかないとする、思想信条の自由を主張しているのである。これが、学校教育の場から徳育を除外する理由にもなっている。

だが、福澤は、道徳が「德を脩め身を愼しむの方便」であるという性格をもつことを認めている。

苟も各人の德を脩め身を愼しむあれば、何に由て之を脩め何を憚りて之を愼むやと、其理由の詰問は無用の事なり。蓋し其理由は人々の心事に從て同じからず、千段にも萬段にも甚しき懸隔ある可けれども、我輩に於ては到底これを不問に附し、唯脩德外見の美を利用して安寧を利せんと欲するものなり。（同、二八〇頁）

福澤にとって、道徳は、「社會の安寧」（同上）に資する方法である。このとき、道徳は、異なる宗教にもとづき、内面的精神は異なるとしても、人々の外面的態度を整え得るものであればよいのである。これは、社会の安寧に支障がない限り、他者が、道徳を実行するものの内面を問題にすべきではないということである。

この道徳を内面から支えるものの意味をさらに考えるのが、第二の条項である。第二の条項は、道徳の教を広めるのは「純然たる徳教」であり、「数理」ではないという。この「数理」は、数学に限定された理法の意味ではなく、一般的な意味での道理・理法である。だから、「数理」を主体に即していえば、理性というほどの意味になる。

福澤によると、「元來人間世界を支配するものは情と理と相半するもの」（同上）であり、一般に、人間世界は「情」と「理」からなる。そして、「情」と「理」の通用する範囲は明確に異なる。

情の働く所には數理を言ふ可らず、數理の在る所には情を語る可らず。例へば法律經濟等は數理より出で、政治の根據とする所のものなれば、之に道徳の元素を加味す可らず。故に其反對に於て、宗教の信心と云ひ居家の人倫と云ひ又盡忠報國の義と云ふが如きは、全く數理を離れて純然たる德義の事なれば、之に政治の主義を混同す可らず。（同、二八一頁）

福澤によると、法律経済などの政治の根拠とするものは「数理」にもとづくのに対して、道徳は「情」にもとづくものである。「情」にもとづく道徳は、「理」にもとづく政治の対象外である。彼は、道徳の根拠を「情」に認めることで、道徳を政治や学校教育の対象から排除する考え方を基礎づけている。

ここで注意しておきたいことは、道徳を学校教育の場から除外するとともに政治の範囲外におくという福澤の考え方である。このことは、人々の活動を政治の範囲外のものとして、彼の言葉でいえば「自主獨立」の領域として確保することを意味する。その意味で、徳育を社会に委ねることは、徳育を政治の範囲外におくことを意味している。

その上で、福澤は、各自の情が多様であるにしても、道徳はまったく無方向であるわけではなく、「標準」があり得るとするのである。

爰に廣く我日本國士人の爲に道徳の標準と爲す可きものを求るに、我輩の所見に於ては報國盡忠等の題目を以て適應のものなりと信ずるなり。元來宗教の區域を離れて道徳を維持せんとするは頗る難事にして、西洋諸國の碩學も常に苦しむ所なれども、偶然なるは我日本に於て中古以來幾百年の間、士族學者の流は宗教を度外視して能く一身の道徳を維持したるものなれば、卽ち其習慣に從て之を持續するは至極便利の法なるべし。（同上）

福澤は、日本の「士人」には「中古以來幾百年の間」に「報國盡忠」の気風が醸成されているので、宗教によることなく、これによって道徳の維持が可能であるとする。宗教ではない「情」が日本の「士人」に一定の道徳を形成しているとみるのである。

ここでも注意しなくてはならないのは、福澤は、上流の「士人」と「下流の人民」とでは、道徳の形成が異なると考えていることである。

所謂士人は中以上に位を占めて社會の上位に居り、以下の群民に至ては報國盡忠の大義固より怠る可らずと雖ども、直に此一義のみを以てするも或は感動の鈍きの恐なきに非ず。故に此下流の人民の爲には宗教の信心を養ふこと至極大切なることとなる可し。（同、二九一頁）

福澤によると、「下流の人民」は、「報國盡忠」では道徳の感情を十分に養うことができないから、宗教つまり仏教の「信心」を養うことが極めて重要なのである。

「德教之説」における徳育論の核心は、「日本士人」に即してであるが、次の言葉に要約されている。

今我輩に向て日本士人の爲に德育の標準如何す可きやと問ふ者あらば、盡忠報國以て人の誠心を養ひ、其社會の氣風を成して榮辱を判斷し、以て道德心の品格を高尙ならしむ可し、學校敎場の事の如きは唯應さに人の知識見聞を博くするを勉めて、法理文等の學問は無論益之を奨勵して底止することなく、其諸學科の中には專ら道德のみを論じたるものもあらんなれば、是亦其種類を擇ばずして之を講讀すべし、限なき人生の智力を以て書を讀み理を講ずることなれば、天賦の力を竭して知る可きを知り、道德心の發育と其の標準は之を社會の氣風に一任す可し、即ち其氣風は盡忠報國にして、恰も我士人の宗門なれば、其門徒たる可きものなりと答へんと欲するなり。（同、二八八頁）

ここに語られていることの眼目は、「道德心の發育と其の標準は之を社會の氣風に一任す可し」というところにある。徳育は、政府の担当することではなく、学校教育の担当することでもない。道徳は、社会に「一任」すなわち「放任」されるべきことである。この主張は、「公議輿論」「氣風」という客観的条件が、「道徳心」という主観的精神を形成するのだとする福澤の論理の延長上にある。

福澤にあって、眼前の日本社会で実際に行われている道徳は、上流の「士人」には「盡忠報國」であり、「下流の人民」には仏教である。このような異なった道徳を奉ずる二つの階層からなる日本社会が、道徳を維持して、安定した秩序ある社会として存在し得ることは、重要な課題である。

五　「唯帝室あるのみ」

福澤は、徳育を社会に委ねるが、それだけで、道徳の維持が可能であるとも考えていなかった。彼は、道徳の維持を担保するものとして、「帝室」を要請している。

国会が開設されて法律により社会的規制をすることになっても、それは道理によることであり、道理にもとづく法律規則で社会を統制し得るものではない。社会には情にもとづく面が非常に広大である。そこで、福澤は、明治十五（一八八二）年に公表した「帝室論」で、徳育について次のように述べるのである。

理を伸ばさんとすれば情盡す可らず、情を盡さんとすれば理を伸ばす可らず。二者兩立す可らざるものと知る可し。左れば此際に當て、日本國中、誰かよく此人情の世界を支配して徳義の風俗を維持す可きや。唯帝室あるのみ。西洋諸國に於ては、宗教盛にして、唯に寺院の僧侶のみならず、俗間にも宗敎の會社を結て往々慈善の仕組少なからず、爲に人心を収攬して徳風を存することなれども、我日本の宗教は其功徳俗事に達すること能はず、唯僅に寺院内の説教に止まると云ふ可き程のものにして、到底此宗敎を以て國民の徳風を維持するに足らざるや明なり。帝室に依頼するの要用なること益明なり。（『全集』第五巻、二八〇頁）

福澤によると、「國民の徳風を維持する」ことは、政治的規制によって不可能なことはもちろん、「下流の人民」への仏教教化によっても困難である。このとき、徳風の維持は帝室に依頼するほかはないのである。

このように徳育を帝室に依頼するという福澤の考え方は、「我帝室は日本人民の精神を収攬するの中心なり」（同、二六五頁）とする、帝室についての彼の理解にもとづくことである。だが、ここで注意すべきことは、帝室への依頼とは、帝室が徳育を能動的に実施することではなく、社会に展開する道徳的功績を「勸賞」（同、二八〇頁）することである。しかも、この道徳的功績の「勸賞」を帝室に依頼することは、政府による「勸賞」の外に置くことと相関することでもある。

福澤は、西洋諸国の場合に照らして、徳義の評価はむずかしく、政府が「勸賞」することは困難であるから「王家」によるべきだと、次のように述べている。

國民の善を勸めて其功を賞する者は、必ず政府の外に在て存すること緊要にして、彼の國に於ては一地方の人民が申合せて有功の人に物を贈ることあり、或は學校其他公共の部局より之を賞することあり。稍や以て人事の缺を彌縫するに足ると雖ども、結局國民の榮譽は王家に關するものにして、西洋の語に王家は榮譽の

源泉なりと云ふことあり、以て彼の國情の一班を見る可し。（同上）

福澤によると、徳義の「勸賞」は政府ではなく、王家のなし得ることであるとするが、これは西洋諸国における「其帝王と國民と相接するの厚情」（同、二八一頁）による慣行にもとづく。そして、「況や日本に於ては一層の厚きを加へざる可からず」（同上）と、日本においては、帝室の厚情による徳義の「勸賞」が一層必要であるとする。それは、「數百千年來賞罰共に專制の政府より出るの法」（同上）が続いていたからである。

このように、「帝室論」は、道徳の維持のために重要な役割を帝室に認めているが、道徳だけを主題としているわけではない。そもそも、「帝室論」は、「帝室は政治社外のものなり」という言葉から始められているように、帝室を対立や闘争の場である政治から分離独立した存在であることを強調する。

福澤にあって、帝室は、政治的な対立や闘争を越えており、それ故に人心収攬の中心であり、国家的統一の基盤をなしている。そうであるが故に、帝室は、道徳の維持だけでなく、社会において、積極的な役割があるとする。福澤は、「帝室論」の終わり近くで、この文を要約するような形で、帝室の果たし得る役割を次のように述べている。

帝室は人心収攬の中心と爲りて國民政治論の軋轢を緩和し、海陸軍人の精神を制して其の向ふ所を知らしめ、孝子節婦有功の者を賞して全國の德風を篤くし、文を尚び士を重んずるの例を示して我日本の學問を獨立せしめ、藝術を未だ廢せざるに救ふて文明の富を增進する等、其功德の至大至重なること擧げて云ふ可らず。（同、二八九頁）

福澤は、学問の独立、芸術の振興とともに徳風の維持を帝室の果たし得る重要な役割としている。ここで学問の独立を帝室の役割としていることは、学校を私学とすることにより政治から独立した学問と教育の場とし、それを帝室が支援することを意味している。福澤にあって、帝室は、政治権力と切り離されてある、人民の精神的中心であることにより、社会に展開する学問・芸術・徳育といった活動を促す役割を果たす存在である。「帝室論」は、徳育論争と重なる時期に執筆されており、徳育論と相関する議論を述べている。それは、社会に展開する諸活動を政治から独立したものとして確保して推進しようとする、福澤の基本的な主張の一環である。だが、福澤の徳育論は、彼自身の基本的志向の独自性はあるにしても、道徳の維持を帝室に依頼する点で、尊王愛国を掲げる河野敏鎌や福岡孝悌の立場と大きく異なるものではない。それはまた、道徳教育の基礎を帝室に求めた西村茂樹（一八二八－一九〇二）の立場や明治二十三（一八九〇）年十月に渙発された「教育に関する勅語」の精神とも相通ずるものがある。

にもかかわらず、福澤の徳育論が、これらの徳育論と相容れないのは、彼が学校教育の場から徳育を排除するが故である。福澤の徳育論は、学校教育から徳育を排除して、徳育を社会に委ねる点で、徳育論争にかかわった主要な人物のなかで、特異な位置を占める。彼の思想的特質は、学校教育において徳育を可能とする立場との関連において、明らかになるであろう。

六　「讀倫理教科書」

福澤が、「文明主義」を推進した文部大臣であると高く評価した森有禮は、明治二十年、師範学校・中学校の教科書とするため、『倫理書』の起草を、文部省の書記官であった能勢榮（一八五二－一八九五）に命じた。森が、その草案を福澤に示して批評を求めたところ、福澤は、同年五月、これは倫理道徳の教科書として不適切であると回答した（「讀倫理教科書」『全集』第十二巻、三九七頁、明治二十三年三月十八日「時事新報」掲載）。

回答の内容は、大きく二つの論点からなる。一つは、道徳の形成の道筋についての主張である。社会的に行われる「戸外公徳」の「本源」は「家内の私徳」にあるにもかかわらず、『倫理書』は「人生戸外の公徳を主として、家内私徳の事に論及するを見ず」という欠陥があるというものである（同、三九八頁）。この指摘は、私徳を向上させることが公徳を向上させるとして、家庭を徳育の主たる場とするものである。

このように、家庭における私徳を基盤として社会における公徳を形成するという道筋は、先にみた「公議輿論」など社会に道徳を委ねる論理とは異なっている。この論理は、徳育論だけでなく、社会に対する理解として、従来とは異なる見解である。だが、ここでは、原則的な考え方を述べているだけで、その論理の意味を掘り下げて論じているわけではない。この論理は注目に値するものではあるが、福澤の他の論説との関連で、別途、検討するべき事柄であることを確認するにとどめる。

もう一つの論点は、『倫理書』を学校の教科書とすることを否とすることである。福澤は、これについて、次のように述べている。

凡そ徳敎の書古聖賢の手に成り又其門に出しものにして、主義の如何に拘はらず天下後世の人が其書を尊信するは其聖賢の德義を尊信するが故なり。（同、三九九頁）

然るに今倫理敎科書は文部省撰とあり。省中何人の手に成りしや。其人果して完全高德の人物にして、私德公德に缺る所なく、以て天下衆人の尊信を博するに足る可きや。諭吉に於ては文部省中に斯る人物ある可きを信ぜざるのみならず、日本國中に其有無を疑ふ者なり。（同上）

福澤によれば、徳育の教科書は、道徳的に高潔な人物の著述になることを要するのであり、そういう人物は現下の日本にはいないであろうから、『倫理書』は教科書として不適当であるとするのである。これは、政府が倫理道徳の教科書を作ることを不適当であるとするものであるが、内容的には、学校教育における徳育を不可能とするものである。この主張が、先の彼における徳育論の延長上にあることは明らかである。

だが、このたびの福澤の批判対象は、彼が「文明主義」と目した森らであって、「儒教主義」ではない。徳育論争は、この段階では、福澤の「文明主義」と「儒教主義」という図式では収まらないのである。いわゆる「文明主義」の立場は、学校教育における徳育の可能性をどう考えているのであろうか。そのこととの関連で、福澤の考え方も明らかとなってくるであろう。

七　おわりに――「普通心」

『倫理書』の原案の起草を森に命じられた能勢榮は、明治二十三（一八九〇）年十月、「徳育鎮定論」を公表した。「徳育鎮定論」は、当時論議の喧しかった小学校における徳育の実施について、教育者として決着をつけようとしたものである。次に能勢の考え方をみることとする。

能勢は、道徳についての「主義」を政府が定めるべきではないとする。

道徳の主義の如きは、儼然たる形體を具へたる者にあらずして、人々其の信ずる所を主張し、信ぜざる所を排斥するものなれば今日の世界に於て、政府の力を以て遽かに定め得可き者にあらざるなり。

（國民精神文化研究所『教育勅語渙発關係資料集』第二巻、二一五〇頁）

これは、徳育は政治から独立しているとか独立すべきであるという類の主張ではない。能勢によると、道徳とは、政府が一定の主義を示すか否かにかかわりなく、人々の実行しているものである。だから、政府が道徳の主義を定めようが定めまいが、人々が道徳を実行することになんの影響もないというのである。それは、ちょうど、人々が食事に何を食べるべきかを指定するようなものであると、次のように述べている。

此の問題は如何に論結したればとて、又は更に論結せざればとて、學校の徳育には毫も關係なきものなり、此の問題を決するは、猶ほ日常の食物は米飯に頼る可し。或は麵包を用ゐる可しと命令するが如し。米飯麵包共に日常缺く可からざる必要品にして、吾人は日々各其の好む所に從ひて、之を食ひ以て其の生命を維持す。然れども他の命令に從ひて、其の一を撰ぶを要せず。又撰ばざるべからざる必要なきなり。命令ありとて之に從ふ事能はず。又命令なしとて之を廢する事能はず。日々各其の好む處に從ひて之を食ひつゝ居るなり。（同上）

ここには、食物は、人の生きていく上で必須なものであり、何を食べるかを指定することは無意味であると同様、道徳も、人の生きていく上で必須であり、かつ、実際に実行しつつあるのだという認識がある。そこで、小学校の徳育では、何もしないのかというとそうではなく、教師自身が実行すべき標準を定めるのだとする。

然らば教育者は如何して、此の問題を鎮定すべきや。是れ教育者自ら自家の意見を以て、決定する外に爲すべき事なきなり。

小學校の徳育は一定の學校紀律を立て、一定の學校摸範を示し、生徒をして之に感化せしむると、一定の時間に一定の科程を授くるとの二つなり。一は全校の管理に關する校長及首座教員の任なり。一は修身科を教授する教師の任なり。（同、二五二頁）

学校長以下の教師が自らの意見でもって模範・標準を立てて、学校全体として一般的に行うものと、修身という科目で行うものと、二つの種類の徳育を、実行するべきであるというのである。

このとき、道徳の模範・標準が教師自身であることは、想定されている徳育の場が小学校であることに重要な意味がある。だから、「兒童にありては教師の言行は皆善なる者と信ずれば足るものなり」（同、二五三頁）というのである。

このような能勢の議論は、学校ごとにさまざまな道徳の模範・標準を立てることを許容するものであり、それはまた、学校で徳育を実施する必要を無意味にするようにみえるが、そうではない。能勢は、教師の側が、道徳についての一定の原理を把握することは可能であり、必要であると考えている。だから、教師は、自ら道徳の原理を定立するべきであるとして、次のように述べている。

他日學校を去るの日に於て、（一）は道德の必要に遭遇する時の用意となし、（一）は敎師の敎へる處の敎訓は、皆一定不變の道理に合ふ者なる事を承知せんが爲に、學校長又は修身科を受け持つ敎師は、豫め普通の考へを以て、自分の見識を定め、自己の心中に道德の原理を定立し、其の敎訓する所の趣旨を明かにし以て生徒をして他日、

一、自已の判決力に依りて行爲を營むの用意を爲し、
二、學校に於て曾て敎育を受けざる事柄に際會し、臨機に判決する爲の用意と爲し、
三、自已の行爲を催すところの動機を反省する用意と爲し、
四、他人より受くる邪説に向ひて防禦する用意と爲し、
五、實際困難に遭遇する時の豫防と爲し、

安心して身を修め世に處する方針と爲さしむる必要あるなり。（同、二五五頁）

能勢は、教師が、自ら「道徳の原理を定立」するべきである理由を、次のように考えている。卒業生が、実際生活において、学校で教えられた道徳が「一定不變の道理」に合致するものであり、それにもとづいて、一から五の項目にいうような、自らの判断で正しい道徳的行為をなし得る「用意」を与えるためである。そして、「道徳の原理」「一定不變の道理」が存在し、教師はそれを把握し、その教師に指導された生徒は、いずれ将来的に、道徳の原理を自らのなかで生かすことができると考えている。

また能勢は、教師も生徒も道徳の原理を把握し得ると考えている。そのことが、徳育を学校教育のなかで可能なこととする理由である。そして、その根拠は、「吾人人類の普通に有するところの普通心（こんもんせんす）」（同、二六八頁）にある。彼は、次のように述べている。

此の普通心は人人の遺傳と經驗とによりて來る者にして白痴癲狂に非る以上は、人々皆普有するところの心にして、善悪、義務、權利、良心、德不德の觀念を理解する能力なり。（同、二六八頁）

能勢は、道徳についての理解能力を、特別な例外を除いて、あらゆる人々に共通に有することとしている。道徳の原理は、この「普通心」という普遍的な知的能力にもとづいているのであり、だから、さまざまな宗教や道徳に関する学問の根本をなすものであることになる。

倫理學的の高尚なる眞理も、宗教的の凡俗なる教訓も、其の本は、皆此の普通心より出でたる者なり。此の普通心なる者は、西洋にも支那にも日本にも等しくある者にして、苟も人類たる者は、必ず普通の廣き普通心を備ふる者なれども、又特に其の國に限りて、固有する所の普通心あるものなり。（同、二六九頁）

道徳は、人々が共通に有する「普通心」にもとづくものである。それは、人類共通の面と特定の社会に固有の面とがあるにしても、基本的に、人々がみな知って実行している事柄である。徳育は、それを感情として定着させ、実行する意志を錬磨することであるから、学校で教えることが可能なのである。

ここでは、道徳は人々の共通の知の対象であることにより、人々が教え学ぶことのできる事柄である。むろん、道徳は、単なる知にとどまるのではなく、実践されてこそ意味のある事柄である。だが、道徳は、共通に知り得る事柄であることにおいて、それを教え学ぶ徳育が、学校教育においても、一般社会でも可能だというのである。そして、能勢の考える徳育は、「普通心」という人々が共通に有する道徳的理解力や判断力にもとづくものであり、自律的行為主体といってよいものに向けての教育である。

徳育について極めて積極的であった西村茂樹も、同様に、道徳を知的把握の可能な対象とすることで、徳育が可能であることを主張している。彼は、『日本道徳論』（明治二十年）において、「道徳ノ教ノ基礎」を「天地ノ真理」とし（日本弘道会編『増補改訂　西村茂樹全集』第一巻、思文閣出版、二〇〇四年、一二一〇頁）、それを「事実ニ求ム」ことにおいて確実に知り得るとした（同、一二二頁）。道徳を「事実」によって人々が共通に確認し得る「真理」として知の対象であるとし、人々における道徳的知の存在を明白に前提して、徳育の可能性を基礎づけ、道徳を学校だけでなく、社会に普及する志向をもったのである。

福澤は、これに対して、道徳を知の対象から除外した。情と理を截然と区別し、道徳を情にもとづき、知識を理に属するとして、道徳を人々の共通に知り得る事柄でないとした。道徳を人々の共通の知から排除することで、情の領域に属する特別な人格的関係にもとづくこととして、徳育を学校教育の場から除外したのである。

このことは福澤の思想における、次のようないくつかの傾向と相関的なことであると思われる。道徳にかんする共通の知を排除することは、一般的に、人々相互の間における道徳的啓発や向上に否定的となる。それは、当時の日本社会において、少数の「士人」と大多数の「群民」との間を道徳的に調和させる志向を閉ざすことでもある。そして、そのことは、彼の目指す自主独立の精神を社会全般に確立することの困難さの理由になっている。福澤諭吉における帝室への「依頼」は、こうした隘路をくぐり抜けようとするものといえるかもしれない。しかも、この帝室への依頼は、道徳を含む人々の活動を、政治から独立したものとする志向と相関しているのである。

（1）　この論争の内容については、勝部真長・渋川久子『道徳教育の歴史』第三章「教育勅語と修身科教育　徳育をめぐる論争」（玉川大学出版部、一九八四年）に要領よく概括されている。
（2）　明治前半期における道徳教育のあり方については、本書第Ⅰ部第一章で述べた。

第三章　道徳教育における主従関係の近代

一　はじめに――「主僕と云ふ者は骨肉の親に非ずして、一家の内に同居する者なり」

本章は、明治期から昭和前半期の道徳教育において、主僕（主人と召使い）の道徳が説かれ続けていたことに着目し、西村茂樹の言説に即して、近代日本の道徳教育において、主僕の道徳の提示される思想的脈絡やその根拠づけの一端を考察するものである。

明治期後半から昭和期の国定修身教科書において、主僕の教えのあることについては、別途、指摘している。[1]そして、主僕の教えを道徳教育に位置づけることの意味を西村茂樹の言説によって検討する理由は、次の点にある。彼は、明治十年代に道徳教育政策の転換において、また、修身教科書のあり方を方向付ける上で、重要な役割を果たした。この点についても、わたくしは、言及するところがあった。[2]

西村は、明治十年代に、道徳教育において主僕の教えを立てる必要を説いている。明治十八（一八八五）年に発表された「或問十五條」「其十三　孟子の五倫を論ず」で、次のように述べている。[3]

五教の目は往昔は如何なりしかは知らざれども、今日に在りては、三条の不足あり、其一は師弟の道、其二は主僕の道、其三は人に接するの道是なり、

（中略）

第二主僕と云ふ者は骨肉の親に非ずして、一家の内に同居する者なり、其の関係の状を言ふときは、其の朝

夕接はるは朋友より親しく、主僕の約束を解くに及んでは、又転じて他の家の主僕となる、故に其の交際の状は、家族の如き所あり、朋友の如き所あり、同国人の如き所あり、此の如き錯雑せる状態を以て、相交はるの人なれば、主僕互に其権利義務を考究せずして止むべき者に非ざるなり、且つ日本国人中に於て、或は主人となり、或は従僕となる者は、其数甚だ多きことなるべし、（未だ統計表を得ざれば其詳なることを知るべからずと雖ども、総人口の五分の一くらいには及ぶべし、）此の如き多数の人の為めに其教を立てずして止むべき者に非ざるなり、

（中略）

凡そ支那にて教育の書の完備なるは、朱子の小学の書と白鹿洞掲示とを以て第一とすべし、然れども小学の書に接人の道は説かず、白鹿洞掲示には師弟の道を説かず、主僕の道に至りては両書共に之を説かず、蓋し孟子の五教の目に拘泥したる者なるべし、

（『全集』第二巻、七四八頁）

西村は、ここで、東洋における道徳の教えとして、儒教の五倫の道を想定している。そして、五倫の道は、今日では、師弟の道・主僕の道・接人の道（特別の関係をもたない、一般的な人と人との交際の仕方）について不備であるから、これらの三つの道を、道徳教育のうちに導入すべきであるとしている。

また、主僕のことを「主僕と云ふ者は骨肉の親に非ずして、一家の内に同居する者なり」としている。ここでの主僕は、一家に同居している、使用者である主人と使用人である僕婢（召使い）との関係が想定されているのである。彼は、こうした主僕関係にあるものの総数を日本の総人口の「五分の一くらい」と推測している。

さらに、主僕関係の性格を「其の朝夕接はるは朋友より親しく、主僕の約束を解くに及んでは、又転じて他の家の主僕となる、故に其の交際の状は、家族の如き所あり、朋友の如き所あり、同国人の如き所あり」としている。主僕関係は、一家に同居して日常的に接触している点では、朋友以上に親しく家族に近いとともに、主僕の

関係を解く場合には（関係をとり結ぶことを「約束」としているが、今日の言葉でいえば契約ということになる）一般的な国民同士の関係に立つものである。契約関係にある限りでは親密であるが、契約が解除になると一般的な人間関係に転化する、主僕関係の複雑な性格に照らして、その「権理義務」を検討する必要があるとするのである。

西村が、この時点で、主僕関係をどうあるべきであると考えたのか、具体的な内容は明らかではない。しかし、彼が、国民同士のような一般的な関係としての性格で、主僕の道を立てる必要を説いたわけではないことは、容易に推察できる。

西村は、実際、道徳教育のなかで、主僕の道を構想していた。彼は、「或問十五條」「其十三　孟子の五倫を論ず」発表以前の明治十二（一八七九）年十一月の日付の「凡例」をもつ、彼自身の編集になる修身教科書『小學脩身訓』において「主僕の道」という項目を立てている（『小學脩身訓』の発行は明治十三年四月・五月）(4)。『小學脩身訓』は、上下二巻からなり、暗記するように和漢洋の嘉言を編集したものである。これは、修身教科書の歴史において重要な位置を占めている。それは、一つには、生徒が全員自ら所持するべきものとしてはじめてつくられた点にある。

『小學脩身訓』は、嘉言を八項目に分類している。その項目は、上巻では、学問・生業・立志・修徳、下巻では養智・処事・家倫附師弟・交際である。「或問十五條」において、東洋の道徳に不足しているとされた三つの事柄のうち、接人の道は「交際」として立てられ、師弟の道は「家倫」の項目に「附」として立てられている。そして、主僕の道は、この師弟の項目にやはり「附」のような形で「主従ノ道」の名で挙げられている。そして、この次に「家長ノ道」も挙げてある（『全集』第二巻、六七三頁）。

『小學脩身訓』に「主従ノ道」として収録されている嘉言は四条で、『泰西勸善訓蒙』『殷氏ノ脩身学』『弗氏ノ脩身学』といった西洋道徳学の翻訳書からのものである。内容的には、「主人」「主長」と「僕婢」の語のもとで、それぞれの心得を記している。主人の側には「寛裕」「恩恵」など、僕婢の側には「信実」「従順」などを求めている。注意しておきたいのは、「僕婢ハ家族ノ一部トモ謂フベキ者ナリ」としていることである（同上）。なお、『泰西勸善訓蒙』には、「僕婢ハ父母ノ令ヲ傳フル時ハ子弟之ヲ奉承ス可シ」（巻下、十八丁裏）とあり、この主僕は一家に同居しているものとみられる。

後にみるように、西村は、主僕の道は、東洋になくて、西洋にあると理解していたのであるから、『小學脩身訓』に収録した西洋翻訳書における主僕の道は、彼が自らの主僕の道を構想する上で重要な示唆を与えたことは確かである。

このように、西村は、明治十年代に、道徳教育において主僕の道を立てる必要を考え、また、実行していた。主僕の道は、このときは、家倫に包含されるものであり、主僕としては家族に同居する関係が想定されていた。「或問十五條」では、主僕関係にあるものは、総人口の五分の一くらいと見積もられていたが、それも、一家に同居する主僕に見合う数字ということなのであろう。

ところで、西村は、後に『德學講義』において、道徳の理論と実行にかんする本格的な書物をあらわすが、そこで、主僕の道をかなり詳しく展開している。それは、いまみた明治十年代における主僕の道についての考え方を、小さくない変更を加えて、展開したものである。以下、『德學講義』に即して、道徳教育における主僕の道についての西村の考え方を考察することとする。

二　「道徳学ノ区分法」

『德學講義』は、西村が、「道德ノ針路」（『德學講義』第一冊、『全集』第二巻、三頁）を示すものとして、明治二十六（一八九三）年から同三十四（一九〇一）年にかけて逐次刊行したもので、全十冊からなる。(5)これは、この後、西村が道徳にかんする講演を行う際の基礎となった。『道徳教育講話』（明治三十一・三十二年の講演記録）は、そのことをよく示している。

西村は、『徳學講義』において、道徳の学問と実行を区別して、「上編」で道徳の学問について論じ、「下編」で道徳の実行を論じている。彼は、『徳學講義』第五冊にある「下編」冒頭で、「道徳学ノ区分法」の項を立てて、次のように述べている。

凡ソ道徳ヲ実修セントスルニハ、分類ヲ為シ順序ヲ立テ、之ヲ教ヘザルベカラズ、

（『徳學講義』第五冊、『全集』第二巻、一二三六頁）

西村によると、道徳の実行のためには、道徳について分類を立て、順序よく体系化して教える必要がある。この「分類順序ノ法」として、儒教と西洋の道徳学には、徳と身分と人事の三つあるが、「人事」にもとづく区分をもっともよいとする。彼は、自らの分類法を、主として人事によって立てるのであるが、そのように考える経緯を、次にみることとする。

まず、徳による道徳の分類法について、西村は、次のように述べている。『論語』に仁・智・信・恕・智仁勇・恭寛信敏恵を挙げて説き、『孟子』に仁義・誠・仁義礼智を挙げて説いているのは、徳を教えるものである。ギリシアでは「四首徳」を立てて教えている。徳によって教えるのは、よいところはあるが、次のような欠点がある。徳は多くあるため、遺漏がないわけにはゆかない。また、徳は形がないから、たとえば仁について、『論語』と『孟子』の間で若干の意味の違いもある。徳による教えを廃棄するものではないが、区分法としては不十分である。

身分（地位）による道徳の区分法については、次のように述べている。儒教では、『孟子』に父子有親、君臣有義、夫婦有別、長幼有序、朋友有信とあり、『論語』に君々臣々、父々子々など多くの例があるが、西洋には

この方法がない。これは、中国では家倫を重視するから、儒教における父子夫婦兄弟という身分にもとづく道徳が妥当する。この方法は、父子夫婦兄弟が人の皆知るところであるから、一般的にも有効である。これに君臣を加えれば完備する。ただ、この方法の欠点は、朋友の範囲が不明確であり、また、家倫を偏重する点は、今日の天下の道理にふさわしくない。そこで、「此区分法ハ頗ル宜キニ適スレドモ、猶他ノ良法ヲ待ツ者ノ如シ」（同、二三八頁）という。

人事による道徳の区分法については、次のように述べている。儒書で人事による区分法を立てているのは、『大学』の八条目である。八条目のうち、格物致知については、異説があって一定しないが、他の六条目（誠意正心斉家治国平天下）については、解釈に異説の入る余地はない。これは、整然として秩序あり、「遺漏ナク、過剰ナシ、実ニ儒書中ニ於テ分類区分ノ最モ完全シタル者ト云フベシ」（同、二三九頁）としている。だが、儒書のなかで、西村がもっとも高く評価するのは、『小学』である。それは、『小学』が全面的に区分法によっており、しかも人事にもとづくものだからである。

こうして、西村は、『大学』と『小学』を儒書のなかで、人事による道徳の区分法として、もっとも優れたものとする。

余故ニ支那ノ儒書ニ於テハ大学ト小学トノ二書ヲ以テ、最モ教訓書ノ体ヲ得タル者ト定ムルヲ憚ラザルナリ、（同、二三九頁）

このようにいうことで、西村が、『大学』『小学』を道徳の区分法・分類法（西村は、区分法と分類法を同じ意味で使用している。人事の区分の論述から分類法という語を使っている）の範とするかというと、必ずしも、そうではない。改めて、彼は、西洋の人事による分類法を検討する。

西洋の分類法としては、まず、次のように、カントのものを挙げている。

- 本務即職分
  - 人ヨリ人ニ対ス
    - 我身ニ対ス
    - 他人ニ対ス
  - 人ヨリ他物ニ対ス
    - 人ヨリ以下ノ物ニ対ス
    - 人ヨリ以上ノ物ニ対ス

（同、二四〇頁）

西村は『カント氏純理論』という書物を所蔵しており（「求諸己斎蔵書目録　洋籍之部」）、右の表はそれにもとづいているのであろう。しかし、この書物がドイツ語原書であるかどうかは定かではない。右の表は、邦訳によれば、『人倫の形而上学』「第二部　徳論の形而上学定礎」「徳論への序論」末尾に掲げられた「主体およびその法則の相違に基づく倫理学の第一の区分」にあたる[6]。カントは、ここで、表にあるように、一方に、人間の人間に対する義務を立てて、人間の自己自身に対する義務と人間の他人に対する義務を挙げ、他方に、人間の他の存在に対する義務を立てて、人間の人間以下の存在に対する義務と人間以上の存在に対する義務を挙げている。

カントの分類法における人間以上の存在について、西村は「物」という表現を用いているが、彼が、それをキリスト教の神あるいは神のような超越的存在と理解していたことは疑いない。彼は、カントの分類法が、『新約聖書』の「テトスへの手紙」にある「自制、公義、敬虔」（二章一一節）を根源とするという考えを紹介している（『徳學講義』第五冊、『全集』第二巻、二四〇頁）。

西村は、西洋における人事にもとづく道徳の分類法について諸説を検討し、分類法の条目は三つないし五つであると総括する。それは、自己自身に対する道徳、自己と他者との関係における道徳、神（西村は上帝といっている）に対する道徳の三つ、ないしは、これに家族に対する道徳、国家に対する道徳の二つを加えたものである。

其細目ニ至リテハ人々定ムル所、或ハ大ニ同ジカラザル者アレドモ、大綱ニ至リテハ大抵此ノ三者五者ニ出ズ、此ノ分類法ハ、即チ人事ニ依リテ分類シタル者ニシテ、前ノ徳ト身分トニ依リテ分類シタル者ニ比スレバ、能ク其ノ欠点ヲ補ヒテ更ニ其法ノ完全ニ進ミタル者ナリ、（同上）

西村が、西洋における人事にもとづく道徳の分類法としてまとめた三つないし五つには、カントが挙げた四つの義務のうち、人間以下の存在に対する義務に相当する条目が外れている。このことは、いまは、詳しく立ち入ることはできないが、西村の考え方として、注意しておいてよいことであろう。

西村は、以上のように、儒教と西洋における道徳の分類法を検討した上で、次のように総括する。

今徳学ノ実行篇ヲ述ベントスルニハ、固ヨリ往古ノ如ク混淆シテ之ヲ説クベカラズ、其ノ全体ヲ挙ゲ、順序ヲ整ヘ、且ツ遺漏ノ憾ナキ者ハ、大学小学ノ書ヲ以テ宜シトスベシト雖ドモ、時代ノ変遷ヲ歴ルコト既ニ多キヲ以テ、其ノ今日ニ適セザル所モ亦少ナカラズ、今日ニ方リ東西ノ道徳書ヲ考究スルニ、其結構ノ宜シキヲ得タルハ、蓋シ西洋学士ノ説ニ在ルニ似タリ、故ニ今其体裁ニ倣ヒテ此篇ヲ編述セントス、（同、二四一頁）

西村は、儒教の『大学』『小学』は時代の変遷に適合しないところがあるので、西洋にならうとする。結論として、西洋における人事にもとづく道徳の分類法をもっとも妥当なものとし、これにならって、彼自身の道徳の分類法を立てるのである。

ここで注意したいことは、人事にもとづく西洋の分類法をもっとも妥当であるとするにしても、それは、比較相対的なことであり、絶対的全面的にしたがうのではない。彼は、東洋の分類法、徳や身分による分類法を排除するものではない。それらは、西洋の人事による分類法に比較して劣るところがあり、あるいは欠点があるものの、よいところがあるとしている。西村が、西洋の人事による分類法にならうとしても、それを中心的な基準としつつも、必要に応じて、東洋の徳や身分による分類法を採用することもある。このことは、西村が立てる道徳の分類法のうちに確認し得ることである。

西村は、以上のような検討を踏まえて、実行に向けての道徳の分類法を、次のように立てる。

今東西ノ学ヲ考へ、古今ノ変ヲ察シ、本邦ニ適当スルノ分類法ヲ定メントスルニハ、左ノ法ヲ以テ最モ宜シトスベシト信ズ、

第一　我身ヲ修ムルノ道
第二　君臣ノ道
第三　父子ノ道附姑婦ノ道
第四　夫婦ノ道附女子ノ道
第五　兄弟姉妹ノ道
第六　師弟長幼ノ道
第七　朋友ノ道
第八　主僕ノ道附家長ノ道
第九　人ニ接スルノ道
第十　国家ガ人民ニ対スル道
第十一　人民ガ国家ニ対スル道
第十二　国家ガ国家ニ対スル道

猶是ニ属スル許多ノ條目アレドモ、夫ハ其所ニ於テ詳説スベシ、（同、二四一―二四二頁）

西村の立てる分類法は、西洋の人事による分類法にならうとしながら、それと異なるところがある。その差異

は、「古今ノ変ヲ察シ、本邦ニ適当スルノ分類法」とするという彼の方針によって生じている。『徳學講義』は、近代日本という状況における道徳を構想するものである。だから、西村が分類法を立てるに際しても、西洋の人事にもとづく分類法を全面的な基準とするのではなく、彼の選択が働いているのである。

一見してわかることは、西村が、西洋の人事にもとづく分類法としてまとめた三ないし五の条目にあった宗教的な超越者への崇敬、ないしはキリスト教の神への信仰にかかわる条目が外れていることである。キリスト教信仰にかかわる条目を取り入れなかったことは、それが、わが国に適合しないという判断の働いていることは確かであろう。しかし、宗教的なもの一般を除外することは、また、それとは別の問題である。

このことは、道徳の領域から宗教性を排除するという、西村の道徳論の根本的な考え方にかかわる。この問題は、彼の思想の本質的な性格にもかかわるが、いまは、指摘だけにとどめておく。

西村の提示した分類法は、第一から第七までは儒教の修身と五倫にほぼ対応しており、第八から第十一までは、それに付加したともみられる。このようにみる限り、西洋の分類法にならったようにはみえない。だが、この分類法は、やはり、西洋の分類法にならったと考えてよい。というのも、彼が、この分類法を立てるにあたり、直接的に参照したと推定してよいものがある。それは、箕作麟祥編訳『泰西勧善訓蒙』である。先にみたように、彼は、『小學脩身訓』で、この書から嘉言を採録している。

『泰西勧善訓蒙』の目次をみると、次のようになっている。

第一篇　勧善學ノ大旨
第二篇　天ニ對スル務
第三篇　自己ニ對スル務
第四篇　人ニ對スル務

第五篇　族人ニ對スル務
第六篇　國ニ對スル務

（『泰西勸善訓蒙』巻上、目録）

各篇は細目を立てており、「第五篇　族人ニ對スル務」の細目は、次の通りである。

夫婦相互ノ務
親ノ務
子ノ務
師傅ニ對スル務
兄弟相互ノ務
兄弟ト姉妹トノ務
族人相互ノ務
老輩ニ對スル務
朋友ノ交
僕婢ニ對スル務并主長ニ對スル務

（同上）

西村の分類法にある条目は、君臣の道を除くすべての条目を、『泰西勸善訓蒙』に見出し得る。そして、君臣の道は、西洋にないものとして、彼がとくに立てたものである。むろん、『泰西勸善訓蒙』には、「族人相互ノ務」「老輩ニ對スル務」のように、西村の立てた条目以外のものが含まれている。彼が、それらを除外したのも、彼の選択によることであろう。

『泰西勸善訓蒙』には、主僕の道を掲げており、第一八四章には、『小學脩身訓』でも引いていた「僕婢ハ家族ノ一部トモ謂フ可キモノナリ」（巻下、十八丁表）という言葉がある。『徳學講義』にある「主僕ハ家族ノ一分ト云フモ可ナリ」（『徳學講義』第八冊、『全集』第二巻、四四五頁）という言葉は、『泰西勧善訓蒙』のものを直接受けて（言葉の上では酷似しながら内容的には大きな変更を加えて）いるであろう。彼が、「道徳ノ実行篇」の分類法を立てるにあたり、『泰西勧善訓蒙』にならったことは（他の書物をも参照したであろうが）、確かなことと思われる。そして、主僕の道の条目を立てるについては、明らかに西洋道徳書にならったのである。

西洋にならって新たに立てる必要のあった主僕の道とはいかなる事柄であり、それを立てることの思想的脈絡や根拠は、いかなるものであろうか。

三　「主僕ハ約束以外ニ道アリ」

西村は、主僕の道について、『徳學講義』第八冊で、次のように述べている。

君臣ノ外ニ又主僕或ハ主従ト称スベキ者アリ、儒教ニテ君臣有義ト云ヘル君臣ハ、其指ス所何者ナルカヲ審ニセザレドモ、此ノ語ハ孟子ノ言ヒタル者ナレバ、蓋シ周ノ天子ノミヲ指スニ非ズシテ、列国ノ君臣ヲモ指シタル者ナルベシ、礼記ノ十義、左伝ノ六順、晏子ノ十礼ニ言フ所ノ君臣モ亦皆同様ナルベシ、本邦ニテハ、古代ハ君トスルハ一人ニ限リタレドモ、武門執政以来ハ、将軍ト大名、大名ト其家臣トノ如キハ、皆君臣ト唱ヘ来リ、夫ヨリ農商ノ家ニ役仕スル者モ、其主人トノ間ニ猶君臣ノ礼ヲ用ヒ、徳川政府ノ如キハ大名ト家臣ハ言フニ及バズ、民間ノ主人ト従僕トノ如キモ、皆君臣ノ道ヲ以テ之ヲ教ヘ、又君臣ノ法律ヲ以テ之ニ処シタリ、明治維新ノ後、此ノ如キノ君臣ノ名ヲ称スルコトヲ廃シ、以テ君臣ノ名義ヲ正シ、士庶ノ家ニテ役仕スル僕婢ト、其主人トノ関係ヲ改メテ、雇主雇人ト称スルコトト為セリ、君臣ノ名ヲ正シタルハ然ルベキコトナレドモ、士庶ト役使者トヲ称シテ雇主雇人ト名ケタルハ、其ノ情誼ヲ薄クスル嫌アリテ、称美スベキコトニ非ズ、

（『徳學講義』第八冊、『全集』第二巻、四四四頁）

これは、含蓄の多い論述である。主僕の道を論述しながら、君臣について論述している。そして、儒教における君臣について、古代中国では、君は、天子だけではなく、列国の君を指していること、わが国においても、君は、古代においては一人だけであったが、武家政治以来、将軍・大名を指していること、そのことから、農商の庶民の家においても、主人と従僕を君と臣と称するようになったことなどを述べている。

西村は、明治維新以後に、君臣の名義が正されたとする。それは、古代日本と同じく、君は天皇一人だけとするようになったからである。これに対して、かつて君とよばれていた士庶の家における使用者と使用人の関係が、明治維新以後に雇主と雇人の関係になったことは、よろしくないとする。彼は、使用者と使用人を主人と僕婢の関係、つまり主従関係とすべきであるとする。このために、改めて、主僕の道つまり主従の道を提示するのである。

西村によると、明治維新後の状況で、使用者と使用人の関係の道徳として、主従・主僕の道を立てようとしても、東洋にはその教えがない。そのことを、次のように述べている。

今儒教ニ依リテ教ヲ立ントスルトキハ、五倫中ニ主僕ノ教無シ、全国人民中ニ於テ或ハ主人ト為リ、従僕ト為リ居ル者ハ、其数殆ト三分ノ二ニ達スベシ、是ヲ君臣トシテ視ルトキハ、古来ヨリ君臣ニ関スル教訓多シト雖ドモ、今日ハ君臣ノ名ヲ称シ難シ、然ルトキハ此ノ如キ大数ノ人民ニ其ノ本務ヲ教フル訓誨ナシ、是ヲ教育ノ闕事ト言ハザルコトヲ得ズ、西洋ノ道徳書ハ何レモ是ニ付キテ其本務ヲ教フル所ノ条目アリ、然レドモ西洋ニハ古来ヨリ奴隷、即チ売身奴ノ風俗アルヲ以テ、主従ノ関係ニモ随意ノ服従ト不随意ノ服従トノ二者アリ、不随意ノ服従ハ即チ奴隷是ナリ、本邦ニハ古ヨリ奴隷ノ陋風ナキヲ以テ、不随意ノ法ハ用フル所ナシ、其参考トナルベキ者ハ、唯随意ノ服従ノ法則ノミナリ、（同、四四四頁）

西村によると、儒教には君臣関係の教えは存在するが、主僕の教えはない。そして、近代日本に広く存在する主僕関係のための教えは、君臣の道によって代替できないから、主僕の道の不在は、教育上の不備である。この不備を補うために、西洋の道徳書にある主僕の教えが参照できる。ところが、西洋の主僕関係には、随意と不随意との二種類ある。そのうちの不随意の主僕関係は、奴隷制度によるものである。日本には奴隷制度は存在しないから、参照し得るものは、西洋の随意の主僕関係だけである。

西洋における随意の主僕関係とは、使用者と使用人との契約による雇用関係と考えてよい。西村は、これを日本の使用者と使用人との関係に当てはめることはよろしくないとする。彼は、そのことを、次のように説明する。

西人ノ説ニ依レバ、主僕間ノ関係ハ全ク互ノ約束ヲ以テ根基ト為スト、蓋シ事実ヲ誤ラザルノ説ナリ、然レドモ更ニ高崇ナル意味、即チ道徳ノ精神ヲ加ヘザルベカラズ、主僕ハ家族ノ一分ト云フモ可ナリ、然ルトキハ約束ヲ為スモ、又従僕ヲ役仕スルモ、倶ニ道徳ノ範囲ノ外ニ出デザランコトヲ求ムベシ、僕婢ガ主人ニ対シ、忠義ヲ尽シタルハ、史上数々見ル所ナリ、（殊ニ本邦ノ歴史ニ多シ）、此ノ如キハ其主僕双方ノ栄誉ト為ルノミナラズ、又国俗ノ美ナルコトヲ示スニ足ルベシ、（同、四四五頁）

西洋人の説では、主僕関係は、「全ク互ノ約束ヲ以テ根基ト為ス」、つまり契約を基盤として成立する。西村は、これはその通りだと、一応は、認める。しかし、彼は、主僕関係には契約という法律的関係に加えて、「道徳ノ精神」を加える必要を認め、主僕を「家族ノ一分」といってもよろしいとする。彼は、主僕関係を、家族関係に伴うような心情にもとづくべきであると考える。

ここで確認しておくべきことは、『徳學講義』が想定している日本における主僕関係は、全国人民中の「其数殆ト三分ノ二ニ達スベシ」というような広汎な社会的関係である。ところが、これは、先の「或問十五條」「其十三　孟子の五倫を論ず」において、明治十八年の段階で、主人となり従僕となるものの数を総人口の五分の一くらいと踏んでいたのとは大きく異なる。このことは、明治十八年の「或問十五條」と明治三十年代の『徳學講義』（右の論述のある『德學講義』第八冊は明治三十三年発行）とでは、西村における主僕関係の理解に差異があることを示している。

「或問十五條」では、「主僕と云ふ者は骨肉の親に非ずして、一家の内に同居する者なり」（前引）というように、家族とともに生活する非血縁的な使用人を従僕としていた。これは、『泰西勸善訓蒙』における「僕婢ハ家族ノ一部トモ謂フ可キモノナリ」とし、一家に同居する主僕を想定していたのと変わるところはない。だから、このとき、主僕の道を立てることは、日本と西洋において、ともに家族と同居する僕婢に対して、日本において欠落している主僕の道を、西洋にならって補うことであった。

ところが、『德學講義』においては、全人口の三分の二にもなる広汎な使用者使用人の関係を想定しているのである。彼は、これを「主僕ハ家族ノ一分ト云フモ可ナリ」（前引）とするが、この表現は主僕の同居の意味を含んではいない。『德學講義』において、主僕を一家に同居するものとして記述することはない。ここでいう使用者使用人は、数量的にみても、一家に同居する存在ではないと考えられる。

西村が主僕の道を立てる必要を認めた対象は、西洋では雇主雇人として契約関係にあるのと同様な使用者使用人であり、日本社会の三分の二にも及ぶ多数の人々である。彼は、こうした広汎な人々に道徳の教えが欠落していることを教育の不備と考えたのである。

それだけではない。西村は、主僕の道を立てることで、広汎に存在する使用者使用人の関係を、家族と同居していないにしても、家族と類似した存在とすることを求めた[7]。だから、それは、教育上の不備を補うということどまらず、現実の社会に存在しないことを要請することである。彼は、『德學講義』をもとに講演した記録である『道德教育講話』では、次のように述べている。

主僕の道と云ふ事は、東洋の教には欠けて居る、彼の心学道話抔に出て居るが、儒教などでは別に此条目が無い、全国の中で人を雇ひ並に人に雇はれるものは大層あらうと思ふから、主僕の心得と云ふものも一通り研究して置かねばならぬ、是は外の家倫の様に細かく分ける程の必要は無い、昔は雇主を主人と云つて矢張り君臣の様になつて居つたが近年は唯雇主雇人となつた、矢張雇主雇人と云ふ名義は少し穏当では無い、主従と云ふ心持ちでないと互に親切が薄い、今日は如何とも仕方がない、矢張り道徳で主人は能く慈善の心を以て人を使ひ、陶淵明の「是亦人之子也」と云ふ心持で使ふより外は無い、使はれる者も雇主と思はないで、矢張り主人と思て仕へなければならぬ、是は矢張り学校で段々教訓して行くより仕方があるまい、

（『道徳教育講話』『全集』第一巻、五六四頁）

西村によると、従来は、使用者使用人の関係は主従関係であり、君臣関係のようであったが、現在は、変質して雇主雇人関係となっている。そして、以前には、心学道話を別として主僕の道はなく、君臣の道という教えがあるだけであった。そこで、彼は、現前の雇主雇人関係を主従関係へと訓育しようとして、主僕の道を立てるのである。使用者使用人の関係を、西洋的な雇主雇人の関係でなく、主僕の道の教えを通して、「親切」な主従の関係、つまり「家族ノ一分」としての関係を形成しようとするのである。それは、いかにして可能なことと考えられているのであろうか。

四　「人々相依リ相交ハリテ此生ヲ営ムト云フハ人類ガ固有ノ天性ニシテ」

西村によると、主僕の道は、もともと東洋・日本にはないものであり、西洋にならって立てるものである。それは、使用者と使用人の関係を、雇主と雇人の関係ではなく、主僕・主従の関係として訓育しようとすることである。つまり、使用者使用人の関係を、「約束」つまり契約としての法律を基盤とする関係ではなく、「道徳ノ精神」を基盤とするものへともたらそうとすることである。

西村において、主僕の道による、「道徳ノ精神」を基盤とする使用者使用人の関係の構築はいかにして可能となるのであろうか。それは、まず、人間の社会成立の基盤に認められていると考えられる。彼は、先に立てた自身の分類法における「第九　人ニ接スルノ道」に相当する箇所を、『德學講義』では、「第九　社会ノ道徳」という項目で論述している。ここで、彼は、社会成立の基盤を検討することで、「約束」という契約による法律的関係の根本に「道徳ノ精神」の存することを、次のように主張する。いささか長くなるが、興味深い論述なので、一節全体を引用する。

社会ニ関セル西洋学士ノ説

○基督教ノ学士ハ社会ノ構造ヲ以テ神命ナリトナセリ、然ルニ英国ノ霍畢士《ホツブス》法国ノ盧騒《ルーサウ》ハ之ニ反シテ、社会ヲ以テ人ノ約束ニ成レリトセリ、其比世人久シク宗教ノ詭譎ヲ厭ヒシ時ナレバ、二学士（殊ニ盧騒）ノ雄弁ニ鼓動セラレ社会ヲ以テ約束ニ成レリトノ説、大ニ諸国ニ勢力ヲ得、為ニ国家ノ大変動ヲモ起スニ至レリ、然レドモ後世ヨリ之ヲ見レバ、二学士ノ説ハ大ニ真理ニ合ハザル者ニシテ、全クノ謬見ナリト論定セラレタリ、若シ実ニ社会ヲ以テ約束ニ成レリトセバ、之ヲ約束シタルモノハ何人ナリヤ、又約束ヲナサヾル以前ノ生民ノ状態ハ如何ナリシヤ、一モ論証ヲ得ルコト能ハザルナリ、蓋シ人々相依リ相交ハリテ此生ヲ営ムト云フハ人類ガ固有ノ天性ニシテ、決シテ約束ヲ以テ為シタルニハ非ザルナリ、果シテ約束ヲ以テ為シタリトスルモ、元来人類ニ社会ヲ構造スルノ天性アリシニ由リテ、此約束ヲモ為スコトヲ得タル者ト云フベシ、故ニ余ハ社会ノ構造ヲ以テ人類固有ノ天性、即チ自然ニ出タル者ト断言スルナリ、彼宗教家ガ言フ所ノ神命ト云フモノハ、我ガ言フ所ノ自然ト云フモノト同一ナリ、若シ神命ハ全知全能ノ上帝ノ命令ニシテ自然トハ同ジカラズト言ハヾ、宗教家ノ言モ余ハ信ゼザルナリ、

（『德學講義』第九冊、『全集』第二巻、四五二頁）

西村は、「約束」によって社会が成立するとするホッブズやルソーの社会契約論を「全クノ謬見ナリト論定セ

ラレタリ」と述べるが、誰がどのように社会契約論を誤謬と論定したのか明らかにしていない。また、『徳學講義』第四冊には「西洋ノ徳学史」でホッブズ学説を紹介しているが（『全集』第二巻、二一一頁）、それへの批判についての言及はない。右の引用において、彼は、自らの立場からする社会契約論批判を展開しているのである。

西村による社会契約論批判の第一の点は、社会成立を可能にするという契約なるものの歴史的事実を疑問とすることである。これは、事実次元の問題である。第二の点は、そうした事実的次元とは異なる論理的次元の問題である。契約をなしえるためには契約をなしえる社会性がなくてはならないから、契約しえるような社会性が、人間に「天性」として存在していなくてはならないというわけである。

西村は、「人々相依リ相交ハリテ此生ヲ営ム」ことを「人類ガ固有ノ天性」であり、「自然」であると述べる。彼は、「約束」によって社会が成立するとするホッブズやルソーの社会契約論を批判する論述において、事実的次元からさらに論理的次元に進むことで、現に社会を形成する人間相互の親和性を見てとっているのである。現に存立する社会の基盤を人間相互の親和性に認めることは、同時に、個々の人間相互における親和性、つまり「道徳ノ精神」「親切」を認めることと相関的である。実際、西村は、社会成立という原理的な次元だけでなく、現実の社会における個々の人と人との間にも親和性を認めている。それが、主僕の道による道徳の精神を基盤とする使用者使用人関係の可能性の根拠をなすであろう。

西村における人と人との具体的な関係についての考え方は、一般的な人と人との関係についての道、つまり「人ニ接スルノ道」を論ずるなかにみられる。そこでは、法律と道徳の差異について述べており、人と人との関係ないしは社会のあり方についての、彼の考え方を立ち入ってうかがうことができる。

西村は、「人ニ接スルノ道」を論ずるにあたり、次のように述べている。

人類権理義務ノ均整

○人トハ我身ト同様ナル形態心思ヲ受ケタル者ノ称ニシテ、父子君臣等ノ如キ特別ノ名称ナキ者ヲ云フ、人ニハ智愚賢不肖ノ如キ天爵ノ差異アリ、貧富貴賤ノ如キ人爵ノ差異アリ、然レドモ今爰ニ云フ所ノ如キ天爵人爵ノ差異ヲ以テ其ノ区別ヲ立テタル者ニ非ズ、総テ天地間ニ生レタル処ノ人ハ何レモ皆同一ノ権理アリ、同一ノ自由アリ、（中略）

我身ニ此自由アレバ他人ニモ亦此自由アリ、自由ノ在ル所ハ即チ其人ノ権理ノ在ル所ナリ、他人ニ此権理アレバ我ハ其人ノ権理ヲ妨ケザルノ義務アリ、此ノ如クニシテ相互ニ己ノ権理ヲ守リ、己ノ義務ヲ行フトキハ、社会ハ平安ニシテ人民幸福ヲ得ベシ、

法律界ト道徳界ノ差異

○然レドモ惟権理ト義務ノ相平均シテ妨碍セズト云フハ、法律世界ノ能事ニシテ、道徳世界ノ能事ニ非ズ、道徳ノ社会ハ一歩ヲ進メテ人類ハ相互ニ保護佑助セザルベカラザルナリ、（同、四五三頁）

西村によると、一般的な人と人との関係において、すべての人は自由の「権理」を有し、自由の主体であるという意味において平等である。そして、すべての人が平等に有する権理と権理の相剋のなかで、自己が他者の権理を妨げないことが義務である。自己が他者の権理を妨げないことは、自己の権理を抑制することである。それは、社会の平安と人々の幸福を実現することに向けて、人々の権理を抑制するという仕方で調整することである。「法律界」は、権理をもつ人々相互が他者を妨害しないという消極的な調整場面である。これに対して、「道徳界」は、人々が相互に「保護佑助」する相互親愛の場面であり、社会の平安と幸福を積極的に促す場面である。

道徳と法律は、積極的と消極的との違いはあるが、平安で幸福な社会形成の契機である点で、同一である。西村は、次のように述べている。

法律ノ義務モ道徳ノ義務モ其根原ハ一ニ出デ、法律ノ義務ハ道徳ノ義務ヲ本トシテ之ヲ立テタル者ナリ、

（同、四五五頁）

ここに、道徳と法律との「義務」の「根原」としての同一を語るが、それは、道徳と法律の「根原」としての同一を語るものとみて差し支えない。そして、道徳と法律との「根原」としての同一とは、平安で幸福な社会形成の契機であるところにあるとみられる。

平安で幸福な社会形成に向けて、道徳は相互親愛を内容とするものとして積極的契機であり、法律は相互調整として消極的契機である。道徳を本として法律が立てられるとするのは、両者のそういう関係によることであろう。平安で幸福な社会の基盤が相互親愛としての道徳であり、本をなすのである。

だが、西村は、道徳と法律について、平安で幸福な社会に向けての積極性と消極性ないしは本末という差異を認めているだけではない。彼は、両者の重要な差異を、次の点に認めている。

法律ノ義務ハ人ヲシテ必ズ之ヲ履行セシムルコトヲ得ベシト雖ドモ、道徳ノ義務ハ人ヲシテ必ズ之ヲ履行セシムルコト能ハズ、（同、四五五頁）

法律上ノ権理ハ必ズ其権理ヲ履行セシムルコトヲ得レドモ、道徳上ノ権理ハ必ズシモ之ヲ実行スルコトヲ得ザルナリ、（同上）

西村によると、法律と道徳との差異は、法律の権理義務が強制的な実行を要求されるのに対して、道徳の権理義務はなすべきであるにしても、なさないですませることができるところにある。そして、道徳と法律について、次のように述べていることが注目される。

道徳ニテ言フ所ノ人ニ対スルノ道ハ、唯人ノ権理ヲ妨ゲザルニ止マラズ、常ニ相親シミ相交ハリ、我ニ有余アラバ以テ彼ノ不足ヲ補ヒ、愚者ハ之レヲ教へ、貧者ハ之ヲ助ケ、以テ与ニ幸福ノ道ニ進マントスル者ナリ、故ニ法律ノ世界ハ隘クシテ厳ナリ、道徳ノ世界ハ広クシテ寛ナリ、（同、四五四頁）

このようにいうところからして、平安と幸福な社会に向けてなすべき事柄として、法律は、人の権理を妨げないという意味で必ずなさなくてはならない最小限の要請であり、道徳は可能な限りなしたほうがよい最大限の要請であると解される。

「人ニ接スルノ道」として述べる道徳と法律の論述からうかがえることは、次のことである。相互親愛としての道徳は、社会の基盤をなすものとして既にあるものではあるが、確実に実行されるものではない。これに対して、法律は、既にある相互親愛にもとづいて定立される、最小限、かつ確実に実行されるべき事柄である。しかし、平安で幸福な社会の実現を積極的に進めるのは道徳であり、法律は、そのためには最低条件をなすものである。

このようにみると、西村において、道徳は、人間が人間であることにおいて社会を形成しているという人間の基本的性格であるとともに、平安と幸福を実現するために展開すべき積極的要素である。これに対して、法律は、道徳にもとづいて立てられる、平安で幸福な社会実現に向けての必要で最低の条件である。

以上にみた道徳と法律にかんする西村の論述は、社会契約論批判の延長上にある、相互親愛としての社会性を、人と人との間に認める考え方を示している。

このことは、使用者使用人の関係を、契約による法律的な雇主雇人関係とは異なる、相互親愛にもとづく「親切」なる主従・主僕関係を志向して、主僕の道を道徳として立てる理由を、一応は、説明する。だが、西村は、同一の権理・自由を有する平等なる人の相互関係を想定している。この平等な相互関係にある人々が、契約関係に入り、進んで道徳によって相互親愛の関係に入るにしても、主僕・主従関係といい得るには、なお、別の契機がなくてはなるまい。というのも、相互親愛に満ちた使用者と使用人の関係が、直ちに、主人と僕婢の関係とはいえないであろうからである。

西村が、自由で平等な人間を想定しつつ、使用者と使用人の関係を主僕・主従関係として語る理由はどこにあるのだろうか。この問いに答えるのは、必ずしも容易ではない。彼の論述では、使用者が主人であり、使用人が僕婢であるという主従の位置関係は自明のごとく展開するからである。そして、このように、ほぼ自明の如く、主従関係を措定する思想のあり方が問われなくてはならないことである。

そこで、次に考えるべきことは、西村が主僕の道を立てて主従関係を確立しようとする、その思想的根拠である。

五　「若シ我ニ恩怨アル者ニ対シテハ如何セバ可ナラン」

西村が、主僕の道を立てる必要があるというのは、主僕には「約束」以外に道があると考えるからであった。主僕には、人と人との一般的な関係として契約によって取り結ぶ雇用関係にとどまらず、「家族ノ一部」ともいうべき道徳的精神を要するというのである。

西村は、「人ニ接スルノ道」と区別される主僕の道を立てる。その理由はどこにあるのであろうか。このことにかかわる興味深い論述が、『徳學講義』の「人ニ接スルノ道」のはじめの方にある。いささか長くなるが引用する。

人ヲ愛スルニ其界限ヲ立テ、何々ノ人ヲ愛スベシ、何々ノ人ヲ愛スルコトヲ要セズト言ヘルハ、古代学問ノ狭隘ナル時代ノ論ニシテ、其謬見タルハ、明カナリ、然ラバ人類タル者ハ何人ヲ論ゼズ、（父子夫婦兄弟等ノ彝倫ヲ除キ）皆平等ニ之ヲ愛スベキカ、耶蘇曰、爾隣人ヲ愛スルコト当ニ爾ノ身ヲ愛スルガ如クスベシ、（隣人トハ隣家ノ人ヲ言フニ非ズ、社会一般ノ人及ヒ外国人仇人ヲモ言フナリ、）後世ノ耶蘇教家之ヲ解釈シテ曰ク吾人ガ地球上ニ在リテ其同類ニ対スルコトハ、恰モ兄弟ガ家内ニアリテ互ニ相対スルト異ナルコトナシ、抑々吾人ハ天上ニ唯一個ノ父ヲ有スル者ナレバ、同一ノ根元ヨリ生ズト云フコトヲ得ベク、又同様ノ能力ヲ賦セラレタル者ナレバ、感覚、愛情、思想、需要、義務ノ共通ヲ以テ相結合スト云フコトヲ得ベク、且一個同一ノ目的ヲ達センガ為ニ協力スル者ナレバ、社会一般ノ人民ハ同籍同居ノ家族ト異ナルコトナシ、実ニ人類ノ互ニ兄弟ニ異ナラザルコトハ已ニ宗教ノ伝説ニ依リテ証明セラル、ノミナラズ、又良心ニ具スル所ノ明白ナル真理ト思考スルコトヲ得ベシト、

（中略）

仮令朋友ノ感情愛国ノ精神ノ如キ、他ト分離スルノ温熱心ヲ生ズルコトアルモ、決シテ天下ノ人類ヲ合併結合スルノ大関係ヲ忘ルベカラザルナリ、即チ天下ノ人類ハ皆共同ノ父ナル上帝ノ児子ニシテ、愛情アル後嗣人ナリト云コトヲ了知セザルベカラザルナリト、是耶蘇教ノ説ナリ、其言フ所頗ル荒漠ナリト云ヘドモ、其趣意ニ於テハ大ニ誤ナキ者ノ如シ、但其人類ヲ以テ上帝ノ児子ナリト言ヘルハ彼教ノ套語ニシテ吾儕ノ取ラザル所ナリ、（同、四五九頁）

これは、古代ギリシアのアリストテレスなどのように、人類のうちに、生来のこととして、主人と奴隷の差別をおいたり、ギリシア人と他国民を支配被支配の関係とするような、「等級」を立てる見解に対する批判につづく文脈で語られている。西村は、人間について、先天的次元で区別を設けることを否定する。その上で、キリスト教の思想における愛の観念を紹介しているのである。

西村によると、キリスト教の愛の観念は、人類を共同の父である神の子として、友情や愛国心のような範囲の限定される関係にとどまらず、全世界の人々を一つの家族とするものである。それは人間の有する良心に照らしても確認し得るというのである。

西村は、こうしたキリスト教における愛の観念について、「其言フ所頗ル荒漠ナリト云ヘドモ、其趣意ニ於テ

ハ大ニ誤ナキ者ノ如シ」と述べている。全面的に賛同はしないものの、基本的な趣旨には賛同するというのである。彼は、人類に等級を設けてはならないとし、人間の相互親愛という社会性を承認するのであるから、人類が現にさまざまに閉じた集団を形成しているにしても、人間の一般的な関係において相互に平等に愛し合うべきであるという点では、賛同し得るのである。しかし、彼は、人類を「神ノ児子」とする観念を認めない。それは、「社会一般ノ人民」を「家族」とし、「人類」を「兄弟」とする観念、つまり人類を一大家族とする観念である。彼は、人類を一大家族としての意味で平等に愛するという考え方を認めないのである。ここは、重要なところである。

西村が、キリスト教の愛の観念を「荒漠」であるとして賛同を留保するのは、その神話的背景だけではなく、家族における愛の意味にかかわるとみられる。

西村は、右の引用で、キリスト教の隣人愛について、隣人には隣家の人だけでなく、外国人、仇人も含まれていることを注意している。このことを、別の箇所でも、キリスト教の隣人愛を語る「爾愛㆓隣人㆒当㆑如㆑己」に即して、次のように指摘している。

> 惟其隣人トハ如何ナル者ヲ指スカ耶蘇教者隣人ノ義ヲ訳シテ曰ク、隣人トハ吾親族、若クハ同国人ヲ指スノミニ非ズ、亦向ニ親懇ヲ受クルニ由テ相連続スル者ノミヲ言フニ非ズ、凡ソ遠方人外国人累世ノ仇讐、乃チ人タル人即チ我之ニ善事ヲ行フベキノ人類ヲ指ストアリ、是ニテ隣人ノ意義ハ明白トナレリ、
>
> （同、四五四頁）

西村は、隣人愛の隣人は、親族、同国人、親懇を受けた人だけでなく、外国人や累代の仇敵も含むとする。この意味での隣人愛がキリスト教における愛であるから、それは、すべて「人タル人」への平等の愛となる。ここでの平等の愛は、すべて人間である限りの人間、したがって敵を愛することの可能な水準にある愛である。彼は、

この意味での平等の愛がキリスト教の愛であり、それは、人類を神の子として一大家族とするキリスト教の観念にもとづくものと考えているのである。

西村におけるキリスト教の愛への反対は、キリスト教が人類を一大家族とすることで、仇敵をも愛するべきとする、まったく無差別の愛を主張するとみていることによる。このことにかかわる論述が、人類を神の子として無差別の愛を説く、先に引いた箇所にすぐ続くところにある。彼は、次のように述べている。

〇以上ハ我等ニ恩怨ナキ所ノ人ニ対シテ言フ所ノ語ナリ、若シ我ニ恩怨アル者ニ対シテハ如何セバ可ナラン、我ニ恩アル者ハ宜ク深ク其恩ニ報ズベシ、我ニ恩怨ナキ者ハ平等ノ仁愛ヲ以テ之ヲ遇スベシ、是天下ノ通理ニシテ誰人モ疑ナキ所ナリ、唯我ニ怨アル者ニ対シテハ如何カ処スベキ、是道徳上ノ一問題ナリ、

（同、四六〇頁）

西村は、ここで人間関係について、恩怨あるものと恩怨のないものとの関係に応じて愛のあり方はどうあるべきかとして問題を立てる。この恩怨という語は、「情け」と「うらみ」という程の意味である(8)。

西村によると、「人ニ接スルノ道」は、恩怨のないという意味で、一般的な関係としての人間に対する道である。そして、恩も怨もない一般的な人間に対しては「平等ノ仁愛」をもって接すべきであり、恩あるものに対しては「宜ク深ク其恩ニ報ズベシ」というのが、「天下ノ通理」である。

西村にとって「平等ノ仁愛」を向ける対象は、すべての人間ではなく、恩怨のないという意味での一般的関係にある人間である。彼が、『德學講義』で「人ニ接スルノ道」としてこの後に詳述していくのは、この恩怨のないという意味での一般的な関係における人に対する道である。

ところで、自分に怨あるものに対してどうするのかは、「道徳上ノ一問題」であるという。なぜ問題となるかといえば、怨あるものに対する態度が、キリスト教と儒教では対立しているからである。

西村によると、キリスト教を奉ずるものは、次のように考える。『マタイによる福音書』第五章四三―四五節の「あなたたちの敵を愛せよ、そしてあなたたちを迫害するもののために祈れ」を中心とする言葉を諸宗教に卓越する「金言」であり、この金言を実行することを「最高等ノ徳行」であるとする。宗教家だけでなく、哲学家もこれを「千古ノ格言」としている（同、四六〇頁）。キリスト教にもとづく西洋の考え方では、怨に対して愛で報いることになるのである。

これに対して、儒教における孔子の立場は、次のようなものである。[9]「以直報怨、以徳報徳」をよしとして、「以徳報怨」を否定する（同、四六一頁）。そして、これは、西村自身の立場でもある。

「以直報怨、以徳報徳」とは、恩ある人と怨ある人とでは対応を変えることである。ここにいう徳は、西村の論述における文脈では仁愛であり、恩にあたる。だから、「以徳報怨」を否定することは、怨ある人に対して愛で応答することの否定であり、恩怨区別なく愛する態度の否定である。これは、キリスト教における恩怨の区別なく愛する態度を否定することである。西村は、次のように述べている。

夫レ人間ノ社会ハ能ク徳ヲ以テ徳ニ報イ、直ヲ以テ怨ニ報ユルトキハ、其秩序ヲ維持シ平安ヲ保全スルニ十分ナリ、仮令世人能ク徳ヲ以テ怨ニ報ユルトモ、社会ノ秩序安寧ハ敢テ加フルコトアラザルナリ、

（中略）

古来ヨリ報怨以徳スル人アリヤ、余ハ無キコトヲ信ズルナリ、何ントナレバ人間固有ノ性情ニ反スルコトナレバナリ、（同上）

西村の主張は、人間の本性と、社会の秩序安寧と平安の保全という二つの事柄を根拠としている。二つの事柄を考慮すると、キリスト教における平等の愛は人間本性に照らして実行不可能であり、人に害をなすことを奨励することになるがゆえに、社会秩序を破壊する危険なものである。彼においては、孔子の立場こそ、人間の本性

と社会秩序に適合するものである。

西村が、人間の本性と社会秩序に適合するとみるものを、さらに示す論述は、次のものである。

> 韓詩外伝曰、子路曰、人善レ我、我亦善レ之、人不レ善レ我、我不レ善レ之、子貢曰、人善レ我、我亦善レ之、人不レ善レ我、我則引レ之進退而已耳、顔回曰、人善レ我、我亦善レ之、人不レ善レ我、我亦善レ之、夫子曰、由之所レ言、蛮貊之言也、賜之所レ言、朋友之言也、回之所レ言、親属之言也、当時孔子ト門人ニ果シテ此問答アリシヤ否ヲ知ラズ、然レドモ其言フ所ハ頗ル理ニ近キ者アリ、顔回ノ言フ所ハ即チ耶蘇ノ言フ所ト異ナルコトナシ、孔子之ヲ判ジテ親属ノ言ト云ハレシハ、極メテ適当ノ言ナリ、親属間ニハ或ハ此ノ如キコトモアルベキナレドモ、一般ノ人ニハ此言ハ適用スベカラザルナリ、（同上）

西村は、『韓詩外伝』巻九の文章を引く。そこでは、まず、人が自分によくしてくれた場合とよくしてくれない場合への対応を、子路・子貢・顔回の三人が語る。それら弟子の言葉に対して、孔子が批評しているのである。西村がこれを引いたのは、顔回の言葉に注目するからである。顔回は、人が自分によくしてもよくしなくとも、よく対応するという。孔子は、この顔回の言葉について、それは「親属」への対応であるという。西村は、この応答について、顔回の言葉は、キリスト教における「敵を愛する」平等の愛と同じだとする。そして、彼自身も、孔子の判定を肯定して、「親属」についてであれば、このような愛もあり得るとするのである。

西村は、親族であれば、自分に害をなす相手でも愛するという意味での平等の愛はあり得るが、親族でないものにはそうした無差別の愛はあり得ないとする。それが彼の想定する人間の本性である。彼においては、人類が一大家族であれば、その家族の一員として仇敵をも愛することはあり得るだろうが、そうではないのだから、それは不可能なのである。

西村は、恩怨の差異に応じて、人に対する態度を変えることが人間としての道であり、人間の本性に合致し、社会秩序に適合すると考える。この考え方によれば、自国人と外国人との間に自ずと態度に差異があって当然である。そして、恩怨のない一般的な人間関係における人と人との道として、「人ニ接スルノ道」が立てられるのである。

このことからすれば、『徳學講義』において論述する一般的な関係でない人間関係の道、つまり、君臣、父子、夫婦、兄弟姉妹、朋友、主僕、師弟の道は、いずれも恩ある人と人との関係の道である。これらの道は、対関係にある限りで双務的であるが、恩ある関係であることにおいて、特別な性格を帯びることになる。

西村は「我ニ恩アル者ハ宜ク深ク其恩ニ報ズベシ」と述べている。恩には恩をもつて返報するのではあるが、恩に対しては「深ク」恩を報ずるというように、そこには等量の返報を想定していない。恩と報恩の間には、非対称性・非対等性がある。この非対称性・非対等性は、恩という、よくする行為にもとづく。それは、道徳の分類法の言葉でいえば、「身分」によるのではなく「人事」によることである。また、恩は情誼的性格を内包している。

恩怨の概念は、西村において、恩に媒介されてある君臣、父子、夫婦、兄弟姉妹、朋友、主僕、師弟の道を、双務的でありつつ情誼的性格を帯びた、非対称的・非対等的な道として立てることを可能にしている。それは、使用者と使用人を非対称的・非対等的な関係として主僕ないし主従の関係として措定し得る、主僕の道を立てる重要な根拠をなしているのである。

六　「東洋仁義ノ道ヲ守リ、西洋立憲ノ政ヲ行フ」

西村が、主僕の道を立てたのは、使用者使用人の関係を雇主雇人関係としてでなく、主僕・主従として訓育するためであった。それは、また、君臣の道についての、前近代から近代への転換と相関することでもあった。前近代において、君臣の道が、使用者使用人関係としての主従関係に妥当していたが、いまや、君臣の道は、使用者使用人関係に妥当し得ない。というより、君臣の道は、天皇と臣としての官僚の道として、正しく立てられるのでなくてはならない。

西村によると、主僕の道は、明治維新以前にはなかった、新たに立てるものである。これによって訓育される主従関係は、明治維新以前に君臣の道によって訓育された主従関係とは異なるものにならざるを得ない。彼は、そのことを明確に意識している。『德學講義』「主僕ノ道」の条目本文の終わりに「本邦ニハ忠誠ナル僕婢多シ」の項目を立てて、次のように述べている。

以上ハ主僕間ノ天職ノ大略ヲ言ヒタル者ナリ、本邦ニハ古来ヨリ僕婢ノ忠誠ナル者多ク、

（中略）

此ノ如キハ他国ニ多ク聞カザル所ニシテ、実ニ我邦ノ美風ナリ、此ノ如キ忠義ハ固ヨリ大ニ感称スベキコトナレドモ、尋常一般ノ人ニ之ヲ望ムベカラズ故ニ今僕婢ノ職分ノ中ニ之ヲ加ヘズ、蓋シ古代ハ士庶ノ家ニ事フル者ハ皆君臣ノ義ヲ尽スベシト思ヘルヨリ、此ノ如キ忠義ノ者モ多ク出タルナラン、今日以後ハ此美風ヲ見ルコトハ恐クハ甚ダ難カルベシ、（『德學講義』第八冊、『全集』第二巻、四四八－四四九頁）

西村によると、わが国は、古来、君臣の道をもって僕婢の教えを立ててきたが故に忠誠なる僕婢を輩出した。しかし、君臣の道に代えて、新たに主僕の道を立てることによっては、忠誠なる僕婢の輩出を期待することは困難である。新たな主僕の道は、親切なる主従関係を形成するものである。求められる主従関係は、契約による雇主雇人とは異なる使用者使用人の関係である。

西村は、近代日本という状況において、君臣の道に代えて主僕の道を立てたが、それによって、君臣の道を廃することはない。むしろ、君臣の道は、新たなものとして位置づけられるべきものであるとする。彼は、君臣の

道について、次のように述べる。

西洋ノ道徳書ニハ君臣ノ道ヲ説キタルヲ見ズ、唯其中ニ国家ガ国民ニ対スル道、国民ガ国家ニ対スル道ヲ説ケルノミ、

（中略）

東洋ノ諸国ハ之ニ異ニシテ、国アレバ必ズ君アリ、未ダ国アリテ君ナキ者アラザルナリ、且ツ其君ト云フ者ハ何レモ無上ノ威権ト尊位トヲ有シ、或ハ天子ト称シ、或ハ天皇ト称シ、万世決シテ動カスベカラザル者ト為ス、是ニ於テ君臣ノ道ヲ講究スルノ必要起リ、其国家ニ君臣無キノ時ナキヲ以テ、支那ノ儒教ニハ君臣ヲ以テ天倫ト為シ、父子夫婦兄弟ト並ベテ之ヲ論ズルニ至レリ、（同、三四八頁）

西村によると、君臣の道は、西洋の道徳書にない、東洋に独自なものである。君臣の道は、西洋とは異なる東洋の国の成り立ちからして必要なものである。日本における君臣の道を考える場合、明治維新以後、君は天皇一人とすることが確定された。このことに照応する臣の道について、彼は、次のように述べている。

余ハ人臣ノ道ト云フヲ以テ専ラ禄仕スル人ノ道ヲ指シ、全般ノ人民ノ道ニ至リテハ、後ノ国民ノ道ト云ヘル条下ニ於テ之ヲ説カント欲ス、（同、三五五頁）

近代日本の君臣関係は、天皇と禄仕する者としての官僚からなる。この君臣関係における君臣の道は、相互的なものでなくてはならない。また彼は、次のように述べている。

已ニ臣ノ道ヲ説ケバ必ズ君ノ道ヲ説キ、已ニ子ノ道ヲ説ケバ、必ズ父ノ道ヲ説ク、是万世弊ナキノ公論ナリ、西国ノ道学ハ相互ノ道ヲ説クコト精密ナリ、然ルニ漢ノ孔安国ガ君雖ㇾ不ㇾ君、臣不ㇾ可二以不一ㇾ臣、父雖ㇾ不ㇾ父、子不ㇾ可二以不一ㇾ子ト言ヘルヨリ、世間或ハ是ヲ以テ真正ノ道理ナリト信ズル者アリ、是大ナル誤ナリ、安国ノ言ハ孔子ノ言ニ異ニシテ又天下ノ真理ニモ合ハザルナリ、然レドモ解釈ノ方ニ依リテハ、安国ノ語モ

亦真理ニ背カザルノ言トナルナリ、何ゾヤ、若シ之ヲ以テ専ラ人ノ臣子タル者ノミニ対シテ之ヲ言フトキハ、決シテ不可ナルコトナシト雖ドモ、汎ク人倫ノ道ヲ説クニ当リ、此ノ如キ語ヲ発スルトキハ甚ダ道ヲ誤ルノ言ト為ルナリ、蓋シ道ハ独リ人ノ臣子ノミニ有ルベキ者ニアラズ、人ノ君父ニモ亦道アルナリ、故ニ若シ道ヲ説カントスルニハ、必ズ君臣父子ヲ合セテ之ヲ説クコト論語大学ニ言フガ如クナラザルベカラズ、若シ臣子ノ道ノミヲ説キテ、君父ノ道ヲ説カザルトキ、之ヲ半面ノ教訓ト謂ハザルベカラズ、故ニ孔安国ノ言ハ、臣子ノミニ対スルノ語ト言ハヾ猶可ナルベキモ、若シ人倫ノ大道此ノ如シト言ハヾ大ニ誤謬ニ陥ル者ナリ、

（同、三六六頁）

西村によると、相互関係におかれた職分においては、その関係に応じた相互的な道のあることが「公論」「天下の真理」である。「公論」「天下の真理」とは、東洋西洋に妥当する普遍性をもつことを意味する。対関係にある職分が双務性を有することは、儒教の経書にみられるだけでなく、西洋の道徳書に精密に規定されている、普遍妥当的な真理である。そして、君臣関係において、君には臣に対する道があり、臣には君に対する道があることは、普遍妥当的な真理である。このように、彼は、近代日本という状況において、君臣の道を新たに位置づけるにあたり、君臣は天皇と官僚の関係であり、君道と臣道とは双務的なものであるとするのである。

ここで注意したいことは、西村が、「君雖㆑不㆑君、臣不㆑可㆓以不㆒㆑臣、父雖㆑不㆑父、子不㆑可㆓以不㆒㆑子」とする『古文孝経』孔安国伝序の主張の妥当性を検討していることである。孔安国伝序の主張は、君父の態度とかかわりのない、臣子だけに要請される道、つまり片務的な道を説いている。彼は、君と臣が双務的であることを普遍妥当的な真理であるとするから、孔安国伝序の主張を君臣父子の道の全体とするのは正しくないとする。

だが、「世間或ハ是ヲ以テ真正ノ道理ナリト信ズル者アリ」という言葉は、日本社会のなかに、臣子に対して、片務的な道を認める人々の存在を示している。中国で失われ、日本に伝存して、徳川時代に中国へ逆受容された

『古文孝経』孔安国伝序における君臣父子の道の教えは、中国にもなく、むろん西洋にもない、日本独自の性格の濃いものである。[10]

このような君臣父子の道の理解が日本社会に存在したことが、古来から本邦に忠誠なる僕婢を輩出したとする西村の認識を支えるものでもあろう。また、彼が、忠誠なる僕婢の輩出を必ずしも否定的にみていないことは、臣子の立場だけからみればと条件つきながらも、臣子の片務的な道を容認することと関連するところがあろう。[11]西村は、基本的には、片務的な臣子の道を否定し、普遍妥当的な真理にもとづいて、君臣の道は、双務的なものでなくてはならないとする。だが、彼は、そうした君道と臣道だけで十分であると考えてはいない。彼は、次のように述べている。

君道ノ訓誡ハ、道徳上必ズ欠クベカラザル者ニシテ、此事ニ関シテハ東方ノ道徳、西方ノ道徳ニ比スレバ、一層ノ完備ヲ致シタリト云フモ可ナルベシ、然レドモ道徳ノ訓誡ハ之ヲ守ル者ハ之ヲ守リ、守ラザル者ハ之ヲ守ラズ、故ニ暴戻驕傲ノ人主ニ対シテハ道徳ノ訓誡其功ヲ為スコト少ナシ、是君権制限ノ行ハザルベカラザル所以ニシテ、西国立憲政治ノ東洋ノ独裁政治ニ勝レル所以ナリ、　（同、三五三頁）

西村によると、東洋で発達している君道はよく整っているが、望ましい国家のあり方としては、西洋の立憲政治の補完を必要とする。これは、道徳の訓誡と立憲政治の性格によること、つまり道徳と法律によることであり、東洋と西洋の地域性によることではない。道徳は、なすべきことをなさないことがあり得る。しかし、法律はなすべきことの最小限は保障する。道徳としての君道は実行されれば、最善である。しかし、それが確実でなければ、法律の補完が不可欠である。また彼は、次のように述べている。

天下最善ノ政体ヲ論ズレバ、仁厚英明ノ君出デ、独裁ノ政治ヲ行フニアリ、然レドモ此ノ如キハ容易ニ有リ得ベキコトニ非ザルナリ、寧ロ延滞牴牾ノ患アルモ、暴断専恣ノ政ニ勝ルコト万々ナレバ、西国ノ政事幾多ノ経験ニ拠リテ、此立憲政体ヲ定メタル者ナリ、故ニ効用ヨリ言フトキハ、立憲政治ハ道徳ノ訓誡ニ比スレバ、人主ノ過悪ヲ制スルコトニ於テ其力甚大ナル者ナリ、即チ道徳ノ訓誡ハ立憲政治ニ及バザル者アリ、

（同、三五四頁）

有徳な君主の独裁政治を「最善」とするところに、道徳を人間の基本的性格として最大限に要請する西村の思想的立場があらわれている。しかし、彼は、道徳だけでは、平安で幸福な社会を有効に実現しえないと考えるがゆえに、法律にもとづく立憲政治を必要不可欠とする。彼にとって、有効性のある最善の政体は、君道の実践と立憲政治とが相まつことである。

夫人君ハ一人ヲ以テ万民ノ上ニ望ミ、衆人ノ瞻仰スル所トナル者ナレバ、其一挙一動ハ悉ク国民風俗ノ善悪、人臣叛服ノ原ヲ為ス者ナリ、

（中略）

道徳ノ訓誨決シテ忽ニスルベカラザルナリ、以上論ズル所ヲ約シテ之ヲ言ヘバ、人君ノ道ハ左ノ一言ニ帰スルナリ、曰ク東洋仁義ノ道ヲ守リ、西洋立憲ノ政ヲ行フコト、是ナリ、

（同、三五四頁）

西村は、近代日本の状況において、君臣の道を新たなものとして位置づけるにあたり、前近代からもち越しの臣における片務性を相対化し、君臣における双務性を明確に規定した。そして、さらに、君臣の道を西洋の立憲政治で補完することにより、国家社会の安寧を期したのである。

七　おわりに

西村は、明治二十八（一八九五）年から三十四（一九〇一）年にかけて発行された『徳學講義』において、道徳教育における主僕の道の提示をおこなった。それは、広汎に展開しつつあるとみられた雇主雇人関係としてある

使用者使用人関係を、主僕関係・主従関係へと訓育することを志向したものである。

こうした志向の前提として、明治維新以前においては、社会全般にわたる使用者使用人関係は君臣関係としてあり、その道徳教育は君臣の道としておこなわれたという、西村の歴史的理解がある。このことは、明治維新を経た近代日本において、君臣関係が天皇と官僚の関係として正されており、それを訓育する君臣の道も新たな性格をもたなくてはならないとする認識と相関している。西村における主僕の道の提示は、君臣の道の転換と相関するものであった。

西村における主僕の道の提示は、君臣の道の転換に応ずるとともに、西洋の道徳説にならうものであった。彼によると、主僕の道は東洋の道徳説にはなく、西洋の道徳説にある。しかし、西洋における主僕の道は、家族と同居する主人と従僕の関係であり、法律的契約を基盤とする雇主雇人関係である。彼は、広汎に存在する使用者使用人関係に向けて主僕の道を立てた。彼は、近代日本における使用者使用人関係を、契約を基盤とする法律的関係であることを認めつつも、主僕の道を確立することで、道徳による相互親愛の主従関係へと訓育しようとした。

主僕の道の提示は、西洋の主僕の道にならい、それを変容するものであった。主僕の道の提示と相関する君臣の道の転換も、西洋思想とのかかわりをもっていた。西村は、君臣の道を東洋に特有なものとみるから、君臣の道自体を西洋にならうことはしない。だが、君臣の道とくに君道を、西洋の立憲政治によって補完することを提示した。また、君臣の道を双務的なものとすることで、臣の側に片務的忠誠を求める前近代持ち越しの君臣の道を相対化している。

ここで確認しておくべきことは、西村が、主僕の道を君臣の道と明確に区別したことである。主僕の道によって訓育される主従関係・主僕関係は、広汎な使用者使用人の関係である。君臣の道によって訓育される君臣関係は天皇と官僚である。このとき、天皇と官僚は、主従関係にはないし、むろん、天皇と国民も主従関係にはない。このような君臣民の関係の構想は、近代日本の道徳教育ないしは国民道徳論における君臣民関係の構想のなかでは異質である。(12)

ところで、西村は、主僕の道を提示するにあたり、西洋のそれにならいつつ、西洋思想を批判的に乗り越えようとした。彼は、社会契約論と通底する法律的思考と、人類を一大家族とするキリスト教の愛の観念とに、理論的に対決した。前者は、孤立した個人が契約によって任意に関係を取り結んだり分離したりする発想に立つ。後者は、人類を神の子として家族関係におくことにより、敵を愛するような無差別の愛を可能とする。

両者は、まったく相反する立場にあるようにみえる。だが、西村からみると、両者は同じく批判の対象となる。彼は、人と人とのかかわりにおいて、恩怨の差異に応じて態度を変えることが、人間の本性と社会秩序に適合する人間の道だとするからである。

法律的思考はあらゆる人を恩怨なき一般的な関係にあるものとして扱うものであり、キリスト教思想はあらゆる人を骨肉としての深い恩ある人として扱うものである。いずれも、恩怨の差異に応じて人に応ずることなく、無差別平等に人と接する点で、西村の考える人間の道に違背するのである。

西村は、人類のうちに等級をおくような差別思想とは無縁であった。彼は、人間を相互親愛の社会性をもち、自由で平等な権利と義務の主体とし、平安で幸福な社会を希求する存在とした。しかし、人間が具体的な社会関係を取り結ぶなかで、恩怨に応じて人に対する道は異なるがゆえに、敵と味方、同国人と外国人等々、自ずから応ずる道は異なると考えたのである。

具体的な社会的関係において、恩怨に応じて人に対する道が異なるとするとき、恩の概念の内包するところにしたがって、人と人との関係の多くは、非対等・非対称の性格をもつ。西村が、近代日本という状況において、使用者使用人の関係を恩の概念のもとに捉えることで、主僕の道を立てて、非対等・非対称の主僕・主従関係として訓育しようとした。むろん、君臣の道を提示して、君臣関係を天皇と官僚の関係として再編制することも、そのことと相関している。

だが、西村は、また、恩怨に応じて人に対する道は異なってよいとする立場にもとづいて、恩怨のない一般的な人間関係の道を基礎づけた。それは、西洋近代の社会思想あるいはキリスト教における平等思想の批判的捉え直しのなかでなされている。

西村茂樹は、近代日本という状況で、以上のような思想的連関のもとに、広汎な使用者使用人の関係を主僕・主従関係として編制すべく、道徳教育において主僕の道を提示した。それは、アジア・太平洋戦争における日本の敗北に至るまで持続する、道徳教育における主従関係の道徳（主人と召使いの教え）についての、若干の偏差をもつ仕方での、比較的早い段階における本格的な理論的基礎づけの提示であった。

文　献　文献の引用にあたっては、引用開始頁を示した。なお、日本弘道会編『増補改訂　西村茂樹全集』からの引用は、たとえば『増補改訂　西村茂樹全集』第二巻、一〇〇頁の場合、『全集』第二巻、一〇〇頁と、略している。

西村茂樹選録『小学脩身訓』…日本弘道会編『増補改訂　西村茂樹全集』第二巻（思文閣出版、二〇〇四年）所収。本全集の底本は、明治十四（一八七九）年十一月、長島為一郎によって発行されたものである。

西村茂樹講述『道徳教育講話』…日本弘道会編『増補改訂　西村茂樹全集』第一巻（思文閣出版、二〇〇三年）所収。

西村茂樹著『徳學講義』…前掲『増補改訂　西村茂樹全集』第二巻所収。ただし、誤植等については、国立国会図書館・近代デジタルライブラリー掲載の『德學講義』により正している。

西村茂樹著「或問十五條」…前掲『増補改訂　西村茂樹全集』第二巻所収。

箕作麟祥編訳『泰西勸善訓蒙』…中外堂、明治四年発行。国立国会図書館・近代デジタルライブラリーに拠る。

井上哲次郎講述『國民道德概論』…三省堂書店、一九一二年発行、同年再版本に拠る。

（1）本書第Ⅰ部第四章参照。
（2）本書第Ⅰ部第一章参照。
（3）「或問十五條」は、明治十八（一八八五）年十一月に『日本講道会叢説』に掲載された。
（4）『小學脩身訓』巻上は明治十三（一八八〇）年四月、巻下は同年五月に発行された。しかし、明治十四年以後に発行されている『小學脩身訓』では、巻上の「第二　生業」のなかの二条が削除されている。この削除は、明治十三年に文部省地方学務局調査掛がおこなった教科書調査の結果としてなされたものであり、西村自身の意思によるものではないとみられる。現在復刻されている『小學脩身訓』は、いずれも、明治十四年以後発行のもの、削除の施されているものである。
なお、『小學脩身訓』におけるこの削除をめぐる問題については、米地正篤「西村茂樹と『小学脩身訓』――『小学脩身訓』の改正についての考察――」（日本弘道会編集・発行『西村茂樹研究論文集――我れ百年の後に知己を俟つ――』二〇〇四年）に詳しい。
（5）『德學講義』の各冊の発行年は、次の通りである。
『德學講義』第一冊、明治二十八（一八九五）年六月。

『德學講義』第二冊、明治二十八（一八九五）年九月。

『德學講義』第三冊、明治二十九（一八九六）年三月。

『德學講義』第四冊、明治三十（一八九七）年八月。

『德學講義』第五冊、明治三十（一八九七）年十二月。

（6）『徳學講義』第六冊、明治三十二（一八九九）年六月。
『徳學講義』第七冊、第八冊、合冊、明治三十三（一九〇〇）年十二月。
『徳學講義』第九冊、第十冊、合冊、明治三十四（一九〇一）年十月。
樽井正義・池尾恭一訳『カント全集』第十一巻、岩波書店、二〇〇二年、二八四頁。

（7）西村の立てる「主僕の道」は、その意味で、近代日本の道徳教育において展開した主僕の道（主人と召使いの道徳）とは異なる。註（1）に示した拙論で明らかにした、国定修身教科書における主僕の道は、基本的に、一家に同居する僕婢と主家の人々とのあり方を主題としている。

（8）『日本国語辞典（第二版）』では、「おんえん【恩怨】」の項目に「人から受ける情けとうらみ。恩讐（おんしゅう）」と語句説明をして、和漢の用例を挙げている（小学館、二〇〇一年、第三巻、七八頁）。

（9）以下の論述は、「論語」憲問篇の「或曰、以徳報怨、何如、子曰、何以報徳、以直報怨、以徳報徳」を踏まえる。

（10）『古文孝経』孔安国伝は、中国では、唐末五代の乱に亡佚し、「御注孝経」が主流をなしたが、日本では、鎌倉時代以後、『古文孝経』孔安国伝が優勢であった。そして、太宰春臺が享保十六（一七三一）年に出版した『古文孝経』孔安国伝は、中国で『知不足齋叢書』第一集に収載され、これが日本に伝わって出版されている。『古文孝経』孔安国伝は日本において流布し重視されたので、孔安国伝序にある片務的な君臣の道の思想は、日本儒学の特徴的な傾向と照応している。なお、『古文孝経』孔安国伝、そして、その序が孔安国その人の著述であるかどうかは、本章にとっては、問題外である。なお、『古文孝経』孔安国伝の伝来については、林秀一『孝経』（明徳出版社、一九七九年）「解説」（同書、一六頁以下）などを参照している。

（11）西村は、万世一系の天皇の存在を日本の優越する特色とするが、そうであるが故に、片務的な君臣の道への批判は明断性を欠くものとなっている。このことについては、次の引用によって、問題の所在を指摘しておくにとどめる。

後世ノ人臣タル者ハ、唯人臣ノ常道ヲ守ラバ足レリ、敢テ其君ガ君タルト君タラザルトヲ問フコトヲ要セザルナリ、（『徳學講義』第七冊、『全集』第二巻、三六七頁）

（12）臣民の概念については、臣と民を区別せず、民も臣としてとらえる、次のような井上哲次郎の考え方が、政府公定の解釈の位置を占めていたといえよう。

同じく臣と云っても支那では官途にある臣僚のみのことであるが、日本では臣民全体である。即ち臣僚と人民とを總て合一したものである。

（井上哲次郎『國民道德概論』二七八頁）

第四章　近代日本における経済と倫理

一　はじめに

本章の課題は、近代日本における経済と倫理の関係について考究することである。より限定するならば、近代日本におけるマクロ経済の動向と倫理との相関を解明することである。近代日本という際の時間的な幅については、基本的に、幕末から第二次世界大戦における日本の敗北までの期間を想定している。

二　近代日本の経済

「近代経済成長」という概念がある。その定義は、「1世紀あるいはそれ以上の期間にわたって、（1）人口 population が持続的に増加し、（2）それを上回る率をもって産出高 output が成長を続ける現象をいう」というものである。[1] 日本における近代経済成長は、一八六〇年代のある時点で始まったと推測されている。[2]

本節では、こうしたマクロ経済の次元における近代経済成長に着目しつつ、近代日本における経済社会の構造と動態を解明する中村隆英氏の研究成果に依拠しながら、近代日本の経済にみられる特質をみることとする。

日本における近代経済成長は、第一次世界大戦までとその後で相貌を異にする。この近代日本の経済において農業が重要な位置を占めていることが、第一に注目すべき点である。農業は、明治期から第一次世界大戦に至るまで、日本経済のなかで占める相対的生産性の点でほとんど不変であるが、第一次大戦を契機として停滞する。

逆にいえば、農業は、第一次大戦までは他産業と同じテンポで成長を続けていたのである。農業所得の停滞は、一九二七―二八年から顕著となり、一九三一年をどん底として回復していく。この昭和恐慌において、農村の悲惨というイメージが形成されている。だが、第一次大戦まで、日本の農業が日本の近代経済成長を支えるにたる発展をとげたことは注意する必要があることなのである(3)。

昭和恐慌については、次の点に注意する必要がある。実質国民総生産額は、不景気の時代にもわずかではあるが増えているのであり、ただ物価指数が大きく下がっているのである。そこで、次のようにいわれることになる。「ものやサービスをつくるという生産活動の水準は以前と変わらないのに、価格が下がってしまってそれで不景気になったというのが、この世界恐慌のときの不景気の特色だったといってよい(4)」。近代日本の経済は、しばしば昭和恐慌の悲惨なイメージで彩られることが多いが、それは一面的な見方である。

近代日本の経済において注目すべきもう一つの点は、在来産業の重要性である。中村隆英氏は「海外から移植された技術と制度にもとづいた産業（政府部門を含む）を「近代産業」と名づけ、これ以外の非農林部門を「在来産業」と呼ぶ」としている(5)。そして、第一次世界大戦までは、在来産業と近代産業が均衡をもって成長したのであり、第一次世界大戦以後に不均衡的となったのである。それにしても、在来産業が近代日本の経済において一定の重要性をもったことは見落としてはならない。

このように、第一次世界大戦を契機として、農業と他産業、近代産業と在来産業との関係が転換するにしても、農業や在来産業は近代日本の経済において重要な役割を保持し続けていた。

この農業や在来産業における就業のあり方が、次に注目すべきことである。農業や在来産業は、家族あるいは少数の雇用者を単位とする小規模経営であり、その就業のあり方は、主に伝統的ともいえる関係の下にあった。日本農業においては地主小作関係が大きな比重を占めるが、ここには土地から得られる収益を期待し獲得しようとする経済的行動の面があることは事実であるが、それとともに、人格的な上下関係をともなう面があった。商業においては、番頭・手代・小僧という序列の下にあり、近代工業においても、機械工・印刷工などに代表される職工の場合、輸入された技術が完全に「職人」の仕事になって、徒弟制度で養成されていた(6)。

こうして、日本の近代経済成長において農業や「在来産業」という前近代から引き継いだ伝統的といえる生活を支える産業が重要な役割を果たしたこと、そして、これらの分野および近代工業の一定の分野の就業関係において、やはり伝統的とでもいえる人格的上下関係が根強く存在したことを確認できる。このことと、近代日本の倫理がいかなる関係にあるかが次の問題である。

三　近代日本の倫理(一)――「主人と召使」

近代日本の倫理を、初等教育六年間に使用された国定修身教科書に即してみることとする。そこに示されている倫理は、近代日本の政府の立場からするものであるだけでなく、初等教育において学習した側である日本国民の倫理としての意義ももつと考えられるからである。

本章では、資料としては、すぐ述べるように第一期から第五期まである国定修身教科書のうち、第一期から第四期までの国定修身教科書によって、そこに示されている倫理の性格を考察する。その理由は、一つには整理された公刊資料に依拠し得るという便宜性と、これらにおいてだけでも国家の企図する日本国民の倫理の基本的内容を把握し得るだろうという目論見による。

まず、中村紀久二氏の研究によって、国定修身教科書の概要を確認する。国定修身教科書は、明治三十七（一九〇四）年四月より、尋常小学一年から四年、高等小学一年・二年の使用が始まったが、全国一斉というわけにはゆかなかった。また、第一学年は掛け図による授業であったので、教師用図書のみが作られて児童用教科書は作られていない。なお、当時は義務教育は四年であり、明治四十（一九〇七）年の小学校令中改正により、義務教育は六年となる。

国定修身教科書は、四度の大幅な改訂を経ているから、五つの期間に各学年に五種類の教科書があったことになる。教科書の改訂は、学年進行と編纂上の都合から、全学年一斉になされたのではなく、第二期と第五期に三年間、第三期と第四期に六年間をかけている(7)。最低学年と最高学年では、使用開始時期に二年ないし五年間のずれがあるので、各時期の最低学年の使用開始時期は、次のようになる。

第一期　明治三十七（一九〇四）年
第二期　明治四十三（一九一〇）年
第三期　大正七（一九一八）年
第四期　昭和九（一九三四）年
第五期　昭和十六（一九四一）年(8)

それぞれの時期の国定修身教科書に一定の時代性のあることはいうまでもない。中村紀久二氏は「第一期から第五期の国定修身教科書の性格を簡潔にまとめると、次のように言える。この性格は読本・国語教科書についても同様である」として、次のように概括している。

第一期　資本主義発達下、国民思想の統一を期する教科書。
第二期　日露戦争後、天皇制・家族国家倫理に基づく教科書。
第三期　大正デモクラシーと国体思想混合の教科書。国語教科書複数制。
第四期　満州事件後、ファシズム台頭期の国体明徴の色刷り教科書。

第五期　太平洋戦争決戦下、天皇のために死を求めた軍国教科書[9]。

この簡潔なまとめが全面的に当たっているかどうかはともかくとして、それぞれの時期に教科書が一定の性格を帯びていることは事実である。これらの各時期の国定修身教科書のなかに、近代日本の国家がその時代に対応して国民に求める倫理が示されており、それぞれに特色をみることができるが、いまはそのことに立ち入ることはしない。

国定修身教科書には、また、各時期に一貫する性格をみることができ、本章はその点に着目する。国定修身教科書に一貫するものは、天皇の存在の重要性である。国定修身教科書は一貫して、天皇が国民・臣民へ恩愛を施したことを語り、その恩愛を知って「よい日本人」となるべきことを語るのである。その「よい日本人」の身につけるべき徳目が、天皇尊崇の意味での忠君、国家防衛に任ずる意味での愛国であることはいうまでもない。

この天皇（さらに皇祖皇宗）と国民・臣民との関係は、両親（さらに祖先）の子どもへの恩愛と子どもの親への孝行の関係と相似形的な構造をなしている。忠義と孝行を内面的関連のあるものとして理論的に深化させることで忠君愛国、忠孝一致とすることは、第一期に準備されていたのであり、第二期から第四期まで一貫することである。これは皇室を宗家として日本国民を一大家族とする家族国家観にもとづく倫理であるが、こうした倫理を通約するものとして興味深いのは「主人と召使」という項目における倫理である。国定修身教科書における「主人と召使」の項目と関連性の深い項目を列挙すると「別表」のようになる[10]。

これらの項目には、主人と召使ないしは奉公人の関係があわれみの恵与と報恩の関係として語られている。主人と召使ないし奉公人の関係は、賃金労働にもとづく契約的な雇用関係と異なる性格のものであり、近代日本の経済の重要な分野における就業のあり方と共通するものがある。

このことについて、国民道徳論の提唱者は十分に自覚的であった。井上哲次郎・藤井健治郎共著『師範學校修

身書　道徳の要領　巻二』には、「第三章　家」に「第七節　僕婢」の項目を立てて、次のように述べている。

僕婢は法律上には家族にあらざれども、我が家に住み、朝夕家事を助け、主人の爲に利害を顧み、主人と共に喜憂を分つ所のものなれば、實際上には之を家族と稱する亦敢て不可なし。

僕婢に對しては、ひたすら愛憐を加へ、親切に誘掖し、以て其の智を開き、德を進むるを以て其の要旨とすべし。

（中略）

僕婢を以て家族の一部となすは、我が國の美風なり。西洋に於ける僕婢と主家との關係は、唯雇者と被雇者との契約關係にして、主家は一定の勞銀を給すれば足り、僕婢は契約せる職務を果せば足れりとして、其の間頗る冷淡にして、我が國の主從に於て見るが如き、敦厚の情義を認むること能はず。主家は僕婢の誘導・啓發を其の任となし、僕婢は一意主家に奉ずるが如きは、我が美風なるを以て永く存續せしめざるべからず。

（中略）

一家の幼兒、幼女といへども、主家の家族の一部を形成するものなれば、僕婢たるものは、之に敬事すべきは言ふまでもなし。然れども幼兒・幼女たるもの、猥りに主家の權威を以て、僕婢を酷使するは斷じて良風に非ず。父母たるもの、此の點に注意せざるべからず(11)。

僕婢は、血縁上・法律上において、家族そのものではないが、同じ空間に居住し、主人に奉公するものであるから、実際上、家族としてもよいとする。とくに、日本の僕婢と主人の関係を、西洋の賃金による契約的な雇用関係とは異なる情誼的なものとみていることに注意したい。それにもかかわらず、主家の家族と僕婢とはやはり截然区別すべき面をもつとするのである。

主人の家族と僕婢とを一面で家族としつつ、他面で区別するという家族の捉え方のなかに、先の家族国家観の基盤をみることができる。一面では非血縁者を内に包摂して血縁者と同等として「家族の一部」としながら、他面では家族としての血縁者相互にも截然たる尊属、卑属の区別をおく。日本におけるこうした家族関係の倫理が、皇室を宗家とする一大家族としての家族国家の倫理と通底している。皇室と臣民は親子のごとくでありながら同時に截然と尊卑の別をわきまえなくてはならないのである。国民道徳論者は、やはり次のように述べている。

親族間にありても、尊屬と卑屬との別を重んじ、決して長幼の序を紊るべからず。職業の相違、社會上の地位、貧富の懸隔等によりて、其の親交に厚薄の別を立つるが如きは、是れ所謂熱附寒離のみ。其の心事の陋劣、人情の浮薄、眞に蔑しむべく、悪むべし。(12)

こうした主人と召使の関係にみられる恩愛と信従の倫理は、農業や在来産業、さらには近代工業の一定の分野における就業のあり方に適合的であったとみなくてはならない。

四　近代日本の倫理(二)――「自立自營と公益」

近代日本の政府が提示した倫理は、主従倫理の延長にとどまるものではなかった。国定修身教科書には、経済的営為にかんする徳目として、勤勉（勤労）・倹約・自立自営・公益がやはり一貫して説かれている。

このうち勤勉（勤労）は、徳川時代に農民において倫理的意義をもつものとして形成されたことが「勤勉革命」という術語とともに指摘されている。(13)倹約が徳川時代に強調されていた倫理であることは改めていうまでもない。

これに対して、自立自営の倫理は、前近代に由来するものではなく、近代において新たに登場したものである。自立自営について、国定修身教科書第一期『高等小學修身書　第二學年　兒童用』第九課で、例話をあげることなく、次のように解説している。

人は、成長の後、みな、業ををさめ、家をととのへざるべからず。これ人たるの務なり。されば、幼きときより、わが力にかなふことは、みづから、これをなすの習慣をつくるべし。

幼きときより、かかる習慣をつくりおかば、成長の後も、よく、自立して業ををさめ、家をととのふる人となり得べし。かかる自立自營の民多き國はさかえ、少き國は衰ふ。

格言　天ハ、ミヅカラ、助クルモノヲ助ク(14)

教科書であげられる例話の中心人物は、二宮金次郎・フランクリン・高田善右衞門である。これらをみると、自立自営とは、単なる勤勉や勤労というだけでなく、個人としての自己が他人に依存することなく、規律をもって仕事に励むことで経済的に成功し、家を興したり、社会的に高く評価される人物になるというほどの意味をもっている。

自立自営の倫理は、個人の努力が結果的に利益をもたらすという意味では、立身出世の倫理と重なるものがある。だが、立身出世が自己利益の追求を基本としているとすれば、自立自営は自己規律や独立性に重心がある。

次に、公益についてみる。公益は、個人が地域社会などの公共的事業をおこなうことにより社会的福利を増進することである。公益は慈善と共に前近代社会で定着していた倫理であるから、修身教科書には前近代の事例が多く採択されている。その意味で、公益に尽くした人物として外国人であるフランクリンを挙げていることは異色である。

そして、さらに注目に値することは、このフランクリンが自立自営と公益の両方の項目に取り上げられている場合のあることである(15)。

このことは、近代日本の初頭において西洋近代から伝来した個人の私的利益の追求を、公的な利益の実現と調停することが、近代日本政府の困難で重大な課題であったことを示していると思われる。

近代日本の初頭に私的利益の追求を積極的に肯定した人物の一人が福澤諭吉であった。福澤が、明治五（一八七二）年に『學問のすゝめ』初編を発表して以来、それに続く諸編は大いに歓迎された。もっとも売れたのはやはり初編であり、その冒頭が「天は人の上に人を造らず人の下に人を造らずと云へり」とあることは誰でも知っている。この冒頭のパラグラフの終わりは「人は生れながらにして貴賤貧富の別なし。唯學問を勤めて物事をよく知る者は貴人となり富人となり、無學なる者は貧人となり下人となるなり」となっている。彼は、権利上は貴賤上下の別がないのに、実際上は学問の有無によって貴賤上下の別が生じているとし、学問、それも「人間普通の日用に近き實學」をたしなむことを勧めたのであった(16)。

福澤は、社会に貴賤上下の別のあることを当然のこととして、人々に実学としての学問による階層の上昇を勧めたのである。立身出世主義である。そこには、功利主義的個人主義の性格がある。明治政府が、これをそのまま肯定することはなかった。明治の教育制度は、福澤流の立身出世主義の性格の強い「学制」から、紆余曲折を経て、「教育に関する勅語」を基本とする体制にいたるのであるが、いまはその経緯に立ち入る余裕はない。

ここでは、近代日本の政府にとっての課題であった、個人の私的利益の追求による社会的上昇の志向と公的利益の実現との調和を具現した人物の思想をみることとする。近代日本を代表する企業人である澁澤榮一がそれである。

澁澤は、実際社会に「貧富の懸隔」が必ず生ずるという事態を、『學問のすゝめ』の福澤と同様に前提している。彼によれば、個人が富貴栄達を求めることつまり私益の追求は、そのことを通して国家の富も増すことになるから、それ自体として否定すべきことではない。澁澤は、私益の追求を、正しい道理にしたがうという条件をつけてではあるが、積極的に肯定した。そして、私益の追求が「貧富の懸隔」を生ずることも「自然の成行き」であるとした。だが、彼は、日露戦争後の状況にあって、貧富の懸隔が国家社会を危機におとしいれる要因であることをみており、次のように述べるのである。

貧富の懸隔は其の程度に於てこそ相違はあれ、何時の世、如何なる時代にも必ず存在しないといふ譯にはゆかぬものである。勿論國民の全部が悉く富豪になることは望ましいことではあるが、人に賢不肖の別、能不能の差があって、誰も彼も一様に富まんとするが如きは望むべからざる所、從って富の分配平均抔とは思ひも寄らぬ空想である。要するに富む者があるから貧者が出るといふ様な論旨の下に、世人が擧つて富者を排擠するならば、如何にして富國強兵の實を擧ぐることが出來ようぞ。個人の富は即ち國家の富である。個人が富まんと欲するに非ずして、如何でか國家の富を得べき。國家を富まし自己も榮達せんと欲すればこそ、人々が日夜勉勵するのである。其の結果として貧富の懸隔を生ずるものとすれば、そは自然の成行きであって、人間社會に免る可らざる約束と見て諦めるより外仕方がない。とはいへ、常に其の間の關係を圓滿ならしめ、兩者の調和を計ることに意を用ふる事は、識者の一日も缺く可からざる覺悟である。之を自然の成行き、人間社會の約束だからと其の成る儘に打ち棄て置くならば、遂に由々しき大事を惹起するに至るは亦必然の結果である。(17)

澁澤は、それ故に、人間とは、自己一身の立身出世によって自己とその一族の私益だけを求める利己主義的存在でなく、国家社会の利益つまり公益のために尽くすべき存在であると、次のように主張する。

人間は自己一身の榮達を求むることが自然的性情であると同時に、人が社會の一員として立つ以上、共同生存といふことも亦人類自然の性情であらねばならぬ。從って自己一人が富貴榮達をすれば、他は敢て顧みるに及ばぬといふ了簡で此の世に處してゆく譯にはゆかぬではないか。一面に於て自己の富貴榮達を欲すると共に、他の一面に於て何處までも國家又は社會の爲に盡すべき義務がある。(18)

自己利益つまり私益を求める人間が、同時に、国家社会の利益つまり公益をも求めることが如何にして可能であろうか。澁澤は、私益の追求そのものが国家社会の存在によって可能なのであるから、富豪たるものは救済事業や社会のために尽力することで、私益の追求の結果得られた利益を国家社会に還元すべきであると、次のように述べる。

如何に自ら苦心して築いた富にした所で、富は即ち自己一人の専有だと思ふのは大なる見當違ひである。要するに人は唯一人のみにては何事も爲し得るものでない。國家社會の助によって自らも利し安全に生存することは出來るので、若し國家社會がなかったらば、何人たりとも滿足に此の世に立つことは不可能であろう。これを思へば、富の度を増せば増すほど社会の助力を受けて居る譯だから、此の恩惠に酬ゆるに救濟事業を以てするが如きは、寧ろ當然の義務で、出來る限り社會の爲に助力しなければならぬ筈と思ふ。[19]

私益を求めつつも公益の優先を説く理由は、個人の活動の存立基盤が国家社会であるとする認識にもとづいている。こうして、澁澤の経済活動におけるモットーは、功利的個人主義から離れて、次のように、公益中心主義とでもいうべきものとなる。

自分が從來事業に對する觀念は、自己の利殖を第二位に置き、先づ國家社會の利益を考へてやってゐた。[20]余の主義は、利己主義でなく公益主義といふことが出來よう。[21]

澁澤は、国定修身教科書第四期の『尋常小學修身書　巻六』第八「自立自營」の主人公として登場する。第九「公益」はフランクリンが主人公である。澁澤的倫理が、近代日本政府の求めるものであった。

五　おわりに

近代日本においては、主従関係を基盤とし、私益と公益の一致を目指す倫理が、経済活動を規定すべきものとされていることを確認した。そこでは、個人の私的利益の追求を肯定するにしても、その追求は個人の属する諸関係の規範に制約され、さらには国家へと方向づけられていたのである。

このことは、個人の経済的活動は、種々の社会的諸関係を規制する規範の制約のもとにあるという、当然といえば当然な、しかし重い事実を指示している。むろん、経済的活動が、それ自身として自律的に進行する側面をもち、それ故にまた、経済的活動の内から形成する諸法則や諸規範があるにせよ、やはり、そうなのだということである。

問題は、倫理が経済に制約されるだけでなく、経済もまた倫理に制約されるのだなどという一般論の確認の先にある。近代日本において、ここにみたような倫理のもとで、一八六〇年代の半ばを始点として、近代経済成長があり得たという事実が問題である。このことはいかにしてあり得たのかを考えてみる。

一ついいうることは、自立自営であれ公益であれ、利益追求が社会的に正当性を与えられたことである。このとき、伝統的な主従関係は、利益追求の企業的集団として再編制されるとともに、前近代において主従関係の典型をなした武士の階層は消滅する。そして、日本社会のさまざまな局面において存立する主従関係とそれに照応する倫理は、社会的統合を維持する上で有効な意義をもったであろう。

近代の倫理として新たに登場したものが、利益追求の肯定だけであったわけではない。だが、近代日本の政府が準備した倫理は、忠孝・勤勉・倹約という、前近代からもち越しのものが多かったことは事実である。

近代経済成長は、こうした前近代からもち越しの倫理と利益追求の精神とが結合したときに可能になったと思われる。経済成長における「趨勢加速[22]」の現象に即して、次のように述べられている。「「衣食」のみならず「住」への支出をも抑制して経済を拡大してきた、としてもかまわない——それは明治以来の趨勢加速の最大の原因であり、ともにわれわれの父祖の勤倹力行の賜物なのであった[23]」。

勤勉（勤労）、倹約という前近代からもち越しの倫理と利益追求の肯定という新たなものとの結合が、近代経済成長を支える資本蓄積に適合的に作用したということである。

そして、統一的国家権力の形成とそれにもとづく広範な市場の形成、開国による技術借用、外国企業の進出と貿易の増加等々の政治経済的条件の変化に適合的に作用するものとして、忠・孝といった、やはり前近代もち越しの倫理が、忠孝一致、忠君愛国の形に再構築され、それを下支えするするものとして主人と召使との倫理があったとみられるのである。

文献

井上哲次郎・藤井健治郎『師範學校修身書　道德の要領　巻一』目黒書店、一九一一
文部省『複刻　国定修身教科書』第一期〜第四期、大空社、一九九〇
澁澤榮一『青淵百話』国民教育会、一九二六
中村紀久二『複刻　国定修身教科書　解説』大空社、一九九〇
中村隆英『戦前期　日本経済成長の分析』岩波書店、一九七一
同『明治大正期の経済』東京大学出版会、一九八五
同『昭和経済史』岩波書店、一九八六
西川俊作『日本経済の成長史』東洋経済新報社、一九八五
速水融「経済社会の成立とその特質」社会経済史学会編『新しい江戸時代史像を求めて』東洋経済新報社、一九七七
福澤諭吉『學問のすゝめ』『福澤諭吉全集』第三巻、一九六九

（1）西川俊作、一九八五、三頁。
（2）同右、二一八頁。
（3）中村隆英、一九八五、二六一頁。同、一九七一、四六頁。
（4）中村隆英、一九八六、五二頁。
（5）中村隆英、一九七一、二〇頁。
（6）同右、一一一頁。
（7）中村紀久二、一九九〇、六〇頁。
（8）同右、六〇頁と六一頁の間、第二表「国定修身教科書使用開始一覧（初等教育六か年）」に拠る。
（9）同右、六〇頁。
（10）「別表」

第一期　国定修身教科書　児童用

『尋常小学修身書　第三学年』
「だい十九　めしつかひをあはれめ」　田邊晋斎の例話
「だい二十七　ふくしゅう」「よい日本人」の徳目の一つに「めしつかひをあはれみ」とある
『尋常小学修身書　第四学年』
「第二十七　よい日本人」「よい日本人」の徳目の一つに「めしつかひをあはれまねばなりません」とある
『高等小学修身書　第二学年』
「第二課　主人と召使」　中江藤樹帰郷の際の召使との例話

第二期　国定修身教科書　児童用

『尋常小学修身書　巻二』
「九　メシツカヒ　ヲ　イタワレ」　一般的な母の子への教え
『尋常小学修身書　巻三』
「第十九　おんをわすれるな」　恩は主人と奉公人の関係のこと　弥兵衛と主人の話
『尋常小学修身書　巻四』

「第十　召使」　子守り奉公の少女が主家の子どもを犬から助けて死んだ話
「第二十七　よい日本人」　「召使となっては主人を大切に思はなければなりません」とある
『尋常小学修身書　巻五』
「第二十課　主人と召使」　中江藤樹帰郷の際の召使との話
「第二十八課　よき日本人」　「主人は召使を憐れみ、召使は主人を大切に思ふべし」とある

第三期　国定修身教科書　児童用

『尋常小学修身書　巻二』
「二十一　メシツカヒ　ヲ　イタワレ」　一般的な母の子への教え
『尋常小学修身書　巻三』
「第十九　おんをわすれるな」　恩は主人と奉公人の関係のこと　永田佐吉の話
『尋常小学修身書　巻四』
「第十一　忠實」　子守り奉公のおつなが犬から主家の子どもを守って死んだ話

第四期　国定修身教科書　児童用

『尋常小学修身書　巻二』
「二十六　オン　ヲ　ワスレルナ」　忠犬ハチの話
『尋常小学修身書　巻三』
「十　おんをわすれるな」　恩は主人と奉公人の関係のこと　永田佐吉の話

『複刻　国定修身教科書』（一九九〇）に拠る

(11)　井上哲次郎・藤井健治郎共著、一九一一、六五頁。
(12)　同右、六四頁。
(13)　速水融、一九七七、一四頁。
(14)　『複刻　国定修身教科書』一九九〇、第一期『高等小學修身書　第二學年　兒童用』一四頁。
(15)　この例は、次の三つの教科書にみられる。
○『複刻　国定修身教科書』一九九〇、第一期『高等小學修身書　第一學学年　兒童用』「第十八課　自立自營」、二八頁、

「第二十課　公益」三二頁、「第二十一課　公益（つづき）」三三頁。

○『複刻　国定修身教科書』一九九〇、第二期『尋常小學修身書　巻六　兒童用』「第十三課　自立自營」、一一六頁、「第十四課　公益」二九頁。

○『複刻　国定修身教科書』一九九〇、第三期『尋常小學修身書　巻六　兒童用』「第十一課　自立自營」、一九頁、「第十二課　公益」三一頁。

(16)　福澤諭吉、一九六九、二九-三〇頁。

(17)　澁澤榮一、一九二六、二〇六頁。

(18)　同右、一八一頁。

(19)　同右、二一一頁。

(20)　同右、四六頁。

(21)　同右。

(22)　西川俊作氏は、趨勢加速の現象について、次のように述べている。

長期経済統計1によると、一八八五～一九四〇年の間のGNP成長率のうねり、つまり長期波動は、三つの上昇局面と二つの下降局面があった。その上昇局面と下降局面局面ごとの「それぞれの平均成長率をみると、あとになるにつれて成長率が高くなる傾向がある」。この傾向を趨勢加速というのである（西川俊作、一九八五、二二一-二二二頁）。

この日本の趨勢加速の生じた原因について、西川氏は、第1に「消費性向の逓減、逆にいえば貯蓄率の逓増によるものだ」としている（同、二二八頁）。

そして「外国貿易の発展が日本の趨勢加速の有力な、第2の原因であったことは、以上から明らかである」としている（同、二二九頁）。

(23)　西川俊作、一九八五、二三〇頁。

〈付記〉本章は、二〇〇二年十月十三日（日）に一橋大学で開催された日本倫理学会第五十三回大会における共通課題「経済と倫理」に対して本章表題と同じ表題で行った発表原稿に、論旨の変更を生じない範囲で、文書として公表することを考慮して修正したものである。

こうした成立事情に関連して、若干の説明をしておく。この共通課題「経済と倫理」の発表は二つのパートからなり、午前に西洋倫理関係三人と日本倫理関係三人とが別会場で発表を行い、午後に発表者全員が集まる会場で総括のシンポジウムが行われた。わたくしについては、第二次世界大戦前までの近代日本における「経済と倫理」についての発表が予め要請されていた。

この共通課題発表についての総括シンポジウムの内容は、録音からおこした原稿にもとづいて二〇〇三年三月発行の『倫理学年報』第五二集に掲載されている。本章にかんする補足の意味もあるので参照されれば幸甚である。

第五章　阿部次郎の社会思想――『三太郎の日記』を中心に――

一　はじめに――「普遍と個はあるが種はない」

阿部次郎（一八八三―一九五九）の代表的著作の一つである『三太郎の日記』（付記）は、また、大正期の教養主義を代表する著作の一つである。『三太郎の日記』は、阿部次郎の思想あるいは大正教養主義の思想を考察する上で重要な意義をもつ。ところで、この『三太郎の日記』にみられる、阿部次郎の思想ないし大正教養主義の思想の特徴として、社会性の希薄あるいは実践性の希薄をみることが定説化しているようである。

たとえば、阿部が一九五九年一〇月に没したことを受けて著した論考で、上山春平氏は、『三太郎の日記』の根本思想を追求して、「「弱者の哲学」、抽象言語の愛好、観想の立場、内省主義、内面道徳の主張、「あれもこれも」の哲学、「弁証的な特質」等々」の内面的な連関を示している（上山春平『日本の思想』サイマル出版会、一九七一年、二四三頁）。ここに『三太郎の日記』の根本思想として取り上げられているものは、社会的実践性の希薄として要約し得るものである。

唐木順三は、「現代史への試み」で、『三太郎の日記』第一における阿部の執筆動機を語る「自序」について、次のように述べている。

さうして外面的に見れば、何等かの「社會的動機に動かされて書いた」といって、その社會的動機としてあげてゐるものは「經濟上の必要や、友人の新聞雜誌記者に對する好意や、他人の依賴を斷りきれない」といふことである。即ちこの著者は、明治から大正へかけての社會的大變動の時期に於て、自分のふところ具合や、雜誌記者の催促以外は、外の社會に目をつぶって、專ら自分の内面生活の悲哀や希望を書き綴ってゐたといふことになる。著者も「自然と人生と自己とを觀じて來た」と書いてゐる。自然と人生と自己、そこには普遍と個はあるが種はない。社會問題の激成したさなかにあって、社會がない。

（『新版　現代史への試み』筑摩書房、一九六五年、三九頁）

唐木も、「自分のふところ具合や、雜誌記者の催促以外は、外の社會に目をつぶって」いると、阿部の社会性の乏しさを指摘するのである。

『三太郎の日記』は、自己批評・自己解剖に向かう文章を中心としており、具体的な社会事象についての論述が乏しいことは確かである。だが、阿部にしても、社会のなかで生きており、自己と社会あるいは国家とのかかわりについて思索もし、態度をとっていたのであり、そのことが『三太郎の日記』にも明確にあらわれている。

本章は、『三太郎の日記』を中心に、阿部次郎における自己と他者ないし社会・国家とのかかわりについての基本的な考え方を考察する。

二　「常に内面的衝動の充實を待ってゐた」

まず、唐木の取り上げた『三太郎の日記』第一の「自序」は、次のようなものである。

外面的に見れば、これらの文章のほとんどすべてはもっとも平俗的な意味における何らかの社會的動機に動かされて書いたものである。經濟上の必要や、友人の新聞雜誌記者に對する好意や、他人の依賴を斷りきれない自分の心弱さなどは、外から自分を動かして、これらの文章を書くための筆を握らせた。しかしこれらの外面的機縁は自分の文章の内容を規定する力をほとんど全く持ってゐなかった。自分はこれらの外面的、社會的必要に應ずるために、常に内面的衝動の充實を待ってゐた。さうして内面的衝動の充實を待って始めて筆を執った。

（『阿部次郎全集』第一巻、一三頁。以下、『全集』と略記する）

阿部は、『三太郎の日記』の文章を充実した内面的衝動を待って執筆したのであり、社会的動機・外面的機縁はほとんど力をもたなかったという。これは、文章の執筆を促した力として、内面的衝動と社会的動機・外面的機縁を対比して、内面的衝動の優越を語るものである。そして、外面的・社会的なうながしについては、「もっとも平俗的な意味における何らかの社會的動機」としている。

「もっとも平俗的な意味における何らかの社會的動機」というとき、阿部において、次の二つのことが意識されていたであろう。一つには、文章の執筆は社会的行為であり社会的動機なしではあり得ないこと、そして、平俗的な意味ではない、重大な意味をもつ社会的動機のあり得ることである。重大な意味をもつ社会的動機の存在を前提にしないでは、もっとも平俗的な意味という言葉は意味をなさない。ただし、ここで、その重大な社会的動機を語ってはいない。

他の一つは、「もっとも平俗的な意味における何らかの社會的動機」が、「經濟上の必要」であり、唐木のいう「自分のふところ具合」であったことである。阿部には、「經濟上の必要」により、『三太郎の日記』の文章を書いたという痛切な意識があった。にもかかわらず、彼は、それが文章の内容を規定する力ではなく、「内的衝動」に基づいているというのである。そこに、「もっとも平俗な意味における何らかの社會的動機」という言葉の語られた理由がある。

阿部は、自らの執筆という営為が、それ自体として社会的意義をもつ行為・実践であることを知っており、それが「内面的衝動」と矛盾することを常に意識していた。

俺は今創造の熱に燃えてゐる。今一息押して行けば忽然《こつぜん》として新しい世界が現前しさうだ。（中略）しかしこの創造は職業を棄てたる專念を要求する。さうしていつまでか、ると云ふ時間の豫約をしてくれない。しかるに俺は貧乏人である。俺には借金があっても貯金はない。勞働を止めると共に俺は食料に窮する。

（『三太郎の日記』第一、十五「生存の疑惑」『全集』第一巻、一〇一頁）

生きるための職業は魂の生活と一致するものを選ぶことを第一とする。しからざれは全然魂と關係のないことを選んで、職業の量を極小にすることが賢い方法である。魂を弄《もてあそ》び、魂を汚し、魂を賣り、魂を墮落させる職業はもっとも恐ろしい。

（同、一〇五頁）

ここに引いた文章は、阿部が、自らにおける執筆の営為を魂の生活としての創造であるとしつつも、それが職業という社会的意義をもつこと、そこに矛盾がはらまれることの痛切な意識を示すものである。「もっとも平俗的な意味における何らかの社會的動機」に基づく行為・実践も、常に「内的衝動」に規定されるものでなくてはならない。これが、『三太郎の日記』第一を世に送り出すにあたって、「自序」に明記した阿部自らの態度であり、主張である。

阿部が、社会的なものを卑小と捉えていたとは考えられないし、自己の営為を社会とかかわりのないものであると捉えていたこともない。そこで、彼が、内的衝動に発する営為と社会的なるものとのかかわりについて、そして、自己と他者ないし社会とのかかわりについて、どう考えていたかが、改めて問題となる。

三　「自己は自己であり他人は他人である」

阿部が、自己と社会とのかかわりについて、一般論として語った「二つの途」（大正五年三月）という文章がある。（『三太郎の日記』第三、八「二つの途」『全集』第一巻）。少しく、これについて検討する。

一昨年の夏、早稲田文學社から「實社會に對する我らの態度」と云ふ往復葉書の質問を受け取った時、自分は「私の今、力を集注しなければ成らないところは、どうしても自分自身の事ですから、大體の態度としては、なるべく實社會との深入りした葛藤を逃げなければならないと思ってゐます。しかしそれは私の力が足りないからで、すべての人がさうでなくてはならないからではありません。私の力がもっとみち張って溢れて來たら、私は十分に腰をすゑて實社會に突っ掛って行きたいと思ってゐます。」と云ふ返事を書いた。しかるに、C君は翌月の雑誌『反響』にその批評を書いて「自分の力がもっとみち張ってから實社会に突っ掛って行かうと云ふのは、自分と云ふものと實社會といふものとを切り離して考へ――さふ云ふ考へ方も場合によって必要であるが――てばかりゐるのである。實社會が自分と云ふものの輪郭であり、自分が社會といふものの焦点であると云ふ大切な意識を欠いてゐる、自分をよりよくすることによってのみ、社會をよりよくすることが出來、社會をよりよくすることによってのみ自分をよりよくすることが出來ると云ふ大切な信念をつかんでゐないのである。」（当時の『反響』を座右に持ち合わせないから『新日本』に出た反復を引用する。）と云った。自分はこの批評が不服だった。しかし自分から云へばかくのごとく自明なる友人の誤謬を社會の前に指摘することを好まなかった。ゆゑに自分は私信をもってC君に自分の不服を述べ、不明なる黠の説明を求めた。しかし不幸にして自分はC君から何らの返答をも得ることが出來なかった。

（『全集』第一巻、三五九頁）

この文中に引かれた阿部の回答文は、全文ではなく、その前後に省略がある。省略を含む全体（回答文全体は『全集』第十二巻所収「實社會に對する我等の態度」）をみると、そこに記された自己と社会的行為・実践の関係についての見解は、阿部における個人的状況にもとづく特殊な事例と読まれ得る。しかし、C君は、自己と社会の関係についての一般論として阿部の見解を批判したのである。そこで、阿部は、「二つの途」で、自己と社会の関係についての一般論として、自ら見解を展開することになった。

阿部は、「自分自身の事」と「實社會」の意味を、改めて、次のように規定する。

「自分自身の事」と云ったのは、自己の物質的利益と享樂とを意味するものでないことは斷るまでもない。「自分自身の事」とは自己の中に規範（道、理想、信仰）を發見することと、この規範を發見又は實現するに堪へるまでに自己を精煉することを意味する。（同、三六〇頁）

「實社會」とは、個人の多數（Mehrheit der Individuen）を意味するのではなくて、一種の合成體（Gesamheit）を意味してゐることもうるさく斷るまでもない。自分は實社會の名によって父母兄弟妻子朋友隣人等およそ個人等の關係を意味させはしなかった。政治によりて統治され、法律によりて支配され、教育によって訓練せらるる一種の團體、具體的に云へば國家、地方自治體、その他職業又は階級によりて組織せらるるGesamheitenを意味させたにすぎなかった。（同上）

このように自己と社会との関係を規定した上で、阿部はC君の批判に対する反駁を行う。いまは、その反駁の筋道をたどることはしない。興味を引くのは、自己と社会にかかわる、次のような主張である。

まず、阿部は、「人は社會の影響を逃れることは出來ない」（同、三六八頁）、「自己の實現は社會に働きかけるにあらざれば完成しない」（同、三六九頁）と、自己と社会との相互的な関係を、前提として、認める。そのことは、しかし、自己が、自己について、社会を離れて考えることの可能性を否定するものではない。

人は世界を縁として自己を考へることができる。さうして世界を縁として自己を考へることは直接に世界そのものを考へることとは意味を異にする。この意味において世界を考へずに自己を考へることが出來ないと云ふのは誤謬である。いはんや社會をや。世界と社會と自己の間にはもとより緊密なる連鎖がある。しかしそれにもかゝはらず自己の問題は世界や社會の問題に対して特殊にして獨立せる問題となり得るのである。この時意識の焦点に立つものはたゞ自己のみである。さうして世界と社會との問題が自らその中に含まれて來るのである。（同、三六九頁）

理論的に、社会とは独立して自己を考えることの可能性を語るとともに、ついで、「實行の問題において、社會と自己を對立させて考えるのは無意味であるか」と設問して、次のように述べる。

人の努力は社會の全面にひろがらむとする方向と、自己の一点に凝集せむとする方向をとることが出來る。さうして二つの努力ともある程度まで有效である。ゆゑにこの意味において自己と社會とを對立させて考へるのは、決して無意味なことではない。（同、三七〇頁）

阿部は、自己と社会を、事実としての相互作用の関係を認めつつも、理論的にも実践的にもそれぞれ独立した意味をもち得るとする。そして、自己を社会から独立し得るとすることで、自己の問題は自己において解決しなくてはならないと語るのである。

いかにして自己の準據すべき「道」を發見せむか、いかにして自己の内面に一つの世界を建設せむか、いかにして「道」の實現に堪へるまでに自己を鍛錬せむか――これらの問題に對して決定的の意義を有する者はたゞ自己だけである。（同上）

自己は社會と世界とを超越して、天地の間に寥然としてたゞひとり存在する。この方面においても自己に對する社會の權威を承認する者は、靈の獨立と意志の自律と云ふ大切な自覺をとりおとしたものである。（同上）

阿部によれば、自己と社会とは相互作用の関係にあるとしても、両者はそれぞれに独立した位置と性格をもち得る。それだけではなく、両者は決して等価値ではなく、自己は独自な尊厳をもち、自己に対して社会の権威をもち出すことは許されないのである。

このようにみると、阿部がC君の批判に対して直ちに不服を申し立てた理由がはっきりする。C君の「大切な信念」は、「自己をよりよくすることによってのみ、社會をよりよくすることが出來、社會をよりよくすることによってのみ自己をよりよくすることが出來る」というものであった。阿部から見ると、この信念によっては、自己と社会が等価値となり、自己と社会のいずれから手を付けたらよいのか、決定し得なくなるのである。阿部は、自己と社会とをそれぞれ独立した位置と性格をもち得るとすることにより、自己のことは自己自身がよくするほかはないとする。「自己をよくせむとするものは努力の焦點を自己の内面に置かなければ成らない」（同、三七一頁）、自己をよくするために社会をよくすることは「他人に薬を飲ませて自分の病をなほさうとする者の愚に等しい」「自己は自己であって他人は他人である」（同上）。

ここに、阿部における、自己と他者ないし社会との関係についての考え方が、明確に表明されている。それは、自己を確立することにより、他者や社会へ働きかけるべきであるというものである。この考え方の基礎として「自己は自己であり他人は他人である」という自他関係の理解がある。

こうした自他関係ないし自己と社会との関係についての考え方は、この時点で、阿部の思想に深く根を下ろしている。それは、『三太郎の日記』第一における内面的衝動こそが自己の営為を規定するものであり、社会的動機・外面的機縁はあくまで二次的であるとする考え方と呼応している。だが、『三太郎の日記』第一のそれが主観的信念の表白としての性格が色濃いのに比して、「二つの途」のそれは、かなり明晰に整理されており、理論的に彫琢されている。

そこで改めて注目すべきことは、「二つの途」の執筆が大正五（一九一六）年三月である点である。「年譜」には、同四（一九一五）年春に「『哲學叢書』の企畫編集をし始め、美學と倫理學を擔當する」（『全集』第十七巻、四六九頁）とある。阿部は、リップスに学んで、縮訳『倫理學の根本問題』を大正五年七月に刊行し、『美學』を同六年四月に刊行している。

「二つの途」は、阿部がリップスの思想に学んで自らの思想を形成していた時期に書かれたものである。彼がリップスに学んだ重要なものの一つが「感情移入」の概念である。次に、阿部の感情移入概念の理解をみることとする。

四　「汝自ら體驗せよ」

さて、『倫理學の根本問題』「凡例」には、「自分は絶對的に私見を混入することを避けて、ひたすらリップスの思想と情熱と感激とを生かさうとした」（『全集』第三巻、七頁）とある。実際、『倫理學の根本問題』は、リップスの原著に内容上の変更を加える縮訳をしていない。しかし、また、そのことは、阿部自身の感情移入説の理解を知るには、『倫理學の根本問題』は、あまり適切ではないということでもある。

ところが、阿部は、大正六（一九一七）年十月、「倫理學の根本問題に就て」と題する講演をしている。これは、阿部自身の言葉による感情移入の概念の説明である。以下、これに即して、阿部の感情移入説とそれに応じた自己と他者の理解をみることとする。

阿部は、感情移入の概念について、次のように述べる。

> 一言に感情移入と申しましても、二つの方面があって、それから二つの道徳上の事實が出て來ます。感情移入は一面から見ると他人は、否他人ばかりではなく、自然や藝術その他一切の世界は我等にとっては我等の人格内容をモディファイしたものにすぎないといふことになり、他の一面から見れば他人及びすべての世界を自分の中に收めることが出來る、といふことになります。（中略）第一の方面の意味からして個人主義の

考を引き出すことが出來ます。第二の方面からしては個體を超越した、普遍主義を引き出すことが出來ます。この普遍主義と個人主義は一つのものの表裏を表はして居るので互に相補ふべきもので排斥し合ふものではありません。此の二つの方面を保ち、之を活かすこと、この原理を感情移入から引き出すことが出來る。之が大体の私の話の要点であります。

（『全集』第十七巻、二六頁）

阿部は、感情移入には個人主義と普遍主義の二方面があり、二つのことは表裏をなすものであるとする。そして、彼は、感情移入の普遍主義について、次のように述べる。

吾々が愛するものの中に自分の生活の中心點を移すことは、愛するものの中に私の感情が完全に行はれることであります。私が愛するもののことを考へることによって、その人の喜びや悲しみが私の心に自分のことの如く感ぜられないとすれば、私の生活の中心は、相手の上に、うつることは出來ません。愛するもののことを考へて、その考へたものの中に這入り込んで、その時自分を忘れてそれを愛すればこそ意味があるのであります。さういふ意味に於て、感情移入といふことは一種の修業であり磨けば磨く程光る心の光りに違ひない。

（同、二六頁）

阿部が、ここで愛に即して説明するのは、彼自身の関心の所在を示しているが、感情移入の説明としてはあまり適切ではない。感情移入は、愛のような親和的なものに限らない、感情一般について、自己が他者の感情を把握し得ること、同情の成立をを明らかにする概念だからである。

阿部は、感情移入における普遍主義を「一種の修業」と述べている。これは、感情移入における同情の成立や利他心の涵養が、自然の過程ではなく、困難の克服を必要とすることによる。

他方、感情移入における個人主義については、次のように述べている。

感情移入の原理に從へば、自己を拓くより外に他人と世界とを理解する道がない。一切の眞理と價値との認識は、此の意味に於て、體驗者自己を中心としてゐるのであります。汝自ら體驗せよ、この外に汝にとって眞理と價値とが生きる道は存在しない。此の意味に於て感情移入は必然に個人主義と握手せずにはゐられない。

（同、三三二頁）

感情移入における個人主義とは、感情移入において、他者や世界の一切が自己に還元され、自己を基盤に他者や世界が構成されることを意味する。感情移入における個人主義と普遍主義とは、一つのことの表裏であるとはいうものの、普遍主義よりも個人主義の方が根源的である。

だから、阿部のいう「修業」は、直接的に、利他心や同情の涵養に向かうのではなく、自己の体験の充実・深化という方向をとる。感情移入が可能にする他者理解、つまり、利他心、同情の涵養は、自己の体験の充実・深化によって可能となる。普遍主義を可能にする「修業」は、「汝自ら體驗せよ」という自己の充実・深化に集約されるのである。これは、やはり、次のようなリップスの考え方を受け継ぐものである。

他の人格は我々にとっては、結局は自己の人格に外ならない。それは自己の人格の変容された複写である。このようにして他人の尊厳もまた自己の尊厳であり、他人の名誉は自己の名誉である。（中略）ところが、我々自身が我々の目に単なる身体または単なる感覚的現象以上のものであればあるほど、すなわち我々が自分自身人間であるという意識をもてばもつ程、他人もまたますます我々にとってますます人間すなわち人格となるのである。

（島田四郎訳『リップス　倫理学の根本問題』玉川大学出版部、一九七七年、七一頁）

阿部は、リップスの感情移入の概念を継承して、自己における体験の充実・深化を通してこそ他者への理解が深まり、自己の向上を通して他者の向上をはかることができると主張した。この考え方が、「自己は自己であって他人は他人である」とする「二つの途」の考え方と密接に照応することは明らかである。

このように阿部の言説をたどると、自己批評・自己解剖に向かう『三太郎の日記』における基本的な課題が、自己と他者ないし社会とのかかわりの構築にあったことがわかる。そこには、自己と他者との架橋の困難性の認識が深くあった。阿部は、大正六年七月の文章で、次のように述べている。

今日において師弟の關係がくづれたのは人と人との精神的信頼が内面的にくづれたからである。他人の靈魂の鍛錬を引き受けるほど自分を信ずる力と、自己の一切を傾倒して他人に信頼する力が薄弱になってゐるからである。ゆゑに我らはこの根柢の缺陷を別にして、人爲的に、樂樂と、師弟の關係を昔に引きもどすことは出來ない。我らの師となるに足るものは、疑ひ深き我らの心を征服して我らの尊信を余儀なくするほど偉大な者でなければならない。したがって我らの師を求むる心が、おのづから身邊を離れて古人に向ひ、直接の關係を離れて書籍に向はむとするはまことにやむを得ないのである。

（『三太郎の日記』第三、十七「某大學の卒業生と別るる辭」『全集』第一巻、四六六頁）

「今日において師弟の關係がくづれた」という「根柢の缺陷」は、「人爲的に、樂樂と」「昔に引きもどすことは出來ない」と阿部はいう。「根柢の缺陷を別にして」は「人爲的に、樂樂と」「昔に引きもどすことは出來ない」から、その欠陥をどう克服するかという問題が生ずる。そこで人と人との間の溝を越える方法は、直接的に欠陥の是正に向かうのではなく、「師となるに足る」「偉大な者」＝「古人」「書籍」に向かうのである。

ここに、自己の体験を深める方法が、人類の教師というべき古人の書籍に向かうという教養主義が明確に主張されている。この教養主義は、リップスの思想とは直接的なかかわりはない。しかし、阿部にあっては、教養主義は、リップスの感情移入概念の理解にみられる、個人主義を基盤とする普遍主義の実践としての「修業」としての意味をもっている。それは、自己閉塞や他者との断絶を越える方法として位置づいているのである。

五　「國家の干渉を拒むことが出來ない」

阿部は、大正五、六年頃から、自己の体験を充実・深化するだけでなく、それを踏まえて、社会的志向を深める。自己批評、自己解剖の言説から、社会的なるものに関する言説を展開するのである。

大正六（一九一七）年六月に公表した「思想上の民族主義」（『三太郎の日記』第三、十五「思想上の民族主義」『全集』第一巻）は、その例である。ここで、阿部は、「余は日本人である」（同、四二二頁）とした上で、「余は又同時に「余」自身であり「世界人」であると云ふ事實を（中略）この事實を閑却してはならない」（同、四二四頁）と語る。彼は、自己が日本人であるという事実とともに、自己自身でもあり、世界人つまり人類の一員であるという事実をも確認する。

そして、阿部は、事実から規範を導いてはならないとする。「余は日本を愛する」「余は日本に義務を負うてゐる」が、自己の属する国への愛という「自然的事實」から、あるべき道としての愛が導かれるものではない。自己の属する民族への義務は、一つの義務であるが、唯一の義務ではないのである。

阿部は、人のなすべき規範は、事実からではなく普遍性からくると、次のように述べる。

およそ自己の生活を普遍化せむとする憧憬には三つの方面がある。一つは普遍的内容の獲得である、換言すれば普遍的教養である。二つは意志の對象の普遍である、換言すれば普遍的なるものに對する奉仕である。第三は、意志の根據の普遍である、換言すれば人間的本質に基づく意志の決定、内面的自由、意志の自律である。さうして民族主義が一つの規範を与へるに満足せずに、唯一の道徳原理たるの地位を要求するとき、それはあらゆる意味において半途なる道徳原理である。

（『三太郎の日記』第三、十五「思想上の民族主義」『全集』第一巻、四三六頁）

規範を普遍性に基づける主張は、民族的事実を軽視するものではなく、したがって個と類に偏したものではない。そのことは、次の記述から明らかである。

最後に自分は一つの注意を附記してこの覚え書を閉づる。余のこゝに云ふ民族主義とは國家主義と同義ではない。民族を統一するものは血液と歴史である。國家を統一するものは主權とその意志としての法律である。國家主義と民族主義との相違は政治上の主張として兩者を對照すれば明瞭になるであらう。現在の世界における國境の區分は強大なる民族の征服慾や政治的經濟的野心や、その他種々の理由によって自然の境界を紊《みだ》されてゐる。國家と國家とを區分する理由は、決して血液や歴史の一致ばかりではない。ゆゑに政治上の民族主義はむしろ帝國主義的國家主義に反抗して、世界主義人道主義の主張と握手するものである。それは一國内における個人の自由の主張のごとく、世界における民族の釋放を主張するのである。すべての民族をしてその血族上その歴史上の自然に従って彼らの國家を組織せしめよ。（同、四三六頁）

ここには、民族という種的なるものへの重い着目がある。しかし、この文章は、別の意味で、注意を引く。阿部は、国家主義と民族主義の相違を明確にするために、民族主義の政治上の主張が国家主義の政治的主張と一致し得ないことを語る。そして、民族主義の政治上の主張は、「世界の政治的區劃を変革することを要求する」として、「印度《インド》人や波蘭《ポーランド》人や匈牙利《ハンガリー》人やスラヴ人種のある者に適用さるるとき、民族主義の主張は、現在の主權にとって危険なる反國家主義である」とする（同、四三七頁）。

この「思想上の民族主義」は、自己が民族として存在する事実の承認と、そうした事実を直接的に規範化する思想上の民族主義とを区別して、規範のあるべき方向を示すものである。だから、この文章の論旨からは、民族主義と国家主義との区別を明示する必要はないし、その政治的主張の対立について語る必要もないのである。ところが、阿部は、民族主義の政治上の主張を具体的に明示して国家主義の政治上の主張と対置している。このことは、彼が社会的現実について大きな関心を抱いていることを明確に示している。それだけでなく、社会的なもののうちでも、国家や政治の意義について、ある一定の明確な立場を有していることを示している。

この意味で、阿部が、この「思想上の民族主義」を、次のように述べて締めくくっていることは、注目に値する。

> ヰルソンの民族主義とカイザー・ヰルヘルムの汎獨逸《ドイツ》主義とはいづれが正當であるか――かくのごとき政治上の問題は我らがこゝに考察の自由を持つてゐる問題ではない。余が批評せむとしたるは主權によつて統一せられたる國家主義ではなくて、血族と歴史とによつて統一されたる民族主義である。（同、四三七頁）

これは、国家主義への言及があえて必要でないことの確認にとどまるものではない。阿部は、国家主義と民族主義を政治上の事柄として対比した上で、「政治上の問題は我らがこゝに考察の自由を持つてゐる問題ではない」としている。

阿部が、「政治上の問題は我らがこゝに考察の自由を持つてゐる問題ではない」と述べるのは、当該の文章の主題から逸脱しているとか、紙幅の制限とかによるものではない。それは、彼における国家や政治に対する思想のあらわれである。

阿部における国家や政治の意義を考える上で、興味深い文章がある。それは、『三太郎の日記』第三所収の「奉仕と服従」である。これは、大正六年六月に成っており、内容的にも、『倫理學の根本問題』における人格価値と物件価値の区分を踏まえ、リップスの思想と呼応して成立している。彼は、奉仕と服従の概念を規定するなかで、服従について、次のように述べている。

> 我らは、自己の意志を捨てて對象の意志を自己の中に立するとき、對象の意志を奉じてこれを自己の意志に代へるとき、始めて名づけて服従といふ。

（『三太郎の日記』第三、十六「奉仕と服従」『全集』第一巻、四五四頁）

自己の意志を捨てて相手の意志に屈服することが服従であるから、釈迦が前生において餓虎に身を与えたことは相手の意志を成就させたといえても、自己の意志に基づく行為であるから服従ではないし、イエスが右の頬を打たれて左の頬を相手に差し出したとしても同じく服従ではない。このような、服従の概念から除外される例として、阿部は、次のように「権力への服従」をあげる。

> 自分は又権力に対する服従を現在の問題から除外する。権力に対する服従は、ある場合には、餓虎にその身を与へること、右の頬を批つ者に左の頬をも差し出すことと同様の意味において、我らの忍従である、自己犠牲である、神又は道に対する服従である。この場合には我らは権力に服従するのではなくて、神又は道に服従するのである。さうして又他の場合においては、自己の道徳的意志を獨立に保持しながら、権力關係に立てる限りの自己を、権力關係に立てる限りの長上の意志に服従させるのが権力に對する服従の眞髄となる。権力関係によって秩序を与えられたる社會の一員である限り、我らはその社會を脱出せずには権力の命令を拒む権利を持ってゐないからである。しかしこれは権力者の道徳的意志に自己の意志を服従させることとは全然別問題である。ゆゑに我らは又この意味の服従をも現在の問題から除外する。（同上）

阿部は、ここで、権力への服従について、服従の概念から除外する場合を二つあげている。前者の権力への服従として「神又は道に服従する」としているのは、権力の正当性を承認する結果として権力に従うことであろう。この場合、権力に服従したとしても権力であるから服従したのではなく、正当性に従うのであるから、服従とはいえないことになる。

後者の場合は「服従の眞髄」であり、権力への服従の典型である。「権力関係によって秩序を与えられたる社會」、「その社會を脱出せずには権力の命令を拒む権利を持ってゐない」として想定されているのは、国家であろう。

この場合の権力への服従とは、道徳的意志においては独立しているが、権力関係におかれているために権力によって屈服させられることである。これは、ありていにいえば、心の底で納得しないことを、権力の強制によってなすことである。阿部は、これは、服従したとはいわないというのである。

阿部が、権力による強制から脱出できない状況で、その強制に屈服して受け入れることを服従といわないというとき、この権力は絶対的な性格を帯びている。彼において、国家権力は、絶対的な性格をもってあらわれている。

国家権力の強制の問題は、阿部において現実的な強い関心を惹起していた。それは、出版における検閲や発売禁止といった、思想文芸の表現の自由とそれへの抑圧の問題としてである。これは、思想文芸を表現しかつ生活の糧とする阿部にとって他人事ではあり得なかった。思想文芸の国家権力による統制の問題にかんする、阿部の見解は、「思想對社會の問題」（大正二〔一九一三〕年六月二十一日）にある。冒頭の文章をやや長く引く。

國家がその存在を危くするやうな思想や文藝を取り締るのはやむを得ない。國家が自ら生きむとする意志を有する活物である以上、その生命に有害な内と外との力を絶滅しようとするのは道理至極な努力である。各個人に自己の生存を主張する權利があると同じ意味で、換言すればすべて生存する者には自己保存のエゴイズムが許されると同じ意味で、思想文藝の取締りは當然國家が享受すべき權利である。いかなる思想文藝家と雖ども、いやしくも國家によって生存してゐる限りは、この意味における國家の干渉を拒むことが出來ない。

次に國家の思想文藝を取り締るに、現在の文明を標準とし、現在における國民生活の程度を標準とすることもまたやむを得ない。（中略）

以上の二點は政府が思想と文藝を取り締る權利を是認する根據となる。無政府論者ならぬ限り、この點について當局者の權利を爭ふことは誰にも出來ないことである。

（『三太郎の日記』第二補遺、一「思想對社會の問題」『全集』第二巻、二一二頁）

阿部は、国家権力による思想文芸の表現の取締りを、国家の存在を危うくする場合には是認され得るとし、そのときの基準として「現在の文明の標準」「國民生活の程度の標準」によるとする。このような基準により国家の取締りが是認されるとしても、思想文芸の取締りの問題が片づいたわけではない。重大な問題として、何が国家を危うくするのか、取締りの基準としての現在の文明の標準とは何か、がある。彼は、この点で、政府によって実際に行われている思想文芸の取締り、発売禁止の不当性を厳しく論難するのである。

この文章が、国家権力による思想文芸の表現の自由に対する制限・抑圧を論難することを目的として執筆されたことははっきりしている。また、いわゆる大逆事件の記憶が遠くないという状況を顧慮すべきことである。しかし、右に引いたように、阿部は、国家権力がそれ自身の存続のために危険な内外の力を絶滅しようとすることを「道理至極」であるとして是認している。

それは、「いかなる思想文藝家と雖ども、いやしくも國家によつて生存してゐる限りは、この意味における國家の干渉を拒むことが出來ない」と、国家の自己保存を正当なものとするからである。阿部にとって、国家とは、そのうちに生きるものにとって、それから脱出しえない限り、それによって生存するものであり、したがって、その干渉を拒むことができない絶対的なものである。彼は、あえて無政府論者と対比して、国家権力の成員に対する強制を、原理的に肯定する。彼においては、国家権力とは自己保存を目的とするものであり、成員が、国家の存続を危うくするような行為をすることは権利上許されないことである。

ところが、阿部の縮訳になる『倫理學の根本問題』には、次のような記述がある。

いかなる人も肉體上の正當防禦權を承認する。況して道徳上の正當防禦權は一層明らかに承認されなければならない。自分は革命という言葉を恐れる者ではない。但し自分の意味するのは道徳上やむを得ざる革命である。疑ひもなくかくのごとき革命の權利は存在する。革命が義務となるときそれは又權利である。さうしてそれは義務で――もっとも神聖なる義務であり得るのである。

いかなる民族と雖も自ら道徳的沒落を遂ぐる權利は持ってゐない。革命が義務となるとき革命の義務を履行する道徳的意氣を缺く民族は禍なるかな。

（『倫理学の根本問題』『全集』第三巻、一九四頁）

これは、道徳的存在としての条件の確保という観点から、明白な暴力の行使つまり革命の肯定である。このような革命の主張を阿部自身に見出すことはできない。阿部が、この縮訳の「凡例」の冒頭に、次のように記していたことは、先に簡単にみておいた。

一、本書は、未熟なる自分の私見を述べたものではない。Theodor Lipps, *Die ethischen Grundfragen*, 2 Aufl. に據って書いたものである。自分は絶對的に私見を混入することを避けて、ひたすらリップスの思想と情熱と感激とを生かさうとした。

（同、七頁）

阿部においては、リップスにみられる道徳的価値を基準として、国家を革命によって変革する実践の主張はない。彼において、国家はそれ自身自己の存在を維持拡張することを求める存在であり、その存在を危うくする場合、それに属する成員を自らに対して強制し絶滅させ得る存在である。

六　おわりに

阿部次郎の『三太郎の日記』は、個人の内面的価値を重視する立場から、個人の内面的体験の充実・向上によって、自己と他者の関係を構築しようとする個人主義の思想を展開した。ところが、その個人主義は、国家の成員が国家による干渉の排除を、国家の存立を危うくしない範囲で許容するが、国家の存続を危うくする場合には許容し得ないとするものであった。そして、これは、革命権を肯定するリップスに学んでいる時点における、阿部の主張なのである。このことは、個人の内面性の価値を高く掲げる阿部次郎における個人主義の性格を改めて考察する課題を提起する。本章は、課題の所在を明らかにしたところで擱筆することとする。

文　献

『阿部次郎全集』第一巻、角川書店、一九六〇年
同第二巻、一九六一年
同第三巻、一九六一年
同第十七巻、一九六六年

〈付記〉『三太郎の日記』は、やや複雑な出版の経緯をもつが、その事情については、『阿部次郎全集』第一巻の井上政次氏の解説、第二巻の北住敏夫氏の解説に譲ることとする。ここでは、『三太郎の日記』の名のもとに、『全集』第一巻に収められた「合本　三太郎の日記」、第二巻に収められた「三太郎の日記　補遺」の全体を扱うこととする。

第六章　安倍能成と平和論

一　はじめに――問題への視点

かつて総合雑誌『世界』は、創刊四十年記念臨時増刊号として「戦後平和論の源流」という特集を組み、一九八五年七月五日付で発行した。この特集のサブタイトルが「平和問題談話会を中心に」となっていることからわかるように、戦後平和論の源流は平和問題談話会にあるとされたのである。(1) そして、この平和問題談話会の中心人物が安倍能成（一八八三―一九六六）であった。

安倍能成は、大正から昭和期の哲学者・教育者である。若い頃は夏目漱石門下の四天王の一人といわれ、文芸に親しむこともあった。岩波茂雄の親友として、岩波が古書店を開業し、やがて出版業を営むにあたっては、その経営にも参画し、哲学叢書の編集をするなどして協力した。岩波書店との深い関係は、一九四六（昭和二十一）年の岩波没後も続き、晩年にまで至っている。

一年間の欧州留学後、一九二六（大正十五）年、京城帝国大学教授となり、一九四〇（昭和十五）年五月、第一高等学校長に転じた。敗戦後、一九四六（昭和二十一）年一月から五月まで幣原喜重郎内閣における文部大臣になり、また、一九四五（昭和二十）年十二月、貴族院議員に勅選され、日本国憲法制定に関与した。一九四六年八月、帝室博物館総長となり、帝室博物館は翌年五月国立博物館となったが引き続き総長をつとめ、一九四八（昭和二十三）五月までその任にあった。他方、一九四六年十月、学習院長となり、翌年、学習院が私学となった後も院長に選ばれ、大学が創設されると学長も兼ねて、終生その任にあった。

安倍は、敗戦前、第一高等学校長として、自由主義の立場から軍部に対する教育の独立性を守る姿勢をとった。敗戦後は、この姿勢に対する信頼と、連合国軍占領下において占領権力に屈することのない姿勢を示すことで、声望がとみにあがってゆき、日本を代表する知識人として強い影響力をもつに至った。

本章では、安倍が、アジア・太平洋戦争における日本の敗戦後、平和論を熱心に提唱したことの意味を考察する。安倍ないし平和問題談話会のとなえた平和の主張は、日本の完全な武装放棄と中立の主張であり、非武装中立論と要約され得るものである。これはまた、連合国軍による日本占領を終結させる連合国との講和にかんしては、所謂全面講和論となる[2]。

こうした平和論の意義について評価の対立があるのは当然である[3]。いまは安倍ないし平和問題談話会の平和論そのものについて、内容を分析したり、その妥当性について考えようとするのではない。彼が平和論を提唱した主体的内面的な態度について考えようとするのである。そこに、アジア・太平洋戦争における日本の敗戦に対応する、日本を代表する自由主義的知識人の精神のあり方がみられるからである。そして、それをみることは現代日本の精神的状況を捉え返す上で少なからぬ意義をもつであろう。

二　安倍能成と敗戦

安倍の平和論の提唱は、アジア・太平洋戦争における日本の敗戦という事態への対応にもとづいている。まずは、彼の敗戦への対応をみることとする。

安倍は、終戦詔書の録音放送がなされて、アジア・太平洋戦争における日本の敗北が国民的に明らかにされた一九四五年八月十五日から間もない時期に、二つの文章を書いている。「強く踏み切れ」（八月二十一日執筆、「毎日新聞」八月二十四日)、「日本の出發」(八月二十八日執筆、『週刊朝日』九月二日)である。二つの文章は、時期も近接しており、内容も関連が深いからあわせてみることとする。

「強く踏み切れ」は、その冒頭で次のように記している。

日本は負けた。世界を相手にして負けた。今の日本人にとって何より重要なことは、この負けたといふ事實、戰敗國であるといふ事實、戰敗國である實相を、わるびれず、男らしく、認識することである。この正直な眞實の認識からこそ、新しい日本の總ての新しい出發は始まるのである。

(安倍能成『戰中戰後』白日書院、一九四六年、四六頁)

日本の敗戦という事実の直視こそ重要であるとする主張は、まずもって、新しい日本の建設にあたり、真実の認識にもとづいてこそ国民生活も国家も立ちゆくのだという考え方によるものである。だが、真実の認識の要請は、敗戦の原因と責任に対する反省と表裏するものでもあった。敗戦の反省を総括的に次のように述べている。

日本國民は總力戰といふことの意義を、今度の戰爭に於いてやっと感知し始め、而も眞に總力戰の實を擧げることが出來なかった。

(同、四八頁)

安倍は、日本の敗戦の原因を「眞に總力戰の實を擧げることが出來なかった」ことに認めた。このことはアジア・太平洋戦争を肯定する立場においていうのではない。

日本は総力戦に負けたのであるというとき、安倍は、日本が物質的な力において弱かっただけでなく、もっとも根本的な意味をもつ道義的な力において弱かったとしている。彼は、「一切の基幹たる國民の道德性は果して優秀であったか、東亞共榮圈の理想は實に偉大であるが、日本國民は果してこの共榮圈を指導するだけの德望と信頼とをかち得たか、かういふことの嚴正なる反省」(同上)を促している。日本国民が日本の戦争目的として掲げられた理想にふさわしい主体的態度をもち得ていなかったというのである。このようないい方のなかに、アジア・太平洋戦争に対する安倍の態度をみることができる。

ここで彼は日本国民全体に向かって反省を促し、敗戦の責任について国民全体が負うべきものと考えている。だがまた、決して、その責任が一様であると考えているのではない。

この戰爭の敗因の責任が國民全體の道義的、精神的、物質的あらゆる力の缺乏と努力の不足によったことは事實であり、單に軍人、官僚、學者、思想家の責任に止まりはしないとはいへ、それは現實に戰爭の動因となり且つこれを進めた軍人、別して軍の指揮者達の特に最も大きな責任を、國民全體の中へ流し込む理由にはならない。特に公僕たる軍人、官僚の重大な責任、又國家の指導者を以て任ずる學者や思想家の怠慢や怯懦や利己は指彈されねばならない。

（「日本の出發」『戰中戰後』五五頁）

安倍は、日本の指導層であった「軍人、官僚、學者、思想家」の責任を重くみているのである。むろん、それはひとごとではあり得ないが故に、次のようにいうのである。

我々いはゆる知識階級と呼ばれるものの無氣力と無責任とは、深く恥ぢられねばならない。さうして自責と反省とを今後の積極的な努力に向けることによって、その罪を償はなければならない。

（「強く踏み切れ」同、四八頁）

「學者、思想家」に属する自らの敗戦の責任を重く捉える延長上に、現実に戦争を推進した軍人・官僚の重い責任を、安倍は問うのである。

このような敗戦の責任の問題は、安倍において、敗戦における「屈辱」と密接に結びついていた。安倍において、日本の敗戦が「屈辱」であっただけでなく、敗戦をもたらした日本のもろもろの弱さも「屈辱」であり、そして、敗戦が招いた日本の状態も「屈辱」であったのである。

敗戦はポツダム宣言の受諾においてなされたが、安倍は、ポツダム宣言の受諾について、次のように述べている。

一億玉砕といふ恐ろしい詞がつい今しがたまで輕易に繰返された。併し日本は敗れて敵の申出を受諾した。それも屈辱を極めた受諾であった。これは一億悉く死んで日本の國命の盡きることを日本の爲に取るべき道としなかった爲の處置である。

（「日本の出發」同、五一頁）

聯合國軍隊の駐在、その指揮監督下における我國の政治、といふ二點だけを擧げても、それは日本始まって以來の屈辱である。

（「強く踏み切れ」同、四八頁）

ポツダム宣言は、日本に対していくつかの要求条項を掲げているが、その核心的な意味は、日本が連合国軍の占領下におかれて独立を失い、国家としての統治能力をもち得ない状態に立ち至ったところにある。安倍は、そのことを「屈辱」というのである。こうした状態において、彼は、ポツダム宣言において日本に要求されている個々の要求条項について、日本の国情に応じた主体的対応をすべきであるとする。

ポツダム宣言に謳われている日本国民の自由の尊重については、次のように述べる。

ポツダム宣言の中には、言論の自由、信仰の自由を日本國民に與ふべきことが掲げられてゐる。私はこの宣言に對して多大の期待をかける人々の考へには俄に同意しがたい。聯合國といっても色々思想傾向を異にし、利害關係を別にしてゐる。併し今までの日本で或る一部の少數者の亂暴極まる言論の自由の行使が許されて、正當なる言論が不正當に抑壓された事實を考へれば、聯合國側のさういった主張はむしろ善用されて然るべきだと信ずる。

（「日本の出發」同、五八頁）

安倍は、連合国の内部には「思想傾向」「利害關係」の違いがあるから、連合国がポツダム宣言によって日本国民に自由を与えようとすることをただちに歓迎できないとする。だが、敗戦前の日本の状態に照らしてみるとき、その意向を「善用」することは望ましいとしているのである。ここには連合国の現実や国民の自由権に対する冷めた視線があり、連合国の与えようとする自由権の主体的受容を説くのである。

また、ポツダム宣言には、日本の民主主義化が要請されている。安倍は、民主主義を「我が國體と相容れざるものとする考へ方」（同上）に同調しないで、次のように述べる。

日本の國體の理想的な姿は、天皇の議会なるが故によく國民の議会であり、眞に國民の議会であるが故によく天皇の議会たるにあり、又たらしめるのではないか。そこに日本獨特の國柄がある。（同、五九頁）

安倍は、立憲君主制のもとでの民主主義を「日本の國柄」であり、これが大日本帝国憲法にもとづいて十分に可能なことと考えている。

このように、彼は、ポツダム宣言が日本に要求する条項については、占領する側の要求であるが故にやむなく受け入れるにしても、基本的な態度として、日本は主体的に対応すべきであるとするのである。

ところが、ポツダム宣言の受諾によって、日本が武装解除され、戦争遂行能力が奪われた状態については、安倍は、積極的に受け入れている。

我々日本國民は眞に平和を愛好し、日本の存在を本當に世界諸國民の歡びとし得るやうな、國として國民としての最高の理想をめがけて進んでゆきたい。（同、六〇頁）

日本軍は無条件降伏をして武装解除したのであり、日本は戦争遂行能力をもたないのであるから、平和に向かって進むほかはない。これも連合国から与えられた状態であるが、安倍は、これを「屈辱」としていない。彼においては、平和を端的に好ましいこととしているとみてよい。

ともかく、安倍にとって、日本は、敗戦に伴うポツダム宣言の受諾によって、基本的に、連合国軍の占領のもとにおかれるという、「屈辱」的な状態を課されている。そして、このことは、日本自身がもつ弱さが招いたものである。それ故、占領が終わるまでに、日本の弱さを克服するとともに、「屈辱」とともに課せられた連合国の要求を実現し、それ自身として望ましい平和を国家的理想とすることが、彼の考える日本の課題なのである。この課題はあくまで日本の主体性を確保しつつ追求されなくてはならない。

今から停戰條約を經てこの駐在期間を終るまでを如何に處してゆくかが、日本國の將來を規定する重要契機であることを考へれば、我々は偏に自重自愛し、快を一時に取って禍を後世子孫に貽すやうなことをしてはならぬ。

（「強く踏み切れ」同、四八頁）

安倍は、日本の敗戦において、敗戦をもたらした「屈辱」、敗戦という「屈辱」、敗戦がもたらした「屈辱」を自覚するとともに、これに応じて、日本の名誉を獲得・保持することを願った。彼は、こうした「屈辱」のなかでなお名誉を獲得・保持する困難にたえることが、日本国民に求められていると、次のように述べている。

これが、日本國民の試金石であると共に、彼等聯合國の態度は又、文明國と自稱する彼等の試金石である。

（同、四九頁）

興味深いことに、安倍は、連合国が日本にポツダム宣言という形で要求をするのは、「文明國と自稱する」立場においてのことであり、それ故、連合国はその「文明國」としての証を立てるべきであるとするのである。連合国が、日本のもろもろの弱さを告発するのであれば、連合国自身が道義的卓越性を示すべきであるというのである。

先に自由の問題に関連して、連合国の間に思想傾向の違いや利害関係の対立のあると述べたところからわかるように、安倍は、現実の政治過程や政治力学に一定の理解をもっていた。だが、敗戦をめぐる状況において、日本と連合国との関係を捉える観点は、道義的な力を根本的とみるところにあり、そこに彼の本領があった。

こうした安倍の観点は、右にみた二つの文章から少し遅れるが、やはり敗戦後に、日本国民としての心構えを述べた「剛毅と眞實と智慧とを」（一九四五年十一月執筆、『世界』創刊号、一九四六年一月一日）においてはっきりとみられる。

今日の日本に於ける道徳の位置は最も危殆である。而も今の日本に於いて最も切要なるものは道徳である。道徳は現實に立って理想を仰ぎ、更にこの理想を現實化しようとする人間の行動である。人間は他の動物と違って意識的である。意識的であることはやがて意志的といふことである。意志的とは與へられたる條件から全然獨立することではなく、勿論この條件に制約せられるが、更にそれに反撥しそれを克服し、それ以外それ以上のものたらんとすることによって、新たな現實を作ることである。平たくいへば現下の日本がどうなるかといふのではなく、それをどうするかが問題である。今の日本がどうであるかを見究め、これをどうにかせねばならぬ。この現實に立って理想を求め、それを現實化するといふ道德的生活を外にして人間存在の意味はない。　（「剛毅と眞實と智慧とを」『戰中戰後』一〇四頁）

安倍は、ここで道徳の意義を説き明かした上で、日本国民としての態度を語ろうとしている。道徳とは、与えられた条件としての現実に制約されつつそれを越えて、理想を求めてそれを現実化する行動であり、これなくして「人間存在の意味はない」という。道義性は、人間の人間たるゆえんであるから、日本と日本をめぐる国際社会を捉える根本的観点となる。

この観点の故に、安倍は、敗戦後の日本を「屈辱」と名誉のいずれに向かうのかという主張をする。彼において、日本の国家理想としての武装放棄・中立という平和の理想の提唱は、「屈辱」ではない。彼は、敗戦とその結果であるポツダム宣言の受諾を「屈辱」とし、日本が独立を失って連合国軍の占領下にあることを「極めて屈辱」としながらも、押しつけられた平和国家の理想については、「屈辱」としてはいない。彼は、日本国民が現実の「屈辱」を、理想を現実化することで乗り越えることにおいて名誉を得ると考えている。

これまでみた敗戦直後の安倍の言説は、日本と日本をめぐる国際関係を道義性を根本として捉えようとするものであり、政治に道義を要請したのである。彼は、この観点にもとづいて、この後、実際政治にもかかわることになる。次には、彼が直接関与した日本国憲法にかかわる言説をみることとする。

三　安倍能成と日本国憲法

安倍は、一九四五年十二月に貴族院議員となり、翌年五月から開会した第九十帝国議会での大日本帝国憲法の改正による日本国憲法の制定に関与した。彼は、貴族院における帝国憲法改正特別委員会委員長として、同年十月五日、貴族院本会議において同委員会の審議経過報告を行っている。この報告の終わりで、現行憲法である大日本帝国憲法の改正という手続きにより日本国憲法を制定する事態に立ち至ったことについて、日本国民が自ら大日本帝国憲法を軽視し破壊した結果によることだとして、次のように述べている。

この憲法改正と云うことが、現行憲法と云うものを抛った、我が国民の過去に於ける所の行跡から考えて免るべからざる所の必然的なものであると云うことは、これは云う迄もないことでありまして、その点に付ては一般の民衆は兎も角として、政府者も議員も学者も、それからして官吏も、皆悉くその責任を免れることは出来ないものであって、今後の新しい憲法と云うものを実現する所の責任は、そう云う風な過誤を犯した所の日本国民全体がこれを負うべきものであると考えるのであります。

私はこの憲法を審議するに当って、実に感慨無量なものがありまして、この新憲法に対して必ずしも欣びを感ずることは出来ないのでありますが、併しただこれを履まえてこの憲法の良き精神を発揮して、そうして日本の将来に於ける所の欣びと幸とを拓いて行きたいと考えるのであります。(4)

安倍は、新憲法すなわち日本国憲法の成立を「必ずしも欣びを感ずることは出来ない」と述べている。これは、彼が、大日本帝国憲法の運用よろしきを得れば、敢えて改正する必要はなかったと考えていることによる。しかしまた、大日本帝国憲法の改正を余儀なくされたのは、日本国民が自らこれを放棄したことによる「必然」であるという。

ここでは「過誤を犯した」ことの責任を問題としているのである。この責任の考え方は、先にみた敗戦の責任の捉え方の延長上にある。大日本帝国憲法はそれ自身として欠陥はないので改正の必要はないにもかかわらず、日本国民自身が、とくにその指導層がこれを破壊したために、大日本帝国憲法の改正による日本国憲法の制定を、連合国によって余儀なくされたとするのである。

安倍はこの報告のすぐ後に、「新憲法について」という文章を書いている。そこでもこの報告とほぼ同じ趣旨のことをより率直に述べている。[(5)] 彼は、「この十數年來軍閥中の一部野心家がよってたかって立派な明治憲法を破壊し」、またそれを国民中の指導層が抑止できずなすがままにした事実およびそのことについて指導層に責任のあることを明確に重ねて述べている（安倍能成『一日本人として』白日書院、一九四六年、一五〇頁）。その上で、彼は、日本国民の過誤の「必然の結果」について、こう述べる。

その必然の結果が、改正憲法において、消極的には天皇の統治權に對する大幅の制限となり、積極的には國民の主權を掲げて總ての國民の基本的人權を強化するに至らしめたといふ、冷かな論理と現實に至っては、我々の率直に認めねばならぬところである。（同、一五一頁）

安倍にとって、日本国憲法の成立において、余儀なくなされた大日本帝国憲法改正の要点は、「天皇の統治權」の「大幅の制限」であり、その半面としての「國民の主權」の宣揚と「國民の基本的人權」の「強化」である。憲法改正に直面した安倍にとってもっとも重大な事柄は天皇のあり方であり、それと関連する国民主権と基本的人権の尊重であった。[(6)]

「明治憲法」の改正を不必要とする安倍の立場は、取り立てて珍しいものではなく、当時の代表的な憲法学者である美濃部達吉や佐々木惣一もそうした見解をもっていた。この立場は、「明治憲法」のなかに民主主義の要素をみており、その延長上に、日本国憲法においても、民主主義と天皇が国政のなかに存在することとの両立を当然のこととする。(7)

こうした立場からする安倍の言説の注目すべき点は、民主主義の概念を、国民主権という側面ではなく、国民の権利という側面にほぼ限定することである。彼にとって、民主主義の意味は、国民の一人一人が自由・平等に国政の担い手であることを認めるところにある。

民主主義を平たくいうならば、國民の一人一人が皆一人前の人間になって、誰もが同じく日本國を脊負ってゐるのだと自覺し、自分たちの心がけがいゝか悪いか、自分たちが骨を折るか怠けるかによって、日本がよくも悪くもなるのだといふことを心得、（中略）我々日本國民は人間といふ點においては皆同等である、めい〳〵が自分の住んでゐる所、自分のやってゐる職場にあって、出來るだけのことを盡し、その道々で自分の仕事をすることが一番立派なことだといふ信念を持ちつゝ、一緒に仲よく働いて日本國をもりたててゆくといふことである。

（「民主主義」一九四六年七月十五日、『一日本人として』四一頁）

安倍にとっての民主主義は、国民が国政に参加し、そのことを通して日本国を興隆させるべきであるという意義をもつ。国民は自由・平等に日本国の担い手であるから、彼は、日本国憲法における民主主義に対してある危惧の念を抱くことになる。

國民としての平等、個人の尊重、自由の確保が、政治をほんとうに國民の政治とするために缺くべからざる基盤であることは、何としてもこれを認めなければならない。民主主義の政治がこゝから出發していかなければならぬことに疑ひを殘す餘地はない。たゞそれが餘りに第十九世紀的個人主義の傾向を多分に存し、社会連帯とか民族協同とかの精神が發揮されてゐないといふ缺陷もまた、否定すべからざるものがあるといは

ねばならない。（「新憲法について」同、一五四頁）

安倍は、日本国憲法の「民主主義」について「第十九世紀的個人主義の傾向」からする「社会連帯」「民族協同」の不十分性という「缺陷」を指摘する。このことは、国民を日本という国家の担い手とする捉え方と相関するものである。こうした民主主義の「缺陷」の指摘が、次のような言葉に直接引き継がれている。

民主主義的政治の目的とするところは、國民の正しい要求、換言すれば正義則權利を充たし、國民全體の幸福を進め、國際間にも不當な不平等をなくして世界の平和をうち建てるにある。それは國民に對する信頼なくしてはできない。さうして國民が信頼に價するためには、國民が責任と自由とを體して、自分の正しい要求と眞實の幸福とを自覺し、自己の野心のために國民を利用するばかりで國民を愛しもせず、その幸福をも願はない、政黨や煽動政治家の手に乘らない見識と操守を持たねばならない。（同上）

安倍において、「民主主義的政治の目的」は「國民の正しい要求」を実現するところにある。それは、国民の権利を守り、国民全体の幸福を実現し、国際的な平等と平和を確立することである。このように国際的な平和をいうことは、日本国憲法前文ならびに第九条の平和の理想をうけたものである。それにしても、民主主義政治を考える上で、国民の要求の正しさを問うことは、注意してよいことである。正しい要求と正しくない危険な要求があるというのである。

だから、安倍は、「民主主義的政治の目的」の実現は「國民に對する信頼なくしてはできない」のであり、「國民が信頼に價するためには」、「自己の野心のために國民を利用するばかり」でしかない「政黨や煽動政治家の手に乘らない見識と操守を持たねばならない」と強調するのである。彼は、日本国憲法の成立にあたって、それが立派なものであっても、一部の野心家・煽動家たちによって破壊される危険をみている。こうして、彼は、日本国憲法の規定する種々の自由のうち、「言論の自由」について憂慮して、次のように述べる。

現下の情勢を見ると、戰時と違って壓力の弱って來た政府に對する言論の自由はむしろ放恣に行使されてゐるにか丶はらず、言論を以てする言論の正しい爭ひが行はれてゐないことは、戰時中と多く變らず、若し勢力に屈從するのが封建主義だとすれば、そこに卑屈な封建主義は民衆の名を借りて、その形を變へて殘留してゐるといふことは、何としても痛嘆に堪へぬ次第である。（同、一五五頁）

安倍は、敗戦前の状況については、一部の野心家・煽動家によって大日本帝国憲法という立派な憲法が破壊されたことを嘆いたのであるが、敗戦後のいまは、「民衆に名を借り」る一部の野心家・煽動家によって日本国憲法の破壊を恐れているのである。彼は、敗戦前後を通して、その内実は時期によって異なるにせよ、野心家・煽動家に対する警戒の念とその活動への抑制の態度を持している。

これに対して、安倍は、天皇の政府そのものに対しては警戒の念と抑制の態度をもつことはない。彼は、天皇と国民が野心家・煽動家によって疎隔されることさえなければ日本国家は安泰であり、民主主義の実現が可能であるとする立場から、次のように述べる。

日本の負けたのは天皇様に忠義だったからではない。忠義でもなんでもない奴が忠義を國民に強ひたからである。たとひ天皇様が政權からお離れになっても、私は君と民との離れぬ關係の下に、日本的民主主義は必ず成就さるべきと信じて疑はない者である。

（「日本の立場」一九四七年二月二十四日執筆、『紺青』同年五月号、『一日本人として』七五頁）

安倍における民主主義は、天皇と民との一体化においてなるものである。彼は「天皇様」への「忠義」を語るが、「天皇様」への「忠義」が民主主義と矛盾するとは考えていない。だから、彼における民主主義は国民主権の概念を中核とはしない。彼は、国政の最高権力である統治権の源泉が国民にあり、また、その保持者は国民であるとは語らないのである。むしろ、安倍にとって、国民主権の概念が盛り込まれていることが日本国憲法の成立に対して「必ずしも欣びを感ずることは出来ない」理由であったと思われる。

安倍は、民主主義を可能にするための国民の自覚を求めているが、このとき国民主権の宣揚を喜ぶよりは、天皇の国権への関与の縮減を遺憾としているのである。これに対して、彼は、日本国憲法における平和の理想については、次のように、なんの留保もなく肯定する。

> 最後に一言したいのは、戰爭放棄および戰力及び交戰權の否認である。かくの如きは未だかつて世界の憲法にあらざるところで、この世界未曾有の宣言が、政府においても國民においても、どのくらゐの強い深い覺悟でなされ、また護持されるかが問題である。これは並大抵の困難事でない。これこそ實に忍辱慈悲の大行である。日本が敗れてもこれを遂行し得るならば、勝ってその過を悔いないのとは、全く相違した世界的貢獻をなし得るであらう。（「新憲法について」『一日本人として』一五六頁）

日本国憲法の平和の理想は、天皇の国政からの離脱に関連する国民主権と同様に、敗戰という状況によって強いられたものである。だが、安倍にとって「戰爭放棄および戰力及び交戰權の否認」にはなんの抵抗もない。それどころか、このような平和の理想を積極的に護持し徹底すべきであり、そのことを通して「世界的貢獻をなし得る」としているのである。

四　安倍能成における平和の理想の擁護

安倍は、先に触れたように平和問題談話会の中心人物として、昭和二十三（一九四八）年十一月初め頃から、日本国憲法のかかげる平和の理想を擁護する運動に積極的にかかわるようになっていく。[8]

安倍が平和の理想を擁護して展開した言説の多くは『平和への念願』（岩波書店、一九五一年）に収められている。彼は、ここでも敗戦によって連合国に強いられた軍備の撤廃と戦争の放棄を、受動的にではなく主体的に貫き通すべきことを繰り返し述べている。平和の理想を唱道する安倍の言説を、この書物により改めて検討しよう。彼は戦争放棄を定める日本国憲法が連合国の意思に規定されて成立したことを、次のように確認している。

今度の新憲法は國民の代表たる議會によって決定せられたのだから、勿論他國民の作ったものでなく、日本國民の作ったものである。しかし日本の敗戰、無條件降伏といふ歴史的條件を抜きにして、敗戰後の日本の政治が語られぬといふことは、新憲法の制定、從って戰爭の放棄の宣言もその除外例とはしない。敗戰後の日本の政治從って戰爭の放棄を、連合國が希望したといふのが言ひ過ぎであるならば、連合國が反對しなかったことは事實であらう。

（中略）

戰爭の放棄が連合國の希望に副ったものであること自身は、一つも日本人の屈辱ではない。敗戰の結果によって生まれた戰爭の放棄が、どれだけ國民の自覺によって生じたか、又それがどれだけ國民の自覺を促し得たかが問題であり、この自覺の有無こそ、日本を新たに建て直して世界と人類に貢獻する國とするか、戰爭放棄を單に敗戰による屈辱の記念たるに止まらしめるかの決截點である。

（「平和宣言」一九四九年十一月二十四日執筆、『心』一九五〇年一月号、安倍能成『平和への念願』一五頁）

安倍は、「日本の敗戰、無條件降伏」によって、連合国の意思に規定されて日本の「戰爭の放棄」という事態が生じたことを確認する。ここでは、敗戦によって日本の国家的意思が制約されたことを屈辱とすることが前提されている。そして、この「屈辱」とともに生じた「戰爭放棄」という事態を、「國民の自覺」において積極的に引き受けるときに「屈辱」は「屈辱」ではなくなり、名誉を得るのである。

安倍が問題としているのは、敗戦による「屈辱」をいかに国民が引き受けるかである。敗戦による「屈辱」はすでに生じたことであるが、「屈辱」とともに与えられた事態はいつまでも「屈辱の記念」ではない。それを名誉に転化するような国民としての自覚の形成があり得る。彼は、新たな国家建設のなかで、日本の名誉を獲得しようというのである。

> 敗戰によって生じたこの戰爭放棄の宣言が、更めて自覺的に日本國民によって取り上げられ、日本國民の意志となり、日本國民の理想となったならば、その時こそ日本國民は敗戰を悔む必要もなく、敗戰が世界史的に日本の新紀元を開き、世界と人類の先驅者たる名譽を與へる機縁となつたことを感謝するであらう。
> （同、『平和への念願』一一頁）

安倍にとって、日本国憲法における「戦争放棄の宣言」は、ある国民が敗戦において受けた屈辱を将来の行動によって名誉回復をなし得るという、一般的な歴史的事態とは異なる意義をもつものであった。それは、このような徹底した「戦争放棄の宣言」は、世界史上のどの国にも存在しなかったことであり、「我々は少なくとも憲法の法文では世界に先驅したといへる」（同、一四頁）からである。歴史的条件に規定され、それ故受動的に制定した「憲法の法文」上の「戦争放棄」の理想を、日本国民が自覚的・積極的に追求していくとすれば、世界平和に貢献する「先驅者たる名譽」を得る。それは「世界史的」意義をもつことになるというのである。

日本がこうした「世界史的」意義をもち得る根拠はどこにあるかといえば、安倍の発想のなかでは、それは平和の理想を日本に課した連合国のうちにある。

> 連合國が日本の従來取った戰爭手段を嫌忌し排斥し、日本の徹底的な戰爭廢棄を要望し、それが日本國民をして新憲法にその宣言を爲すに至らしめたことが、世界と我々との常識であるとすれば、連合國は方に我々の「信頼し」得る「平和を愛する諸國民」であり、従って軍備を缺き武力に訴へ得ざる我が國民を戰爭によっておどかす如きものであってはならぬし、專制的な偏狹な態度で我が國を壓迫し隷從せしめようとする國民があったならば、それを「地上から永遠に除去しようと努める國際社會」でなければならない。

日本の武装放棄を要望し、平和の理想にもとづく新憲法を与えたのは連合国である。だから、連合国は自ら、日本国憲法前文にいう「平和を愛する諸國民」「平和を維持し、専制と隷従、壓迫と偏狭を地上から永遠に除去しようと努めてゐる國際社會」としての立場を貫徹すべきである。連合国は、「文明國」と自称してポツダム宣言を発したのであるから、平和を維持する責任があると、安倍は考えるのである。ここには、現実を越える理想を現実化する道義性において国際関係を捉えようとする観点がある。

（同、一七頁）

連合國は米ソ協力して日本の軍國主義を粉砕し、日本人の世界と平和と人道とに對して侵せる咎を、世界に類例なかった國際裁判に於いて罰して居る。この原理を蹂躙しない限り、連合國が日本の軍備のない力のないからだを捻じふせて、無理やりに戰爭に參加させたり、又この上日本を侵略するものをそのまゝ見過したりするやうなことはあり得ないはずである。

（「平和への念願」一九五〇年二月執筆、『世界』同年四月号、『平和への念願』四七頁）

連合国は、極東国際軍事裁判いわゆる東京裁判において、文明の立場を宣揚し、平和と人道の名において日本を裁いたのであるから、自らの「原理を蹂躙しない限り」、つまりは、その原理的立場からして、日本における平和の理想を擁護するはずであるというのである。

それ故に、連合国極東委員会が日本国憲法の再検討を決定し、日本国憲法再検討が世上の議論にのぼるようになった一九四八（昭和二十三）年八月、安倍がその再検討に対して消極的態度をとったのは当然である。(9) この時より後になるが、彼は、一九五〇（昭和二十五）年一月二十九・三十日に公表された文章で、次のように述べる。

新憲法がポツダム宣言受諾といふ國際的情勢下にできたといふ歴史的事實は承認しても、苟も一國の憲法が、殊にその憲法の有する貴い精神が、その時々の都合で廢棄せられるといふ屈辱は、如何に敗戰國といへども我々の到底堪忍できぬことである。

（「世界に訴へる念願」「東京新聞」一九五〇年一月二十九–三十日、同、三七頁）

占領軍の圧力があったとはいえ、日本の議会が改正手続きを踏んで制定した日本国憲法を、外部の意向によって再検討するというのでは、日本の主体性は損なわれてしまう。それが安倍にとっては「屈辱」の上塗りなのである。彼は、敗戦後の独立を失った状況で、日本国憲法に掲げられた平和の理想を擁護することで、日本の国家としての主体性を確保し、日本国民の「名譽」を得たいと願った。

安倍が、敗戦後の日本国民の目標を平和と自由という二つの言葉で要約していることはまことに象徴的である。

もし人があって、敗戦後に於ける日本國民の道徳的竝びに政治的目標とは何かと問ふならば、私は躊躇することなく平和と自由の二語を掲げよう。

（「平和宣言」同、一三頁）

ここにいう自由が、個々の国民の権利としての自由というより、平和を自主的・能動的・自覚的に提唱するといった、いわば総体としての日本国民にかかわることであることには注意しておきたい。

五　おわりに――安倍能成における平和と国家

敗戦後の安倍の言説は、日本の国家としての主体性を確保し、日本国民の名誉の獲得・保持を唱道するものであった。彼は、敗戦前、日本について述べることはあっても、その内容は文化や自然などの非政治的側面に限定される傾向があった。だが、敗戦を契機として、彼は、日本の国家と日本国民のあり方を積極的に語るのである。

安倍が、「天皇様」への「忠義」を語ることは、このことと関連している。彼は、やはり、敗戦前、天皇への忠義について語ることはなかった。彼は、敗戦後において、日本という国家にとって天皇が中心的存在であることを、自らの忠義心とともに、明白に語ったのである。

敗戦後、日本という国家と日本国民のあり方について、安倍が天皇を中心に据えて語ったことは、敗戦後という日本の国家的危機への応答と解することができる。彼のしばしば語る「屈辱」は、敗戦後という日本の国家・国民の状況にかかわる。また、彼が、敗戦の責任を、国民全体に認めるとともに、自らを含めた指導層により多く認めるとき、その責任は、まずもって日本という国家に対するものである。敗戦後、日本の国家としての存立が自明のものであり得なくなったこと、つまり日本の国家的危機が、国家と天皇を彼の意識上に改めて明確に浮かび上がらせたのである。

安倍は、敗戦前における国家の力の強い状況で権力への抵抗を示したが、敗戦後における国家の力が弱まった状況では、言説の方向を変えている。たとえば、日本国憲法の規定する民主主義的諸権利を、十九世紀的個人主義的であり、「社會連帯」「民族協同」の不足と指摘している。敗戦前に比して、日本の国家・国民と天皇への尊重の念を増していることになる。これは、彼が敗戦前にそれらへの尊重の念をもたなかったということではない。彼にとって、それらは敗戦の前後で変わることなく、尊重されるべきものとしてあった。

彼が言説の方向を変えたのは、敗戦前は天皇と国家の名において、敗戦後は自由と民主主義の名において、煽動者による力の濫用がなされているとみたからである。そうした政治的・社会的次元における力の濫用へ抵抗する姿勢を自覚するところに、彼がリベラリストを自負する理由があったであろう。

安倍における平和の理想の擁護は、日本の国家・国民の存立をあくまで前提することと相関する。彼にとって、日本の武装放棄と中立による平和の追求はそれ自体として望ましいことであったに違いない。だが、それはまた、日本の国家・国民としての名誉の追求と強く結びついていた。もし、日本が武装放棄した国家として存立しえるとすれば、世界史上かってない出来事であり、まさに世界史的意義をもつと考えられたのである。

このような壮大な意義をもつ、日本における平和の現実化の根拠を、安倍は、人間の道義性に求めた。彼によると、道義性は、所与の現実に制約されつつも現実を越えて理想に向かって進むところにある、それこそ人間が人間としてあることの意味である。

安倍は、次のように考える。敗戦後の日本国民にとって、武力放棄を課せられたことは「屈辱」の現実であるが、これを主体的に平和の理想として引き受け、その現実化に励むべきである。日本国民に武装放棄を課した連合国は、日本にそうした理想を与えたのである以上、この理想に向かって進む日本の努力を援助すべきであるし、武力をもたない日本を武力によって侵略すべきではない、と。

また、日本国民も連合国も道義に従うべきであるという。彼は、政治に道義を要請し、政治が道義化することを求めたのである。人間は現実を越える理想をかかげ、理想の現実化に向かうべきであり、そうした道徳性が人間であることの意味であるという。

だが、安倍もいうように、道義性が人間であることの意味であるから、人間たるものは、常になんらかの意味と程度において、理想の現実化を行っている。人間は、常に理想をかかげて行動しているのである。問題は、人間それぞれのかかげる理想、諸集団や諸国家のかかげる理想が、常に一致するというわけにはゆかないことである。あるいは、同じ理想の名をかかげても、内実は異なることがあり得ることである。

人間の具体的あり方は、ある一定の現実において、ある一定の理想を現実化するという仕方で存立する。だから、異なった現実におかれている人間・集団・国家のかかげる理想は異ならざるを得ない。そして、ある一定の理想は、現実のうちにその理想を可能にする一定の条件があるときに現実化し得る。

武力による闘争のない状態としての平和を理想としてかかげるとしても、その理想を武装放棄による中立という方法によって実現し得るためには、現実のうちにその条件がなくてはならない。

安倍には、そのような理想を実現する方法の有効性を吟味する余地はなかった。彼の前にあった日本にとって、武装放棄が所与であった。日本は、大日本帝国憲法改正による日本国憲法制定という手続きを踏むことで、所与の事態を受動的に受け入れるのではなく、国家としての存在を形式的に保持するなかで、主体的に引き受けたのである。安倍は、そうした日本の国家としての危ういあり方をあらわに示すとともに、武装放棄と中立にもとづく平和の理想の追求こそが、日本の国家としての存在に内実を与えるものとしたのである。

このとき、武装放棄と中立による平和の理想は、日本の国家的存在と名誉に対して、二次的位置を占めている。このことは、安倍における人間が、具体的には、国家における人間、日本人としての人間であることを示している。

安倍とともに武装放棄による平和の理想をかかげた人々のなかには、この平和を絶対的価値とし最高の理想であるとともに、平和の理想をかかげることこそ人類の存続にとって現実に即した態度であるとする立場があった[10]。安倍にとって、日本の国家と国民、そして制度としての天皇の存在（敗戦後、天皇家に親近する機会をもつことになった彼にとってパーソナルな存在としても）が、最も重大な関心事であり、日本の国家・国民の名誉が最高の価値であった。

（1） 丸山眞男は自分に即してのことであろうが、次のように述べている。
ある知識人たちにとっては、六〇年安保を語ると、やはり平和問題談話会に帰ってしまうんです。平和問題談話会というものがなければ、六〇年安保もどういうふうに行動しただろうかと思うと、よくわからない。
（「サンフランシスコ講和・朝鮮戦争・六〇年安保」『世界』一九九五年十一月号、『丸山眞男集』第十五巻、岩波書店、一九九六年、三二四頁）
これは、平和問題談話会が戦後史ないし戦後思想史において重要な意義をもつことを示すものである。

（2） 平和問題談話会の立場を、日本戦後史のなかで位置づけたものの一つとして、五十嵐武士氏の研究がある。五十嵐氏は『戦後日米関係の形成――講和・安保と冷戦後の視点に立って――』（講談社学術文庫、一九九五年）第二章第二節一「平和問題談話会と中立外交」において、平和問題談話会の成立・活動・主張について説明・分析した。五十嵐氏は、この項の末尾を次のように締めくくっている。

現実の外交政策は現時点の差し迫った情勢に対応しなければならず、平和問題談話会が知識人としての立場から原理的な問題として唱道した中立外交、全面外交論は、実際に決定権を持ちうる政治勢力に媒介されて現実の政策として打ち出される必要があったのである。（同、一九六頁）

五十嵐氏が、右の文を受けて「二　日本社会党の分裂」の項において日本社会党の動静を説明・分析しているように、「知識人の立場」からの平和問題談話会の主張を現実化する「政治勢力」は、日本社会党であった。

（3）安倍に近しい立場にあった、二人の相反する見解を示しておく。

吉野源三郎は、安倍を支えて、平和問題談話会の事務局として運営に携わった人であるが、次のように述べている。

平和問題についてどんなに先生（安倍のこと…高橋註）が熱情をもっておられたか、どれほど日本の将来について配慮されていたか、（中略）後世日本の戦後史や戦後思想史が書かれるとき、安倍能成という名は、むしろこの面で残るんじゃないか――私にはそういう感じがいたします。

（「〈対談〉安倍先生と平和問題談話会　丸山真男・吉野源三郎」『世界』一九六六年八月号、一三四頁）

これに対して、第一高等学校教授として第一高等学校長に就任した安倍に接して以後、親近することの深かった竹山道雄は、次のように述べている。

平和問題については――これは和辻先生も同じだったが――あの当時の激動の中で、先を見抜く世界的視圏が足りなかった。

（「安倍先生随聞記」『心』一九六六年八月号、『主役としての近代』講談社学術文庫、一九八四年、二〇七頁）

（4）清水伸編著『逐条日本国憲法審議録〔増訂版〕』第四巻、原書房、一九七六年、五四八頁。

（5）「新憲法について」には、貴族院による日本国憲法の修正案が衆議院で可決されて、日本国憲法が成立した一九四六（昭和二十一）年十月七日の奥付がある。これは、貴族院本会議において安倍が報告を行った翌々日にあたる。

（6）「私が新憲法において最も關心をもったのは、天皇の御位置と國民の權利義務とであった」と安倍は述べている（「新憲法について」『一日本人として』一五三頁)。

(7)　安倍は、(昭和二十二年五月)という奥付のある「雑誌「ニュースウィーク」の特別號　日本新憲法英譯に序す」という短文で、まず冒頭に「私はこの新憲法の成立に關與した一人として、民主主義的精神から出來たこの憲法が、ほんとうの正しい民主主義的政治を日本に實現せんことを祈る」と述べて、短文の後半において、次のように述べている。

新憲法では天皇は統治の事には殆んど關與されぬこととなったが、これは天皇と皇室とを國民一部のものでなく國民全體のものとし、天皇に對する國民の心持を強制された奴隷的跪拜ではなくて、自然な素直な、親愛のこもった人格的尊敬とするやうに向けらるべきである。日本に於ける民主主義は天皇に對する敬愛と兩立するものであり、これを兩立させる所に新憲法の精神がある。　(『一日本人として』九三頁)

安倍は、「日本に於ける民主主義は天皇に對する敬愛と兩立する」とし、この両立を成り立たせることこそが「新憲法の精神」であるとする。彼において、「新憲法の精神」は「ほんとうの正しい民主主義的政治」を志向するものである。そして、「ほんとうの正しい民主主義的政治」は「天皇と皇室とを國民の一部のものでなく國民全體のもの」とすることにおいて可能になると考えられている。

(8)　清水幾太郎『わが人生の断片』(下)(文春文庫、一九八五年)には日記からの抜粋と思われるが、一九四八(昭和二十三)年十一月四日付の箇所に、次の記事がある。

夕方、岩波書店へ行く。安倍能成、大内兵衛、仁科芳雄。ユネスコ声明を研究する企ては、この三人を主唱者として進められることになった。安倍能成氏は、「オールド・リベラリスト」の代表者と見られていたし、大内兵衛氏は、左翼の人たちの間に大きな影響力を持っていたし、仁科芳雄氏は、自然科学者の間で人望があった。しかし、吉野氏に対する安倍能成氏の信頼という軸が欠けていたら、何一つ始まらなかったであろう。　(同、八七頁)

ここにいうユネスコ声明とは、「同年七月十三日にパリのユネスコ本部から発表された、戦争の原因に関する八名の社会科学者の声明」(同、八三頁)のことであり、「吉野氏」とは岩波書店編集部の吉野源三郎のことである。平和問題談話会の運動は、はじめこのユネスコ声明の研究から出発したのである。

(9)　一九四七年三月三十日付「朝日新聞」は、一面トップで「新憲法を再検討」という見出しのもとで、「ワシントン特電二十七日発＝ニューヨーク・タイムス特約」として、次のように報じている。

極東委員会は昨年十月に決定した方針にもとづき日本の憲法の再検討に関する指令をマックアーサー元帥に通告したむね二十七日発表した
　これは憲法について日本人の十分に表明された見解を得ることを目的としている

指令の具体的内容は、次のようなものであった。

　新憲法実施後その実際の運用にてらしてこれを再検討する機会を日本國民に與えるために、また極東委員会としてはこの憲法がポツダム宣言その他日本管理方式に規定された條項を満たしていることの確証を得るために、憲法実施後一年より早くはなく、二年より遅くはない時期に新憲法に関する情勢を日本議会に再検討させることを決定した

連合国の日本管理政策を決定する機関である極東委員会の日本国憲法再検討の決定は、一九四六年十月二十七日になされた。これは、極東委員会が、日本国憲法の制定がポツダム宣言にいうように「日本國民の自由に表明した意思」によるものかどうか懸念したことによるものである。決定の時期は、日本国憲法が、連合国軍総司令部最高司令官マッカーサーの強い影響下に、日本国民の自主性を織り込みつつ制定され、その公布日である十一月三日を目前に控えていた。この決定は、マッカーサーにとっても、日本国憲法の正統性にとっても、好ましくないものであり、翌年三月にずれこんだ公表の遅れは双方にとって幸いした。

日本国憲法の再検討が日本国内で議論になるのは、憲法施行後一年以上がたった、一九四八（昭和二十三）年八月以後であり、日本国憲法制定に関与した識者たちは憲法改正に消極的であり、安倍もそうであったという。

以上のような、マッカーサーの日本国憲法制定への影響とこれに対する日本側の態度、極東委員会の態度については、古関彰一『新憲法の誕生』（中公文庫、一九九五年）「Ⅶ　嵐に立ちむかうマッカーサー」「ⅩⅡ　忘れられた「その後」」に詳しい。

(10)　平和問題談話会の第三回目の声明「三たび平和について」には、次のような文章がある。

　世界中の人々にとって平和を維持し、平和を高度にするということが、それなしにはいかなる価値も実現されないような、第一義的な目標になったといわなければならない。どのような地上の理想も、世界平和を犠牲にしてまで追求するには値しない。なぜなら、それを追求するために戦争に訴えたが最後、戦争の自己法則的な発展は、当該

> の理想自体を毀損してしまうからである。
>
> （中略）
>
> 敢えて逆説的な言い方をするならば、戦争を最大の悪とし、平和を最大の価値とする理想主義的立場は、戦争が原子力戦争の段階に到達したことによって、同時に高度の現実主義的な意味を帯びるに至ったといえよう。
>
> （『世界』創刊四十年記念臨時増刊、一九八五年、一二二–一二三頁）

この声明は、平和問題談話会のメンバーのさまざまな意見を集約してなったものであるが、第一章・第二章は、丸山眞男が最終的にとりまとめて執筆した。右の文章は、丸山の執筆した第一章のなかにある。安倍も、この声明の発表に際して署名しているが、安倍自身の言説とは内容的に差異がある。

ここに示されている主張は、世界平和を最高の価値とし、その実現の方法として、非武装中立が世界史の現段階における現実に即したもっとも有効な方法であるとするものである。

第Ⅱ部　近代の語り直し——和辻哲郎

第一章　アジアの中の日本

一　ヨーロッパを通しての日本発見

和辻哲郎は、早くより自己への問いを重く意識していたが、同時に日本という表象をも確固としてもっており、それゆえに自己への問いは日本への問いと常に結びついていた。この自己と日本にとっての他者として、第一次的にヨーロッパが、第二次的にアジアが意識されていたから、彼が、自己と日本を問題とするときには、不可避的にヨーロッパとアジアを問題とすることになる。和辻において「アジアの中の日本」を問うことは、ヨーロッパとの関連において、日本とアジアを考察することを要するのである。

和辻哲郎は、一九一三（大正二）年十月刊行の最初の研究書『ニイチェ研究』自序で、「眞正の日本人の血」をニーチェと相通ずるとし、ニーチェと相通じない「多數の日本人」と対比している。彼は、ニーチェへの深い理解を通じて、「埋もれたる寶」である真正の日本人の「發掘」に「刺戟」を与えたいという。このとき、真正の日本人を覆い「日本文明」を毒しているのは「儒教佛教の道徳」である（『ニイチェ研究』内田老鶴圃、一九一三年、六－七頁）。

学問的探求の当初における和辻は、現代の多数の日本人が抱く道徳を拒否し、ニーチェと相通ずる真正の日本人を求めた。真正の日本人に必要なのは、ニーチェの説いた「超人」になるための「人間」の「征服」である（同、六頁）。このとき、和辻が真正の日本人になる道は、日本にも東洋にもない。このことは、『ニイチェ研究』

の二年後、一九一五（大正四）年十月発行の『ゼエレン・キエルケゴオル』自序で述べるところも同様である。

私は近頃ほど自分が日本人であることを痛切に意識したことはない。そして凡て世界的になってゐる永遠の偉人が、各その民族の特質を最も好く活かしてゐる事實に、私は一種の驚異の情を以て思ひ至った。最も特殊なものが眞に普遍的になる。そうでない世界人は抽象である。混合人は腐敗である。——しかも私は眞に日本的なものを豫感するのみで、それが何であるかを知らない。私は我々の眼前にそれが現はれてゐると信じたくない。なぜなら私は悪しき西洋文明と貧弱な日本文明との混血兒が最も榮えつ、あるのを見てゐるのだから。——しかし私は西洋文明を拒絶することによって眞に日本的なものが現はれるとは信じない。偉大な西洋文明を眞髓まで吸収し盡した後に、初めて眞に高貴な日本的がその内に現はれるのではないだらうか。

（『ゼエレン・キエルケゴオル』内田老鶴圃、自序、五頁）

現代日本人の抱く日本像、現実の日本人の生き方は否定されるべきであるが、それに代わる真正の日本人の像はみえていない。真正の日本人であるための方法は、「偉大な西洋文明を眞髓まで吸収し盡」すこと、具体的には「世界的になってゐる永遠の偉人」であるニーチェ・キエルケゴールに学ぶことである。日本人であろうとして西洋文化に学ぶという逆説は、やや後の言葉である「われわれは自ら気づかないでいる、しかしわれわれはギリシアおよびキリスト教の文化に哺育《ほいく》されて来たのである」（一九一七年「日本の文化について」『和辻哲郎全集』第二十一巻、岩波書店、一六七頁。以下『全集』と略す）という、自らの世代の教養についての自覚から来ている。和辻は、西洋文化によって育成された世代として、儒教・仏教文化を疎遠なものと感じている。だが、真正の日本人であろうとするためには、西洋に学ぶだけではなく、日本の内にその可能性を求めなくてはならない以上、日本文化研究に進まざるを得なかった。

和辻の日本文化研究の成果は、一九一七（大正六）年からあらわれてくる。右に引いた「日本の文化について」は、その最初のものである。彼は、そこで次のように語る。
私は今、仏教渡来前後三、四世紀の間の日本文化に「日本的なるもの」にひどく捕えられている。あの時代には特に「日本的」感激が現われているらしく思われる。（同、一七九頁）

和辻によると、「推古より天平に至るあの偉大な彫刻と建築」に「日本的なるもの」があり、それらは「インド・シナ文化の所産」であるが、また「われわれの父祖の所産」なのである（同、一六九頁）。これらは、古代日本人が仏教文化に動かされて霊肉の「分裂を経験しない統一」を得て生み出したものであり、「心理的の深さは欠けている」にしても「原始的な力強さ」をそなえている。それが「日本的なるもの」であるのは、「インド人」「シナ人」の仏教体験と異なり、「欧州文化とは様式を異にした一つの開展の仕方が認められる」からである（同、一七二頁）。彼はそれを「誇らしく思う」とともに「讃美しないではいられない」（同、一六九頁）と述べる。

ここで、古代日本の文化が「インド・シナ文化の所産」でありながら、「われわれの父祖の所産」であるというのは、もともと、古代日本に文化形成の主体性があったわけではなく、古代日本文化は東洋の仏教文化潮流の生み出した一つのヴァリエーションだからである。そして、この文化が、「さまざまな変化がそこから出ている」「日本的な基調」（同、一七三頁）であるという意味では、「日本的なるもの」があるといえるからである。だが、この「日本的なるもの」は、インド・中国あるいはヨーロッパの文化とは性格を異にするという、多分に消極的な意味にとどまっている。

その意味において、和辻は、仏教渡来前後の数百年において、日本文化の成立と同時に日本人の成立をみたのである。

当時の日本人は盛んに朝鮮人シナ人の血を混えていたのである。また帰化人は多く日本人の血を混えていたのである。（中略）そうして彼らは、いずれもわれわれの祖先たる点において変わりはない。（同、一七九頁）

渡来人と固有の日本人との混血はあったが、それが現代日本人の祖先である。文化の模倣における「日本的なるもの」の成立と「混血」における日本人の祖先の成立をみることが、和辻における日本文化と日本人との「はじめ」の発見を特色づける。

この日本文化の「はじめ」の発見は、和辻らの世代が西洋的教養を身につけていることの自覚と相関する。一九一八（大正七）年一月の「埋れたる芸術品」で、和辻は次のように語る。「この発見（一八八四〔明治十七〕年の岡倉天心・フェノロサによる法隆寺夢殿観音の発見――高橋註）は、日本の精神文化に何の革命ももたらさなかった」。というのも、日本の民衆が日本の古美術をいくら鑑賞しても、それだけではその真価を発見することはできず、「ギリシアの伝統を引いたヨーロッパの芸術」の享受によって生じた「力強い革命」によって、はじめて日本の古芸術の真価も捉えられるものだからである（『全集』第二十二巻、五頁）。

西洋的教養によってこそ古代日本文化を十分に理解し得るのは、古代日本文化の内容による。和辻によると、仏教文化は古代日本に決定的な影響をもたらしたが、その仏教文化は古代ギリシア精神の影響を深く受けている。古代ギリシア精神が、ペルシア・インド・西域・中国を経て日本に及ぶ世界的な文化潮流の中に働いており、古代ギリシア精神と古代インド精神との結合が仏教を仏像崇拝の宗教に転化させたのである（同、七・一一頁）。

古代日本のすぐれた芸術は、こうした古代ギリシア精神の作用する世界的な潮流の中にあった。「日本の古芸術は、世界的な潮流の一分派であった。しかしこの分派は早くから枯渇して一つの長い深い流れとなることが出来なかった」（同、六頁）。古代日本のすぐれた文化潮流は継承されず、現代日本の青年の教養を形成しなかったために、古芸術は彼らには疎遠である。逆に、現代青年が古代ギリシア精神に発する西洋芸術によって育成されているがゆえに、古代ギリシアの芸術に接した上で古代日本の芸術をみるとき、それらが誇るべきもの、讃美すべきものとみえてくるのである（同、六頁）。

このように、和辻の日本文化研究の最初の段階における古代日本の発見・発掘を特徴づけるのは、第一に古代ギリシアと古代日本の親縁性の強調である。第二には古代ギリシア精神が貫流した世界的潮流の中にあるものとしての古代日本の文化・芸術への共鳴と、現代日本における世界的あるいは人類的文化摂取の必要性の強調、第三には古代日本の文化・芸術を継承していない、閉じた伝統的文化・芸術への批判である。これらの特徴を、具体的にみることとしよう。

二　世界の中の日本

まず、第一の点である。和辻は、一九一七(大正六)年九月の「仏教渡来前のわが国民道徳」において、古代日本人と古代ギリシア人の道徳観念の共通性を語る。「仏教や漢学の影響を受けない上代人の力と美の讃美」(『全集』第二十一巻、二八七頁)は、「古代ギリシア人におけると同じく、強きもの美しきものが善であった」(同、二八六頁)という。

むろん、古代日本人が古代ギリシア人と共通性をもつにしても、両者の差異はある。「同じく現実的であるとはいっても、わが上代人は古代へブライ人、ギリシア人より遥かに快活だったと見なければならぬ」のであり、単に現世的・快活的であるところからはヨブの信仰もギリシア悲劇も生まれない。「ここにわが上代人の特長と弱点とが明らかに認められるのである」(同、二八一頁)。ここに「日本的なるもの」があることになる。

和辻は、そうした「日本的なるもの」を認めつつも、古代日本人と古代ギリシア人の親縁性あるいはギリシア精神の古代日本への伝流の条件を語るのに熱心であった。彼は、一九一七年六月の「古代日本人の混血状態」で、完全な知識によって「証明」できないものの「頑固な信念」にもとづくとする、次の視点を提示している。

私の主張の第一段は、古代日本民族の気稟が、インド文化に親しみやすいものであったことである。第二段

はそれが漢人種との混合によって触発せられたことである。（同、一九二頁）

この第一段の主張の中で、日本人の由来の一つである「北種」と同族の「ツングース族」は中国大陸で「鮮卑」として仏教文化を興隆した北魏などを建てたのであるから、時代は離れていても「同じ種族である以上、何か共通のものがなくてはなるまい」という。「ツングース族」の「血」が、インドから日本へ仏教文化の伝播を可能にする条件とみたいのである。

和辻は、「インドおよびギリシアからわが推古朝に至るまで一本の線を引いてみたいという計画」（一九一七年十一月「自然児が愛の宗教を生むまで」付記、同、三五六頁）にもとづく論説を、一九一七・一九一八年にいくつか書いている。彼は、古代ギリシア精神がインド・中国・日本に貫流する中で文化の共通性と差異性を生ずるありさまを俯瞰するという見取り図をもっていたのである。

ここで、文化の性格を規定する要因として「血」を挙げていることに注意したい。和辻は、精神的文化の形成を考える上で「血」の問題がすべてではないと留保しながらも、「民族の「血」は民族的気稟《きひん》の根源である。そうして民族的気稟は、一つの文化に著しい特色を賦与する所の、動かしがたい「個性」の素因である」とする（「古代日本の混血状態」同、一九二頁）。「血」への着目は『ニイチェ研究』以来のものである。

ところで、和辻は、古代日本文化と古代ギリシア精神との親縁性の根拠として、地理的要素をも挙げる。『古寺巡礼』（岩波書店、一九一九年五月）で、法隆寺の金堂壁画について「この壁畫が遙かに希臘藝術の流をくんでゐるといふ見解は依然として正しい」（同書、三一二頁）とし、その根拠をギリシアと日本の地理的要素が「極めて相近接してゐるとも考えられる」ことに求めている（同書、三一六頁）。彼は、文化形成における地理的契機の規定性について明確な自覚をもっていた。

上代人が微溫的だといふ事は、氣候の溫暖と相應ずるものである、沙漠に包まれた熱國に生きる自然人が、色彩の強烈な想像や熱沙の如き意欲の燃焼を經驗したやうに、溫和な大和地方に住んだ自然人は、優しい、しめやかな情意の内に生活した。それは生理的心理的必然であって、彼らに選擇の自由が殘されてゐたわけではない。で我々はこの山川風土を觀察することによって、上代人の微溫的の意味をハッキリさせることも出來るだらうと思ふ。（一九一七年七月「上代人の特質に就て」『面とペルソナ』岩波書店、一九三七年、八五頁）

和辻は、文化形成の規定根拠として「血」という生物的要素と「地」という風土的要素を重視していた。だが、この両者が調和的な関係にない事実も、「ギリシア文化とインド文化とは非常に異なったものであるが、民族からいうとギリシア人も同じくインド・ヨーロッパ族に属する」（「自然児が愛の宗教を生むまで」『全集』第二十一巻、三四四頁）と語るように、よく知っていた。

和辻における初期の日本研究を特徴づける第二と第三の点は、相互に深く関連している。一九一七年十月の「近事二、三」は、そのことを明らかに示している。

必要なのは伝統主義ではない。むしろ伝統主義の打破である。そうして高貴な人類の文化を、もっと深く、もっと根本的に吸い取ることである。開国以来五十年の間に、われわれはなおいくらも滋養を摂《と》っていない。これからいよいよ本当にこの事業を進捗《しんちょく》させて、真に世界に誇るに足る所の日本文化を築き上げなくてはならないのである。（『全集』第二十二巻、三〇五頁）

和辻によると、世界的潮流の中に生じた「推古、天平、白鳳」の「偉大な芸術」を、「日本的でない」として「日本文化」から切り離すのが「日本的であった伝統」こそ「改造」しなくてはならない（同、三〇七頁）。このために「もっともっと根本的に世界文化の影響を受けなくてはならない」のである（同、三〇二頁）。もっと根本的に世界文化の影響を受けるべきであるというのは、第一次世界大戦の「真因」と考えられる「自然科学の発達」と「人間の自然的性質の開放」とにすぎない「十九世紀文化」の受容にとどまってはならないということである（一九一七年五月「十九世紀文化の総勘定」同、一八三頁）。それゆえ、一九二〇（大正九）年二月の「ギリシア人の特性と日本文化」において、「西欧文化」の「中枢の動力」をなすギリシア文化の特性である「知識の愛」「自由の愛」「芸術の愛」の力強い振興を説くのである（『全集』第二十二巻、二五二頁）。

和辻は、古代ギリシア精神に発する世界文化の積極的摂取を主張する半面で、国民道徳の主張を一貫して強く排撃する。国民道徳の提唱は、明治十年代（一八七七―八六）の儒教主義の復興を淵源とするが、明治末年からの「国民道徳論」が当面の主要な運動であった。その主張の要点は、「忠君愛国」が古代より現代に一貫する日本の国民道徳であり、それは主に武士道と儒教（仏教もあずかってはいるが）によって醸成されたものだというところにある（井上哲次郎『國民道徳概論』三省堂書店、一九一二年、一七二頁）。

和辻によると、国民道徳論は、徳川時代における私人的関係にあった君臣関係の「忠君」を、現代国家の統治者としての君主と国民の関係にあてはめる点で、「国家社会の変遷を顧みない」誤りを犯している（一九一九年一月「危険思想を排す」『全集』第二十二巻、一四二頁）。和辻は、国民道徳論が儒教主義と結びついていることもあり、現代日本文化に対する儒教の意義を高く評価していない。

和辻はまた、古代日本において、仏教の影響を重大視する半面、儒教の影響は少なかったとする。彼によると、日本人の祖先はもっとも重要な儒書の一つである『論語』の渡来によってほとんど影響を受けなかったが、その二百年後の仏教の渡来が日本人の祖先に重大な影響を及ぼしたのである（「日本の文化について」『全集』第二十一巻、一七六頁）。

このように、和辻は、現代日本に力を持ちつつある国民道徳論などの伝統主義に対抗して、古代ギリシア精神が仏教文化へ及ぼした世界的潮流の波動において成立した古代日本の栄光を発見・発掘し、これになぞらえて、現代日本において西洋文化を積極的に受容することで、新たな世界的文化を再現することを願望したのである。

三　実体としての日本

一九二〇（大正九）年十一月発行の『日本古代文化』（岩波書店）は、こうした和辻における初期の日本文化研究の中から生み出された最初の研究書であるが、これまでとは異なる日本文化の性格づけを行っている。

和辻は、ここで古代日本文化の観察において「出來上った日本民族」を出発点とするという（同書、一二頁）。それは、歴史時代においては、「永い年月の間に、（その體型的差違はとにかくとして、）その生活に於ては一つの混成民族となり切ってゐた」（同、一〇頁）ところの「「一つの日本語」を話すところの「日本人」」（同、一一頁）が成立しているとみるからである。彼によると、「たとへ漢字が歸化人の社會のみに行はれてゐたとしても、古記録の示す漢字の日本語化は、「日本人としての仕事」である」（同、一九六頁）。

このとき、「人種」の混融は、インドや中国といった外来文化の受容を可能にする条件ではなく、新たな日本文化と日本人の生成を可能にする条件である。この日本人を性格づけるものは、「（體型的差違はとにかくとして、）その生活に於ては」というように、生物学的概念に属する「人種」つまり「血」ではなく、「國土の自然」（同、一二頁）つまり「地」によって形成された生活様式である。

> この日本民族の氣稟を観察するについては、まづ我々の島國の親しむべく愛すべき「自然」の影響が考へられなければならぬ。我々の祖先は、この島國の氣候風土が現在のやうな状態に確定した頃から、漸次この新状態に適應して、自らの心身状態をも變へて行ったに相違ない。（同上）

この文化における風土的規定の重視に対して、「血」・人種の規定性の観点は、和辻の文化分析において、この後も失われることはないが比重は軽くなっていく。『日本古代文化』は、「國土の自然」にふさわしい、日本人と日本文化の成り立ちを明らかにする試みであったのである。ここでは、日本文化の歴史的変遷の基盤をなす実体的な「日本的なるもの」が積極的に見通されている。この意味で注目すべきものが、次の主張である。

> 我々は神話に於て「自然兒の神化」を見た。神代史に於ては「皇室尊崇の宗教」を見る。この両者は明確に區別し得べきものである。殊にこの後千數百年の文化が、そのいづれをいかに活かしたかに於て、一層相違が著しい。前者は早くよりその形を失った。しかしその生命はフェニックスの如くに幾度か新しい姿に宿って蘇った。後者は萬世一系の事實が示す如く曾て一度もその形を失ったことがない。しかしその内容は幾度か變った。（同、四二五頁）

和辻は、神話における「自然兒の神化」にみられる心性が、日本文化の歴史的変遷の中で繰り返し蘇るフェニックスのごときものとする。これに対して、「皇室尊崇の宗教」は形式的に不変でありつつ内容の変化を伴った伝統である。こうして、日本文化は、国土の自然に育成された生活様式に深く規定された実体として発見された。この発見は、「日本的なもの」の歴史的変遷を把握するための重要な視座を形作ることになる。このとき、東洋と西洋を貫流する精神や、日本人とギリシア人の親縁性ではなく、東洋と西洋、日本人とギリシア人の差異が見据えられている。

東洋と西洋、日本とギリシアの差異という和辻の視座と対応するものが、一九二三―二四（大正十二―十三）年頃の執筆と推定される「「日本芸術史」ノート（抄）」（『全集』別巻一）にある。ここで、彼は、東洋（日本）と西洋の文化の異質性を積極的に定式化する。

和辻によると、芸術作品の「形成は必ず〝官能的〟なものを通じて行はれる」（同、二一五頁）が、その「官能的なるものは、決して普遍的であり得ない。それは時間と空間に制約された特殊なものである」。「唯一回的、文化的、国土的の痕跡なき芸術品はあり得ぬ。普遍人間的な永遠の価値は、たゞこの特殊的の内にのみ、又それらによりてのみ表現されるのである」（同、二一六頁）。地理的特殊性による芸術作品の特殊性の強調が前面に出ている。

　これが、東洋と西洋の芸術の異質性の主張と連動する。数学的自然科学を生んだギリシアに発する西洋芸術が「Bild〔像〕そのものを重んずる」（同、二三六頁）ゆえに、合理的な「シンメトリー」「法則」を重んずる（同、二四六頁）のに対して、東洋芸術は「Bildを単にSymbol〔シンボル〕として、それ自身独立には比較的に軽んずる」（同、二三六頁）、「Bildをかりて内的リズムを表現せんとするもの」（同、二五〇頁）である。これは、のちの風土論における東西の芸術比較論の基本的な論点である。

　和辻は、性格の差異をいうだけでなく、東洋芸術と西洋芸術の影響関係も断つ。

　東亜の芸術を曾て一度一つの潮流たらしめたのは、芸術自身の必然性に基くのではなくして、仏教の力に基くのである。この点に我々は既に一つの特殊性を認める。希臘〔ギリシア〕芸術が西方古代世界全体を風靡したのは、希臘芸術の様式の根底に存する直観形式が世人の〝物の見方〟に影響したのであると云へる。しかし印度の仏教美術、仏教文学が東亜を風靡したとき、それは、芸術としてでなく宗教としてであった。（同、二三〇頁）

和辻は、古代の東洋芸術を貫く一つの潮流を「仏教の力」にみるが、ギリシア精神にはみない。そして、日本は東洋の潮流の中にある。和辻における芸術の影響関係の考え方は、『古寺巡礼』までとは異なっている。

　この東洋と西洋の差異という視座の成立は、両者の対抗およびその対抗における日本の特別な使命についての認識と相関している。和辻は、一九二四（大正十三）年二月の「「東洋学」振興について」で、日本の特別な使命について、次のように語る。

　儒教および仏教はシナやインドにおいても日本におけるほど生きて残っていないと思うが、また西洋の思想潮流も東洋諸国民中日本人ほど深く理解しているものはないであろう。西洋の考え方と比較して東洋の考え方の特殊や長所を明確に見別けるのは、まさにわれわれ日本人の任務である。この任務が果たされることによって、更に高い立場で両者を綜合することも可能になる。そうしてそれは、人類史上画期的となるべき一つの断然たる進歩を意味するであろう。（『全集』第二十三巻、五三頁）

東洋における古代インド・中国の生み出した高い文化が、その故地においては衰退して、日本において生き残っており、その日本が西洋文化の摂取に成功している。日本こそ東洋と西洋の文化の総合を果たし得る立場にあり、それが実現すれば「人類史上画期的」なことである。こうした日本の使命についての見解は、この後、終生にわたる和辻の定論となる。それは、風土論的視点と相関する東洋と西洋の文化的差異の認識の成立によることである。そして、ここに至って、儒教の意義が重く受け止められていることに注意したい。

四　アジアの中の日本

和辻は、一九二七（昭和二）年二月、ヨーロッパ留学に赴くが、出隆の証言によると、フランスに上陸した二日後には、早くも風土論的発想にもとづく東西文化比較論を展開している（『出隆自伝』〈出隆著作集第七巻〉勁草書房、一九七三年、三二五頁）。彼は留学以前に風土論的発想をもっていた。だから、和辻が『風土』序言で「自分が風土性の問題を考へはじめたのは、一九二七年の初夏伯林に於てハイデッガーの『有と時間』を讀んだ時である」（『風土』一九三五年、一頁）と述べるのは、単に風土による芸術・文化の特殊性という事実のことではない。彼のいう「風土性の問題」とは、「風土性」を人間の根源的な存在構造として理論的に位置づけることであったと考えられる。

和辻は、この問題への解答を、一九二九（昭和四）年四月の「風土」（『風土』第一章「風土の基礎理論」の原型）において試みた。もっとも、彼が、ヨーロッパ旅行から帰国して最初に発表した論文は、一九二八（昭和三）年十二月、「「ところ」によって異なる芸術の特殊性」（岩波講座『世界思潮』第九冊）である。この論文は、人間の存在構造の中に風土性を理論的に位置づけようとする最初の試みであり、しかも、ギリシアと日本の芸術の差異を対比するものであった。和辻は、ここで、次のように問題設定する。

> （一）異なる藝術がどう異なってゐるか、（二）その特殊性が「ところ」の特殊性とどう關聯してゐるか、或はか丶る特殊性が藝術創作力をどう規定するか、　（同、三九四頁）

第一の問題について、「ヨーロッパの藝術の代表的なものと、東亞の藝術の代表的なものと」（同上）を対比して、次のように述べる。

> ヨーロッパ的なる美術は、それが優れたものであるときにもまた淺ましいものである時にも、同じやうに規則にかなふことを重大視するものとなった。このことは建築についても文藝についても同じやうに云へると思ふ。　（同、四〇一頁）

芸術作品としての「まとまり」を「規則にかなふこと」にみて、「つりあひ」を「シンメトリーや比例」において得ることが、ヨーロッパ芸術の特質であるというのである。この場合の「規則」は「合理的な色づけを持ったもの」である（同、三九六頁）。

これに対して、東亜の芸術、とくに日本の芸術は、「幾何學的な比例に於てではなく、我々の感情に訴へる力の釣合ひに於て、云はゞ氣合ひに於て統一されてゐる」（同、四〇八頁）という。芸術作品が持つ「程のよさ」、つまり「まとまり」「つりあひ」は、「合理的な」シンメトリーや比例ではなく、「直覺的」に得られる「氣合ひ」なのである（同、四一〇頁）。

このように東洋と西洋の美術の差異を、非合理的直覚と合理的直観との差異に認める主張は、先の「「日本芸術史」ノート（抄）」における、西洋における形の把握と東洋における形を越えた意味の把握という対比を受けていることは明らかである。

この「ところ」による芸術の特殊性が、「ところ」の特殊性とどう関連するのかが第二の問題である。和辻によると、気候は人間の体験と深くからみ合っており、したがって気候をはじめとする風土の現象は人間の生活と密接に結びついているから、「ところ」の特殊性が精神的構造・物質的生産の特殊性となる（同、四一八頁）。そこで「「ところ」の特殊性が精神的構造の特殊性を意味する如く、それはまた藝術の從ってまた藝術家の想像力の特殊性をも意味する」（同、四一八頁）。

和辻は、留学以前に抱いていた東洋と西洋の芸術・文化の内容的差異の視座を、留学を契機に、風土論として理論化し具体化していった。そして、風土論は、東洋におけるインド・中国が外国支配へと屈服する宿命を甘受せざるを得ないのに対して、日本は東洋文化と西洋文化との統一を果たす特別な使命を担うことも改めて明らかにするものであった。

風土論による和辻のインド論は、一九三〇（昭和五）年十一月の「モンスーン」にみられる。彼によると、「我々は一般にモンスーン域の人間の構造を受容的忍從的として把捉することが出來る。この構造を示すものが「濕潤」である」（『思想』一〇二号、三頁）。モンスーン的風土は一般に「濕潤」を特性とし、そこに生きるインド・南洋・中国・日本の人間の一般的特性が「受容的忍從的」である。

このモンスーン的風土のうち、中国と日本は湿潤に特殊性があり、もっとも類型的なモンスーン地域は「印度と南洋である」（同上）。もっともモンスーン的であるインド的人間の特性は「歴史的感覺の缺如、感情の横溢、意力の弛緩」（同、八頁）であり、それが「文化型」として具体化している。

和辻によると、主にヴェーダの分析からわかるインド文化の特性は「受容的忍從的」であり、それは仏教にも刻印されている。したがって、仏教の中国・日本への「侵入の仕方」は「受容的忍從的」であったし、「戰鬪的征服的」な「沙漠」の侵入を受けたときは「一層受容的忍従的になった」（同、一九頁）。さらに続いた「ヨーロッパ的人間の征服」において、「永い間の被征服の状態はむしろ感情の横溢を弱々しい感傷性に馴致したかに見える」（同上）。

インド的人間は「受容的忍従的特性」のゆえに、外部の人間に対して支配欲を刺激して植民地化への意欲を喚起し、同時に植民地化されているインドの独立闘争を援助したい気を起こさせる。和辻によると、インドの植民地化は「風土的特性」に由来するのである。

風土論による和辻の中国論は、一九二九（昭和四）年七月の「支那人の特性」にみられる。和辻によると、中国人の特性は「無感動と打算」（『思想』八六号、五頁）であり、それが「無政府の生活の強味」（同上）である。この「無感動」という特性は「國土」にもとづく。

　支那は日本とは異って茫漠たる大陸である。（同、一二頁）

　大陸が我々に與へる直接の印象は、實は偉大さではなくしてたゞ單調と空漠とである。（同、一三頁）

和辻によると、「茫漠たる」「たゞ單調と空漠とである」国土の性格が、中国人の無感動という感情生活を形づくり、それが中国の「過去の文化産物」の特質としてあらわれる。きめの細かさを欠いた偉大なる空疎というべき芸術のあり方は、『一切經』や『四庫全書』のような大編纂事業や、歴史上にあらわれた大帝国の「内容の隅々までも秩序の行き亙った統一的な組織ではない」（同、一五頁）特質と相通じている。中国の文化産物における統一的秩序性を欠いたきめの粗さが「形式的な體面」（同上）の重視として、無感動と実際的な打算性とに結びついている。

このように、中国には持続的な国家生活がなく、相次ぐ大帝国は形式的統一にとどまり、民衆にとっては無政府状態であったが、それは風土的特性によることなのである。この中国論において、中国における儒教文化の内容的分析はまったくない。

こうして、中国・インドの地域にかつて偉大な文化が興隆したが、それらは現在まったく衰退しているとされる。その原因をなしたインドにおける植民地支配や中国における無政府状態は、和辻によると、風土性に由来することなのである。

風土論による和辻の日本論として興味深いのは、「日本の珍らしさ」（初出一九二九年四月、一九三五年九月発行『風土』所収）である。彼は、その冒頭で次のように述べている。

> ヨーロッパを初めて見物して何か「珍らしい」といふ印象を受けたかと聞かれると、自分は明白に「否」と答へるほかはない。そこには深い感動を與へるいろいろなものがあったが、しかし「珍らしい」といふ點では、途中で見たアラビアやエジプトの沙漠の足下にも及ぶものがなかった。ところで旅行を了へて、日本へ歸って來て見ると、この「日本」といふものがアラビアの沙漠にも劣らないほど珍らしい、全く世界的に珍らしいものであることを、痛切に感ぜざるを得なかったのである。（同、二六〇頁）

和辻によると、ヨーロッパの都会のあり方、家と自動車・電車の関係をみても、「珍らしい」とは感じなかったが、日本に帰ると日本の都会のあり方がひどく「珍らしい」と感じられた。これは、日本の家と自動車・電車の関係が西洋を模したりそれからの輸入でありながら、実は西洋のあり方とは異なることによる。西洋のあり方が本来の釣り合いであり、日本のあり方は不釣り合いなのである。日本にいるときはその不釣り合いに気づかず、本来の釣り合いをみたときにも釣り合いの変化に気づかなかったが、日本に帰ると本来の釣り合いとの対比によって日本の不釣り合いが強く自覚されたのである。

これに続く議論の要点は、和辻において西洋文化の摂取が日本の風土による特殊性を帯びざるを得ないこと、つまりは西洋風建築や西洋的生活が「些かもヨーロッパ化してゐない」（同、二七八–二七九頁）ことを示すところにある。和辻は日本における西洋文化摂取が風土的規定のゆえに、全面的には西洋化しきらないことを発見している。これは、日本文化研究の初期の段階において、現代日本における西洋的教養が、古代ギリシア精神を介して古代日本文化の国際性を発見させたのとは逆である。

こうして、風土論を踏まえて、日本の特別な使命が確固として主張されることとなる。風土論を組み込んで和辻自身が構想して提唱した最初の国民道徳論である、一九三〇（昭和五）年の講演筆記「国民道徳論」において、和辻は、次のように語る。

いかに西洋文化を取り入れても、日本は決して西洋化してしまうことはなく、日本精神はいよいよ自覚され発揚されるのである。（『全集』別巻二、七九頁）

この日本文化には「東洋在来の文化が根底に存している」（同上）がゆえに、西洋人に対して「東洋人を解放することは、同時に東洋と西洋の文化を統一することになる」（同、八〇頁）として、和辻は、西洋に優越する日本の特別な使命として東西文化の統一を高らかに語る。

この風土論を組み込んだ和辻の国民道徳論は、「個人であるとともに社会的存在である」「人間の構造」（同、五八頁）を捉えた「人間の学としての倫理学」の構想と結びついて提唱されている。そして、「人間の学としての倫理学」は、アジアとヨーロッパと日本をめぐる和辻の思索の重要な成果であり、それ自身が哲学における東西文化の統一の試みであった。

第二章　自然のあり方は「人間の有り方」

和辻哲郎の『風土』は、「ところ」によって異なる人間の生活様式や文化の特殊性の問題を扱った書物として一九三五（昭和十）年に刊行された。この書は、はやく戸坂潤に代表される厳しい批判をうける一方、根強い支持を得ている。たとえば、この書では「モンスーン」「沙漠」「牧場」という風土の三つの類型が提示されている。この類型は、現在でも、高等学校の現代社会や倫理の教科書で紹介されており、すこぶる有名である。

和辻の風土の類型についての考え方は、多元文化論の先駆的意義をもち、地域を考える上で重要な示唆を与えるものがある。ただ、彼の風土の類型はよく知られているが、それが提示された理論的道筋については必ずしもよく吟味されているとはいいがたい。ここでは、和辻の風土の類型について、その理論的な考え方を検討し、それにもとづいて地域について考えることとする。

一　「モンスーン」「沙漠」「牧場」

『風土』第二章「三つの類型」では、大略、次のように述べている。モンスーン地域の特性は「湿潤」であり、その典型は夏の季節風である。夏の季節風は湿潤と暑熱の結合である。湿潤は植物・動物の生を充満させて「自然の恵み」を生むから、ここでの人と世界とのかかわりは対抗的ではなく受容的である。ところが、暑熱と結合した湿潤は大雨・暴風・洪水といった「自然の暴威」でもある。この暴威は恵みを与えるものの暴威であるから、人間は忍従的であるほかはない。こうして、モンスーン地域の人間の構造は受容的忍従的である。

これに対して、沙漠の特性は「乾燥」である。乾燥の渇きは人間にとって死の脅威だけであるから、ここでの人と世界とのかかわりは対抗的戦闘的である。そして、牧場の特性は、「湿潤と乾燥の総合」としての「自然の従順」であるから、このような世界と人とのかかわりにおける人間の根本的態度は自発的合理的である。

このとき、モンスーン地域の暑熱と湿気の結合がその土地の人間を受容的忍従的にし、沙漠の乾燥が人間を対抗的戦闘的にし、自然の従順が人間を自発的合理的としたというように考えてはならない。モンスーン地域における暑熱と湿潤の結合、つまり、恵みでありつつ暴威である自然のあり方は「人間の有り方」なのである。

二　人間と自然とのかかわりについて

自然のあり方が「人間の有り方」であるとはどういうことか。ここで人間と自然とのかかわりについての和辻の理論的な考え方をみる必要がある。これについては、『風土』第一章「風土の基礎理論」に示されている。この箇所は難解で『風土』の多くの読者を悩ませるが、いまは和辻のいおうとすることをできるだけ平易にまとめてみる。

さて、わたくしが寒さを感ずるという体験は、わたくしが寒さのなかにいるということである。わたくしに体験されている寒さ以外に寒さというものはない。わたくしが寒さを感ずるとは、わたくしが寒さのうちへ出て、寒さのうちにいる自己をみることである。

人間は「外に出ている」(ex-sistere) という構造をもっており、自己とは異なるものとのかかわりのなかにあることを特徴とする。人間は、自己と異なるものとのかかわりのなかで自己自身を発見し了解する。

ところで、外に出ている自分を発見し了解することは、その自己自身を観想することではない。自己の発見と了解は見出された自己のあり方に対応して、何らかの働きに向かう。一定の類の寒さを感ずる自己の発見は、寒さのもとにある自己を寒さから防ぐ行為となる。この行為は、寒さを防ぐために衣服の着用等々へと向かうことである。この行為にもとづいて生み出される諸事象も、自己了解の表現であり、これらも外に出ている自己である。

以上のことは、ある一定時点の寒さにかかわる個人のあり方であるが、風土の現象とは、一定時点の気象と個人のかかわりにとどまらない。風土とは「ある土地の気候、気象、地質、地味、地形、景観などの総称」であり、無限に多様な事象からなる。人間は集団としてこれらの事象とかかわるのであるから、人間と自然のかかわりは無限に錯綜している。だが、ある土地に住む人々が、その土地における諸事象とのかかわりにおいて、たとえば衣服や家や町等々を作る、つまり生活様式や文化を形成するのである。

このようにして人間の生み出した生活様式や文化は、人間の自己了解とその表現である。生活様式や文化だけでなく、風や雨や山などの土地の諸事象もまた、人間の自己了解とその表現である。というのは、風に台風と名付けたり、雨に五月雨と名付けたりすることは、人間が風あるいは雨という外に出ている自己を了解し表現することだからである。自然のあり方が「人間の有り方」であるというのは、そういう意味である。

三　『風土』の三つの類型とは異なる類型論

人間は、土地における諸事象という客体的なものにおいて自己自身を了解し、自己を客体的なものにおいて表現する。人間は客体的なるものを自己の不可欠の契機としてもつ。だから、人間において（歴史性とともに）風土性は根本的規定なのである。

このとき、人間は客体的なるものに規定されるという受動性と、客体的なものに実践的行為的に対応する能動性をあわせもつ。人間における風土性は受動性と能動性、客体性と主体性からなるのである。だが、『風土』第二章以後の記述・分析・解釈は、こうした第一章の理論的な考え方を十全に踏まえていない。そこでは、人間は、風土的負荷にもとづく受動的性格を強くもつものとして描かれている。「我々はかかる風土に生まれたという宿命の意義を悟り、それを愛しなくてはならぬ」（『風土』第四章「芸術の風土的性格」）などという言葉は、人間における自由性・主体性よりは、受動性・客体性に傾斜した『風土』の傾向を象徴的に示している。

このことは、風土の類型の把握にあらわれている。『風土』の三つの類型は、それぞれの土地に「湿潤」「乾燥」「湿潤と乾燥の総合」という自然的・客体的な特性をみることから得られている。モンスーン地域にはモンスーン的人間がおり、モンスーン的な生活と文化を営むことになる。ここでは、風土の類型は、自然的・客体的なもののもつ持続性にもとづいて不変性、固定性という性格をもっている。

『風土』第一章の理論的枠組が、必ずしもこうした方向をとるものとはいえない。その理論的な考え方に含まれている、主体性・能動性と客体性・受動性の二重性をもつ人間のあり方としての風土性の概念からは、『風土』の三つの類型とは異なる類型論が構想されてよいと思われる。

四　一つの国土としての特性

わたくしのみるところ、『風土』の第二章・第三章の類型論は、第一章の理論的な考え方と整合性をもつものとなっていない。その不整合の問題については、和辻における風土論の着想と、人間の学としての倫理学の構想との関連などとして検討する必要があるが、いまは立ち入らない。わたくしは、『風土』第一章の立場と整合性をもつ風土論は、和辻の第二次世界大戦後の著作『倫理学』下巻（一九四九年）にあると考えるので、いまはこちらに即して和辻の風土論について検討する。

『倫理学』下巻第四章第二節「人間存在の風土性」では、次のように述べている。人間存在は、家族、地縁共同体、文化共同体、国家といった人倫的組織として展開するにあたり、さまざまな具体的場面でおのれを表現する。家族は家や庭に、地縁共同体は村落や畑に自己を表現する。ふつう自然環境といわれているものは、「主体的共同存在の表現にほかならないのである」。客体的・自然的なものは、主体的共同存在の表現なのである。

ところで、土地における無限に多様な事象は、無限に多様な主体的共同存在の表現となるが、そこに統一性を与えるものが国家である。「人間存在の風土性が国家においてあらわになってくる」のであり、このことを「国土あるいは領土の概念」が示している。「国土の成立は、一様に広がっている土地のある一部分に一定の固有な位置、固有な性格、固有な意義を与えるのである」から、国家による「土地の限定」がもっとも重大な意義をもつ。

個々の家々や村々、さらには地方ごとに異なる生活様式や文化の多様性があるにしても、一つの国土としての特性ははっきり取り出せる。そして、川や山などによる限界がなく、なだらかに続いた土地でも、国境が久しく定着していた場合には、国境の両側には著しく異なった景観が広がる。「自然的な限界よりも国土としての統一の方が根本的な意義を担っているのである」。「これは明らかに自然の相違ではなくして人為の相違であり、そうしてそれは国土が異なることを意味しているのである」。

五　地域とは共同体の姿である

和辻のいうように、人間の共同体として国家が最高であるかどうか、また土地の個性が国土においてもっとも統一的であるかどうかについては、留保しておこう。この和辻の考え方でわたくしが注目したいのは、次のことである。

人間は、さまざまな次元の共同体を形成するが、その際、一定の土地の諸事象とのかかわりを必ずもち、その土地の諸事象においで共同体としての自己を表現する。その自己表現は個性的であるほかはなく、それが持続的、固定的であれば、一定の類型となる。だが、その類型も、人間が土地とのかかわりにおいて主体的に共同体を形成するのであるから、共同体のあり方の変容に応じて、変容することがあり得るのである。

この考え方によると、地域は自然的特性によってだけ成立するのではなく、人間がなんらかの共同体を形成することに対応して形成される側面があることになる。人間がどの程度の範囲でどのような共同体をつくるのかに応じて、地域の範囲と内実が定まってくる側面がある。風土とは「人間の有り方である」とする和辻の考え方は、人間にとって土地の諸事象は、不可欠の基盤であるが、人間自身の共同体形成のあり方に応じて、その姿を変えることを示すものである。

地域のあり方は、人間の共同体形成に応じて変容するという考え方は、われわれが地域をつくるという発想に導く。われわれがいかなる共同体をどのように形成するかが（たとえば市町村合併などで）地域のあり方を定めるということである。地域とは共同体の姿である。

第三章　天皇・民衆・武士──和辻哲郎における日本倫理思想史の構図

一　はじめに

『日本倫理思想史』（岩波書店、一九五二年）は、アジア・太平洋戦争における日本の敗戦後に和辻哲郎の著した代表的著書の一つである。それは、次の言葉で終わっている。

国民道徳論の弊害を防ぎ得なかったことはまことに遺憾のきわみだといわなくてはならない。

（『和辻哲郎全集』第十三巻、四五八頁。以下『全集』と略す）

これは、同書第六篇第二章「明治時代の倫理思想」の末尾でもあるが、明治末期以来の「国民道徳論」が、時代錯誤と混淆にみちたものでありながらも力を得ていったことを「まことに遺憾のきわみだ」としているのである。これは、単に国民道徳論に対する評価にとどまるものではなく、むしろ近代日本の総体に対する厳しい負の評価のあらわれとみなくてはならない。

こうした和辻における近代日本の総体に対する負の評価は、日本の敗戦を契機として生じている。彼は、敗戦の由来をたずねるために、一九四五年三月七日以来、「近世というものを初めから考えなおしてみる」研究会を組織した。敗戦という事態を近世初頭にさかのぼって明らかにしようとしたのである。この研究の成果が『鎖国』（筑摩書房、一九五〇年）であり、そのサブタイトルが「日本の悲劇」であることはよく知られている。

敗戦前の和辻の著述にみられる近代日本の評価は、否定的な要素はあるものの、総体として否定的ではない。

敗戦の前と後とで、和辻の倫理学体系に変化のあることは早くから知られているが、日本倫理思想史研究における敗戦の前後について立ち入った検討はあまりなされていない。本章では、彼の日本倫理思想史における敗戦の前と後の変化とその意味についての考察を、いささか試みようとするものである。

二　日本倫理思想史の構図

敗戦の前と後における和辻哲郎の日本倫理思想史における変化を検討するにしても、単に変化した点を列挙するだけでは、あまり意味はない。むしろ、彼の描く日本倫理思想史の全体的構図を踏まえた上で、彼の所論の変化した点を捉えることが、変化の意味をあらわにするであろう。

さて、和辻が、一九四〇年に公表した「尊皇思想とその伝統」（岩波講座『倫理学』第一冊、一九四〇年）は、敗戦前の和辻の日本倫理思想史の論文として重要なものである。これは、四章立てで、弥生時代・上代から足利時代までを扱っており、章節の編成と章節名を変え、本文の字句に若干の修正を加えた上で、ほぼそのまま単行本『尊皇思想とその伝統』（岩波書店、一九四三年）の前半部として組み込まれている。

ここに、和辻の日本倫理思想史の構図を示す重要な記述がある。それは、記紀の神話伝説の分析を踏まえて述べられた、次のような概括である。

尊皇の道がこの時代の倫理思想の中枢であるからして、他のさま〴〵の倫理的自覚はすべてこの中枢から理解せられる。（「尊皇思想とその伝統」岩波講座『倫理学』第一冊、四六頁）

以上の如く、最初に尊皇の道を通じて自覚せられた倫理思想は、後のいづれかの時代に於て顕著な姿に展開せられ、さうしてそれによって消し難い伝統として生き続けて来ているのである。（同、六一頁）

和辻は、日本の上代にみられる尊皇の道つまり尊皇思想が、この時代の「倫理思想の中枢」であり、この時代に尊皇の道から自覚された「清明心」「人間の慈愛」「社会的正義」の尊重といった倫理思想は、後の時代にさまざまな形で展開し、消しがたい伝統として生き続けているという。これは、伝統の持続、とりわけ尊皇思想の持続を主張するものである。この伝統の持続という視点は、敗戦前の日本倫理思想史の構図を形づくる。

この敗戦前の構図は、敗戦後の日本倫理思想史にも重く継承されているし、また敗戦前の日本倫理思想史の所論の多くも、敗戦後に継承されている。だが、敗戦の前と後には、和辻の日本倫理思想史の構図と所論に微妙な変容があるのである。

以下では、和辻の日本倫理思想史の構図と所論を内容的に考察して、敗戦の前と後における変容の意味を考える。

三　民衆に基盤をおく天皇

和辻の日本倫理思想史の構図と所論は、戦前・戦中と戦後の間でぶれは少ない。いま、戦前・戦中の所論を対比して共通性を確認する余裕はないので、ここでは、戦前・戦中の和辻の日本倫理思想史の所論で、そのまま戦後に継承されているものをたどり、その上で、変化のある点をみることとする。

「尊皇思想とその伝統」では、上代の考察を通して、そこに「祭祀的統一としての「国民」の成立」を認める。和辻によると、この国民的統一とそこにあらわれている倫理思想は、次のようなものである。

それは単なる生活共同体ではなくして精神的共同体であり、単に単階的な集団ではなくして複階的な団体、即ち祭祀的統一たる地方的団体をさらに祭祀的に統一せる高次の団体である。そこでこのやうな社会構造の自覚として、特に顕著に、天皇の神聖な権威を承認し、それへの帰属を中心とする倫理思想が現はれて来る。

（「尊皇思想とその伝統」同前、四〇頁）

ここに複階的な団体の祭祀的統一における国民の成立と、そこに形成されている倫理思想である「尊皇の道」が確認される。これは、上代において、民衆に基盤をおく国民的統一が成立していること、天皇の神聖性はそうした国民的統一の全体性に根拠をもつことの確認である。ここで注意したいことは、和辻が「国民」とよぶものは、「国家的統一の有無にかかわらず活きた全体として存続する」（「国民道徳論」岩波講座『教育科学』第七冊、一九三二年。『和辻哲郎全集』第二十三巻、一〇一頁）ものであるという点である。

和辻によると、ここにいう祭祀的統一とは、団体が共同の祭祀において己れの全体性を自覚し、その全体性の権威が団体を統一することである。

たとひ或豪族がこの村落の統率者であったとしても、その統率者の権威は祭祀を通じて存するのであり、その統率者の命令は集会において形成せられるのである。かゝる団体を統一するものが、権力ではなくして、全体性の権威であったことは明かであらう。（「尊皇思想とその伝統」同前、四二頁）

村落的団体の集会の祭祀において全体性の自覚が生じ、この全体性の表現が権威をもつ。その権威による統率は、構成員にとっては、自らの内からする帰属である。集団の構成員が自己の全体性を表現するものに服することが、統率である。これは、意思形成の手続きに不透明さはあるものの、構成員が全体の意思に自ら服するという民主的な構造である。

国民的統一は、こうした村落的団体を統率することにおいて成り立つ。天皇の権威が、国民的統一を生み出す力をもつことも、構造としては、村落的団体の統一の場合と同じである。和辻は、次のように述べている。

直接に民衆にかゝわる村落的統一も、またそれらを包括する高次の国民的統一も、共に外からの力による『支配』ではなくして、内からの『統率』に他ならなかった。だから我々は当時の社会をこの二重の統率関係において理解することができる。臣、連、伴造、国造などは、各己れ部民の統率者として貴族の地位に立ち、朝廷の祭事に加わる。然るにこの祭事に於ては、彼らは被統率者である。ここに祭事を司られる天皇は、統率者の統率者として貴族の上の貴族の地位に立たれる。それが天皇の神聖性であって、そこに国民の全体性が表現せられてゐる。（同、四三頁）

天皇の神聖性は、被統率者である貴族とともに共同の祭事を司ることにおいて生ずる全体性の自覚に根拠をもつ。だから、天皇の神聖性には国民の全体性が表現されている。この国民的統一を成立させる天皇の統率は、権力による支配と明確に異なるものである。

和辻は、上代の日本において、天皇は国民的統一の中から出てくる全体性の自覚とその表現であり、それゆえに神聖性と権威をもつとした。彼によると、尊皇の道・尊皇思想は、天皇の神聖性を承認し、それへ帰属することである。それは、国民が全体性を自覚し、国民的統一を実現することにほかならない。

上代の祭祀的統一は、和辻にあっては、会議による団結である。「村落の集会は民衆会議であったが、朝廷における会議は統率者会議に他ならなかった」（同、四二頁）。村落的団結は民衆を基盤としており、国民的統一の基盤が村落にあるから、国民的統一の基盤をなすものは民衆である。

和辻の日本倫理思想史は、「尊皇の道」を重要な柱とするが、それは民衆を基盤として成立する国民的統一と不可分の関係にある。尊皇の道は、日本民族の成員としての民衆に根をもつ民主的性格をもっているのである。彼にとって、日本歴史を通じて国民的統一は持続しており、それは民衆を基盤とする尊皇の道が持続していることと同じことである。

四　武士と民衆

和辻の日本倫理思想史にあって、民衆に基盤をおく尊皇の道の対極にあるものが、主従関係を基礎とする武士の存在である。ここでは、大化の改新以来、土地国有主義を実行し、人倫的国家の実現を目指す流れの中で、武士が発生し、武士社会が形成される経緯について、和辻の考えるところをたどる余裕はない。ただ、彼における武士の本質の理解をみることとする。

和辻によると、武士社会は主従関係を基礎として成立している。この武士社会における主従関係に特色づけられた行為の仕方が思想的に自覚されて、軍記物語等で「坂東武者の習」という表現を得る。これは、「武士社会の組織がその絶頂に達した」鎌倉時代のことである。この「坂東武者の習」は、次のようなものである。

坂東武者の習はその主に対する『献身』を核心とする。それは主従関係の地盤に於て発生したのであるから、その眼中には国家もなく家族もない。否、たとひ国家や家族のことが意識せられても、それらは主君への献身的奉仕を遮ることは出来ぬのである。

（「献身の道徳とその伝統」岩波講座『倫理学』第三冊、一九四〇年、二一頁）

和辻によると、この主従関係を基礎とする武士社会においても、「尊皇思想や国家の人倫的意義の自覚が失はれたといふのではない」（同、二五頁）。武士社会の頂点にたつ少数の武将は朝廷との関係をもっていたから、大化以来の国家的倫理を失うことはなかったが、配下の武士たちは違う。

主従意識に於てはその直接の主君への献身的態度のみが『忠』として自覚される。（中略）『武者の習』と呼ばれてゐるものはこの国家的倫理の自覚ではなくして直接の主君との主従関係の自覚なのである。

（同、二六頁）

こうして、主従関係にもとづく「武者の習」は、「国家的倫理と次序を異にするものとして生み出されたものである。さうしてそれがまさに武家時代の特性を示してゐるのである」（同上）ということになる。武家時代の特性をなす「武者の習」には「その眼中には国家もなく家族もない」。武士の本質は、主従関係を国家よりも優先することにある。

和辻の日本倫理思想史において、鎌倉時代の「武者の習」は、武士社会の展開において変化を遂げていることを明らかにしているし、また、武士の存在が常に国民的・国家的統一の阻害要因であったともしていない。しかし、武士としての本質は、国民的・国家的統一にとっての阻害要因であるところに認められているのである。

これに対して、民衆は、基本的に、国民的全体性の表現としての天皇において自らの全体性を自覚し、国民的統一を保持する存在である。和辻は、下剋上の風潮によって、国民的統一が失われたとみえる足利時代後期以後にも、民衆次元における国民的統一が確固としてあること、そして国民的統一が皇室尊崇と結びついていることを、次のように語る。

> 足利時代には下剋上の潮がます〳〵高まって行って、遂に応仁の大乱を勃発せしめるに至った。がそれによって尊皇の道が見失はれたかと云ふと、さうではないのである。或意味ではこの道の自覚が反って深まって来たとさへも云へるであらう。皇室が式微の極に達したと云はれる時代に、どうしてさういふことが認められるか。それは恐らく下剋上の潮流に含まれた最も積極的な意義であらう。下剋上は民衆の力の解放であり、従って文化の重心が民衆の方に移ったことを意味する。その最も注目すべきものが尊皇の道である。それは今や上層の権力階級、知識階級において無力化してゐるが、それと反比例して一般民衆の間には力強く自覚されて来たのである。
> （「尊皇思想とその伝統」岩波講座『倫理学』第一冊、一一六頁）

室町時代後期、とくに応仁の乱以後は、公家の力は衰退し、武士たちは相対立し、諸国に分立していく。和辻によると、この状況で進展する下剋上の風潮は「民衆の力の解放」なのである。そして、この民衆において国民的統一は確実に存在し、それが尊皇思想の民衆への浸透と相関する。この民衆の動向は、謡曲や室町時代の物語にもみられ、伊勢参宮の現象のうちには、次のことがみられる。

以上のごとき事情の下に、全国の民衆の間には、伊勢神宮を中心とする明かな統一が自覚された。しかもそれは、支配階級の側において全然統一が失はれ、各地の大名がそれ〴〵その分国の独立を計ってゐた時代のことなのである。この事実はよほど重大視されねばならない。戦国乱世とは武士階級に即して云はるべきことであって、民衆はその責を負はない。相剋する武士階級を取り除いて考へれば、あとには天照大神の神威を担はれる皇室と、天照大神の崇拝において結合せる全国民衆とが残ってゐる。即ち国民的統一は儼存してゐる。しかも武士の相剋を克服して全国を統一した英雄は、その民衆の中から出て来たのである。

（同、一四三頁）

和辻によると、下剋上の風潮は民衆の力の解放をもたらしたが、その民衆には尊皇の道の強い自覚があり、そこに国民的統一が存立している。下剋上の中で進行する武士の相剋は、かつての名家の没落と下層武士の台頭をもたらし、武士の入れ替えが生ずる。このとき、勝ち上がっていく武士は、民衆の支持を得るために統率力を具える必要があった。それは、同時に、民衆に根付いている皇室尊崇の必要をも意味する。こうして、全国統一に向かった英雄である織田信長と豊臣秀吉は、皇威奉戴の実践者である（「江戸時代前期の儒学者に於ける尊皇思想」『思想』一九四三年三月号、一－四頁）。

和辻によると、秀吉の皇威奉戴は、次のようなものである。

かく見れば彼が系譜を全然意に介しなかった態度は、下剋上の運動の絶頂を示すものといふべきであらう。が皇威奉戴の態度に至っては、藤原時代の関白にも優るものがあった。彼の全国統一の事業は関白となって以後に遂行されたのであるが、この統一事業を彼は『皇威によって行ふ』といふ立場にはっきりと立ってゐるのである。さうしてそれは日本の国民的統一の現実に最も深く契合するものであった。戦国時代以来の武将たちの対峙は決して国民的分裂を意味するものではない、このことを彼は見破ってゐたのである。

ところが信長・秀吉の皇威奉戴において成し遂げられた近世日本国家の統一は、徳川家康によって封建体制へと転換した。（同、四頁）

戦国時代の混乱のなかから社会の秩序を再興した力は、信長や秀吉の独創的な天才であった。がこの秩序を封建的体制として仕上げ、さうしてそれを保持したものは、伝統的な主従関係を最も健全に保存してゐた三河武士の団体にほかならぬのである。（「献身の道徳とその伝統」岩波講座『倫理学』第三冊、九〇頁）

江戸幕府は、封建的体制を確立しただけでなく、皇威奉戴をも変更した。

幕府の朝廷に対する態度は、陽にこれを尊びつゝ陰にこれ抑制し政治からひき放すにあった。

（「江戸時代前期の儒学者に於ける尊皇思想」『思想』一九四三年三月号、四頁）

幕府の態度は、戦国時代以来解放せられた国民の活力を再び封建的な秩序の中に押しこめようとする努力と相伴ってゐるのである。

かくして江戸幕府は、皇室尊崇の念に表現せられる国民的統一の意識を抑圧し、武士的権力の下に新しい封建制度を築き上げた。しかしそれにも拘らず民衆の活力は、その捌け口を政治以外の方向に求め、新しい文化創造に向かって幾分歪曲せられながらも進展して行ったのである。（同上）

強固な伝統的主従関係によって、覇権を握った徳川家康は、主従関係だけでは統治が可能でないことから、儒教によって武士を教化する文治政策をとった。ここから、士道としての武士道が唱道されるようになる。しかし、主従関係にもとづく献身の道徳としての武士道は、一般の武士や民衆の意識に存在し続けた。そして、江戸幕府は、民衆の活力を抑圧したが、江戸時代の創造的な文化は民間から生まれたのであり、民衆において国民的統一は皇室尊崇と結びついて存続し続けたのである。

以上にまとめた構図と所論は、大部分が、敗戦後の『日本倫理思想史』をはじめとする日本倫理思想史や日本歴史にかんする和辻の著述に引き継がれる。だが、武士道にかんする評価と豊臣秀吉にかんする評価が変化する。

五　二つの武士道

敗戦の前と後における和辻の武士道理解の相違は何か。武士道について、献身の道徳の伝統をつぐ武士道と儒教に基礎をおく士道としての武士道に区別をおく点では、和辻の所論は一貫している。ところが、その社会的浸透度にかんして、戦前・戦中と戦後の所論が異なるのである。

「武士道」（岩波講座『倫理学』第十二冊、一九四一年）では、『葉隠』の立場について、これを士道と区別して献身の道徳として扱うと、次のように述べている。

この立場は我々の見解によれば中世以来の献身の道徳の正統を継ぐものであって江戸時代の士道ではないのである。（同、二四頁）

我々はこれを士道としての武士道から区別し、献身の道徳の伝統として取扱はうとするのである。江戸時代の武士道として幕末に吉田松陰の如き志士に代表され次いで明治時代に受けつがれて来たものは、葉隠の武士道ではなくして明かに士道としての武士道なのである。（同、二五頁）

敗戦前の和辻は、二つの武士道のうち、明治時代に引き継がれたのは主従関係にもとづく献身の道徳としての武士道ではなく、士道としての武士道だというのである。

ところが、戦後の『日本倫理思想史』では、献身の道徳としての武士道と儒教にもとづく士道の位置関係が微妙に異なる。『日本倫理思想史』では、江戸時代を扱う第五篇「後期武家時代の倫理思想」第五章「献身の道徳としての武士道」において、江戸幕府が、主従関係にもとづく武者の習に代えて儒教を興隆し、武士たちを教化して「儒教的な士大夫の道、士君子の道の方へ向け変えた」とする。そして、そのために努力したのは、幕府や諸大名の官学者だけではなく、民間の儒学者も士道を熱心に説いたという（『全集』第十三巻、二一二頁）。和辻は、それを受けて、次のように述べている。

士道の考えがこのように優勢になったとはいっても、それは主として知識層の間でのことであって、広汎な層に沁み込んでいる献身の道徳の伝統を打破し去ることは出来なかった。（同上）

これは、江戸時代前期を取り扱う箇所であり、江戸時代における士道と献身の道徳としての武士道の関係を、前者に比して後者の影響の方がより深いという判断を示したものである。ここでは、明治時代の展望を明言してはいないが、ここに示されている判断からは、敗戦前の見解のように、明治以後に士道が引き継がれていくという見通しにはならないだろう。むしろ、敗戦後の和辻は、主従関係にもとづく武士道が明治以後にも根強く存続したという判断に転じているとみるのが自然である。

六　豊臣秀吉の位置

次に、敗戦後の和辻における秀吉評価の問題に移る。敗戦後の和辻による秀吉評価の要点は、民衆を抑圧して身分制度の固定化を行い、江戸時代の封建制度の基礎を作ったとすることにある。戦前・戦中においては、秀吉は、皇威奉戴による国民的統一の実現という点で高く評価されていたが、いまやそれは信長の後を追ったにすぎないことであり、民衆の自由な活力を奪った保守的性格を体現する存在と否定的に評価される。

（秀吉は…高橋註）武士が百姓町人となり、百姓が商人に転ずるというごときことをも禁じ、当時の現状を固定せしめる方針を取ったのである。この時に、戦国時代以来の自由な社会層の移動が止まった。（『日本倫理思想史』『全集』第十三巻、三四頁）

敗戦前から敗戦後への秀吉評価の変化は、身分制度の固定化をはかり、民衆の自由な活動を抑圧して保守化した点で、秀吉が家康に先んじたとする点にある。民衆から出てしかも民衆の抑圧者となったとする点は重要であるが、より注意すべきことは、秀吉の保守化の意味を捉える、次のような視点である。

農民の子から関白にまでのし上がった秀吉自身は、伝統の破壊、従って保守の正反対を具現してゐたにかゝはらず、自分がその運動を完成したときに突如として反対のものに転化し、保守的運動を強力に開始したのである。それは一世紀以来の赤裸々な実力競争において、新興の武士団が勝利を得ると共に、その勝利を確保し、武力の支配を固定させる努力にほかならなかった。この努力において主として眼中に置かれたのは、国内の敵を制圧することであって、日本民族の運命でもなければ、未知の世界の開明や世界的視圏の獲得でもなかった。秀吉は気宇が雄大であったといはれるが、その視圏は極めて狭く、知力の優越を理解してゐない。（中略）結局彼もまた国内の支配権を獲得するために国際関係を手段として用ゐるやうな軍人の一人に過ぎなかった。（『鎖国』一九五〇年、七二九頁）

和辻によると、秀吉は、「武力の支配」を固定化し、眼中に国家も日本民族もなく、ただ「国内の敵を制圧すること」に主として努力を払っていた。そして、そのことにより、世界的視圏を閉ざし、知力の尊重を理解し得なかったのである。これは、和辻の捉えた主従関係に生きる武士の本質と密接に相関している。

さらに注意すべきことは、「結局彼もまた国内の支配権を獲得するために国際関係を手段として用ゐるやうな軍人の一人に過ぎなかった」と述べていることである。これは、日本を敗北に導いた軍人たちを想定した上で、それと共通する性格をもつものとして秀吉を厳しく批判しているのである。このとき、和辻は、日本の敗北の由来を、歴史的には、近世初頭の秀吉・家康にさかのぼり、眼中に国内の敵だけをみて国内の支配権を求める、主従関係にもとづく武士の本質にみている。

和辻によると、この武士の本質が、近代日本における国民道徳論の中に影を落としているのである。彼の国民道徳論批判の焦点は、封建的主従関係にもとづく忠を、近代的な国家における国民の天皇への忠と混同する誤謬を指摘するところにあった。たとえば、敗戦前には、次のように述べている。

主人の私怨《しえん》を晴らすために非合法的直接行動をあえてしたものが義士と呼ばれる時代の「忠君」は、藩主の家の全体性に基づく道徳であって、国民の全体性に立脚する道徳ではない。

（「国民道徳」『教育学辞典』第二巻、一九三七年。『全集』第二十三巻、一五六頁）

この武士の主従関係の忠と、近代国家の忠とを混同するという国民道徳論批判は、敗戦の前後を一貫するものであった。国民道徳論への批判とその論点は一貫しているが、その日本倫理思想史における位置づけは異なっている。敗戦前は、国民道徳論は誤謬を含む主張であるが、克服すべき対象であったというにとどまる。敗戦後には、国民道徳論は、近代日本が総体としてもつ弱点を象徴するものである。

和辻は、明治維新以後の近代日本の努力を「七百年来の武士の支配を廃棄し、近代的な国民国家に追いつく努力」（「日本社会の倫理」『新倫理講座』第四巻、一九五二年。『全集』第二十三巻、三六七頁）とし、それは極めて順当に進んだようにみえるが、明治三十年代以後については弱点があったことを、次のように述べている。

その後の半世紀の歴史が実証しているように、この迅速な過程にはいろいろ手を抜いた箇所従って危険な弱点がひそんでいたのである。その最も大きいものは、近代的な技術のとり入れに急であって、それと均衡のとれた近代的な精神の摂取をおろそかにした点であろう。特に国民国家としての組織がえに対応するだけの公共心の養成や社会道徳の発達に意を注がなかった点であろう。それどころか、むしろ逆に、封建時代の倫理思想を以てこの新らしい必要を埋めようとする努力さえ行われた。（中略）そういう悲しむべき誤謬を記念しているのが、明治時代の末から作られ始めた「国民道徳論」と称するものである。

（同、三六八頁）

国民道徳論は、封建的な主従関係を近代日本に温存する努力であり、敗戦に至る日本の悲劇の象徴として、厳しく断罪されている。近代日本を悲劇と捉える視点が、近代日本の悲劇の原因を作り、それを拡大し、それを演じたものとして、豊臣秀吉・国民道徳論・ある種の軍人に厳しい評価を与えている。

七　おわりに

敗戦の前と後に生じた、和辻の日本倫理思想史における所論の変化は、いかなる意味をもっているのか。このことを和辻における日本倫理思想史の構図の問題として考えてみよう。敗戦前の和辻は、次のように述べている。

> われわれは明治以後の時代を現代として、それを考察の地盤としなければならぬであろう。そこから前にあげたそれぞれの時代を逆に遡って行けば、それによってわれわれの国民の光輝ある伝統がいかになお現代にも生きているかが明らかにし得られると思う。
>
> （「国民道徳論」岩波講座『教育科学』第七冊、一九三二年。『全集』第二十三巻、一〇四頁）

この日本倫理思想史の構図は、「現代」つまり近代日本を「光輝ある伝統」の生きている時代として明らかにするという視点から構成される。このとき、彼が、「光輝ある伝統」に反するものとしてあげるものは「資本主義的」な道徳思想なのである。

> 現代を支配する道徳思想は資本主義的である。それは前にあげたわが国古来の道徳思想のいずれとも合致しない。したがってわが国の伝統に反するものである。（同上）

和辻は「光輝ある伝統」によって、「欧米文明」に対抗しようとしていたのである。

敗戦後の日本倫理思想史の構図は、これとは異なる。敗戦後の和辻は、近代日本に「光輝ある伝統」の生きていることを叙述するが、また、近代日本の挫折の理由も叙述しなくてはならない。活力ある民衆とそれを基盤とする天皇の存在、尊皇思想の伝統は「光輝ある伝統」であるが、他方、近代日本に重く横たわる弱点は「七百年来の武士の支配」の遺存である。これが、敗戦の前と後に、豊臣秀吉を皇威奉戴による全国統一の貢献者から民衆の抑圧者へと評価を変えた理由である。また、それが、近代日本において受けつがれる武士道を、士道としての武士道から主従関係にもとづく武士道にみる方向へ転換している理由である。

敗戦後の和辻が、近代日本の弱点の由来を近世初頭における鎖国に認めたことは、近代日本の総体としての弱点を認め、西欧近代の優位を認めたということである。これは、「光輝ある伝統」によって「欧米文明」と対抗する敗戦前の構図とは明らかに異なる。にもかかわらず、敗戦後の和辻は、「光輝ある伝統」としての尊皇思想を日本倫理思想史の基軸に据えるという、敗戦前からもち越しの構図をもって、敗戦後という状況に応答しているのである。[1]

敗戦後の『日本倫理思想史』はよく整序されているようにみえるが、そのうちには、和辻哲郎の苦渋が透けてみえるではないか。

（1）　筆者は、本章とは別の観点から、和辻哲郎の敗戦状況への応答について考察している。本書第Ⅱ部第四章を参照。

〈付記〉引用にあたり漢字は通行の字体に統一した。

第四章　和辻哲郎における敗戦

一　はじめに

本章は、アジア・太平洋戦争の終結、つまり日本の敗戦という事態に対応する、和辻哲郎の言説について、敗戦前の言説との対比において、両者の連続性・非連続性を考察すること、さらにいえば思想の展開ないし転回をみることにある。

ここで考えなくてはならないのは、考察の対象として扱う範囲である。まず問題となるのは、戦争の終結の時点をどこにおくかである。客観的歴史事象としての戦争を捉える場合にも、次のことを確認しておく必要がある。歴史事象としての戦争終結を、いわゆる終戦詔書の録音放送がなされた一九四五（昭和二十）年八月十五日におくのは、国内的視点からするものである。国際的な視点からすれば、戦争終結の時点は降伏文書調印の行われた同年九月二日が妥当であることになる（1）。

戦争の終結に対応する和辻の思想の展開・転回を考えるという当面の問題意識からすれば、客観的な歴史事象としての戦争終結の時点をみるだけでは十分ではない。この場合には、和辻自身の戦争終結の確信の成立、つまり日本敗戦という明確な意識の成立の時点こそ重視すべきである。その時点が、和辻の主体的意識においては敗戦なのである。

和辻が、アジア・太平洋戦争における日本敗戦の確信を得たのはいつであろうか。一つの目安は、彼が、敗戦の原因を思想史的に考察することを目的として、「近世というものを初めから考えなおしてみる」研究会を組織する決意をした時点である。この研究会の打ち合わせの会は一九四五年三月七日に行われており、敗戦の確信はこれ以前であると考えられる(2)。

それはどこまで遡り得るであろうか。その時点を明示ないしは推定する材料は、さし当たりは見出せない。逆に、和辻が、劣勢であるにしても挽回の可能性はあると考えたり、不利な状況での戦争終結を避け得ると考えたり、いずれせよ、日本の戦況について希望を抱いていたのは、いつまでかを考えてみる。

一つには、和辻の単行本『日本の臣道　アメリカの國民性』の発行された一九四四(昭和十九)年七月十日の時点が挙げられる。ここに収録されている論文「アメリカの國民性」は、アメリカ敗北の可能性を示唆している。さらに、同年十月半ばころにも、報道による日本の戦果を喜び、アメリカの国内的混乱を予測する私信を発しているから、この時点までは希望を抱いていたようである(3)。

以上のことから、おおよそ一九四四年十一月から一九四五年三月までの間に、和辻は日本の敗北という形での戦争終結の確信を抱き、右の研究会を組織することを決意するに至ったと推定される。

そこで、和辻における敗戦への対応を示すものとして考察する対象の範囲の上限を、ひとまず一九四四年十一月の時点とする。なお、アメリカの爆撃機B29が本土上空に出現し、爆撃を始めるのも、一九四四年十一月からである。

これに対して、考察対象の下限については、一九四六(昭和二十一)年末あたりまでとしておく。これは、一九四六年十一月三日における日本国憲法の発布が、敗戦という事態から敗戦後という新しい状況を生みだしたという事情による。和辻自身も、日本国憲法の発布という新しい状況に対応する言説を語り出すことになる。それらについては、また、別の取扱いが必要となる。

以上により本章では、一九四四年十一月から一九四六年十二月にわたる、敗戦という事態に対応する和辻の言説を対象とすることとする。この期間に、和辻が公表した言説は、『和辻哲郎全集』（以下『全集』と省略）第二十四巻の著作年表によれば、左記の通りである。

①「甲陽軍鑑に於ける武士の理想」『思想』九月号、一九四五年十月十日発行
②「心敬の連歌論に就て」『思想』十一・十二月合併号、一九四五年十二月三十日発行
③「封建思想と神道の教義」『世界』創刊号、一九四六年一月一日発行
④「國民の歴史的な總意は天皇によつて表現」（同盟通信社を通じて、一九四六年一月に地方新聞へ掲載）
⑤「人倫の世界史的反省　序説」『思想』三・四月合併号、一九四六年四月三十日発行
⑥「歴史的自覺の問題（斷片）」『展望』七月号、一九四六年七月一日発行
⑦『ホメーロス批判』要書房、一九四六年十一月一日発行
⑧「古典への感謝」日本古典全書Ⅰ『源氏物語　一』付録「古典の窓」朝日新聞社、一九四六年十二月十五日発行(4)

和辻は、一九四四年七月に『日本の臣道　アメリカの國民性』を公表して以後、一九四五年八月十五日ないし九月二日まで、言説を公表していないので、実際上、日本の敗戦という客観的歴史的時点以後の言説を取り上げることとなる。そして、敗戦という事態への対応という点からすると、①②⑥⑦⑧は、考察の対象から、さし当たり、はずれるのである。このことを、次に確認しておく。

①は、一九四〇年から公表されている武士の倫理思想の研究の一環である。

②は、一九四三年「一月二二日に宮中でおこなった講書始の儀の進講草案に基づいて書かれたもの」（『全集』二三、四九七頁、湯浅泰雄「解説」）である。

これら①②は、戦前・戦中を通じてなされてきた和辻の日本倫理思想史研究の延長上にあるもので、言説の内容として敗戦という事態に直接かかわるものではない。ただ、戦争中の仕事の延長上にあるものを公表するところには、敗戦という事態に左右されることなく、学問的営みを継続するという、和辻の学問に対する態度を読みとることができる。

⑥は、和辻の倫理学体系における主要な論点である、歴史的風土的自覚の問題を取り上げて、ヴィーコとヘルダーの歴史哲学に及んでいるものである。

⑦はホメーロスの原典批判に関する講義草案を活字化したものである。

⑥⑦の二つも学術的言説であり、時局に直接かかわるものではない。ただ、⑥は、歴史的自覚の問題を取り扱うなかで、近代ヨーロッパ文化の意義に言及しており、その点で、本章の考察にかかわるところがある。

⑧は、古典の意義を語った短文である。

こうして、先に限定した範囲で、敗戦に対応する和辻の考え方を考察する材料は、主として③④⑤となる。材料が少ないので、必要に応じて敗戦後とした期間にかかる言説を参照することもあり得るが、その場合は、その旨を明示することとする。

以下、順次、③④⑤の資料について考察を進めることとする。

二　「封建思想と神道の教義」

③の「封建思想と神道の教義」は、のちに、一九四八（昭和二十三）年十一月十五日発行の論文集『國民統合の象徴』（勁草書房、以下『象徴』と略記する）に収録された。雑誌初出の際には記載していないが、論文集には末尾に執筆時期を示すものと思われる「（昭和二十年十一月）」という付記がある。

この論文の冒頭にある次のことばは、論文全体の端的な要約である。

日本における天皇統治の傳統は、中世以來の封建制度及び神道の教義と本質的な聯關を有するものではない。その間に聯關をつけたのはそれ〴〵歴史的情勢によつて惹き起された解釋に過ぎぬのであるから、それらの解釋を捨てても天皇統治の傳統は失はれはしない。否むしろそれによつて天皇統治の本質的意義が明かとなるであらう。（『世界』創刊号、四八頁・『全集』一四、三一九頁）

「封建思想と神道の教義」は、ここからわかるように、表題から期待されるような、封建思想と神道の教義をそれ自体として明らかにすることを目指すものではない。それは、天皇統治の伝統が、封建思想ないしは神道の教義と本質的な関連はないことを示すことを主題としていることからもわかる。

この論文の第一の論点は、封建制度と天皇統治の伝統との関係についての解明である。和辻によると、封建制度とは「武力を基礎とする封建制度」（『世界』同、四八頁・『全集』同、三一九頁）であり、そこでの指導的な勢力は「主從關係による團體として形成された」「武士の團體」（『世界』同、四九頁・『全集』同、三二〇頁）である。この主従関係としての武士の団体は「私黨」であり、「國家の軍隊」ではない（同上）。封建制度は、「大化改新以來の整備せる法治制度」（『世界』同、四八頁・『全集』同、三一九頁）を内部より突き崩していったものであり、「法による統治」に対立する「武力による統治」として（同上）、「國體に戻る」（『世界』同、五〇頁・『全集』同、三二一頁）ものである。

江戸時代に至ると、この封建制度における「君臣關係」を、儒教的原理にもとづいて「士道」として把握する努力が行われるようになる。この教えによると、藩主も将軍もあくまで封建君主であり、そこでは「主君とその家臣との個人的關係が問題であつて、多數の民衆は勘定に入らない」（『世界』同、五〇頁・『全集』同、三二一頁）。この主従関係は、「恰も一家の如き緊密な結合を形成してゐる」ので、「君臣の義」においてあるとともに「父子の情」においてあるのでもある。ここに武士が「主君に獻身的な忠」をいたす理由がある（『世界』同、五〇–五一頁・『全集』同、三三二頁）。

武士は、また、自ら「家」に生きるが、このとき「最も重いのは父子關係であり、孝の道の實現である」（『世界』同、五一頁・『全集』同、三三二頁）。そこで、「武士の生活は君に對する「忠」と親に對する「孝」とを中心とすること」になり、忠と孝の両立が要請される。ところが、主従結合における「恩愛關係」を代々相続する「武士の風習」がこのことを可能とするのであって、理論的にも「忠孝一本」が説き出されることにもなる（同上）。この忠と孝の教説、つまり民衆を排除し、国家全体を閑却するところに成立しているものが、いわゆる「封建思想」だというのである。

和辻によると、明治維新によって封建制度が打破され、「天皇統治の傳統」が再び生かされたとき、人々は「法による統治」の精神を法律・制度の上に実現したが、天皇と国民との関係についての考え方としては「封建的君臣關係をそのまゝこゝに適用しようとした」（『世界』同、五一頁・『全集』同、三三二頁）。そこで「忠義・忠君」が持ち出されたが、これは「あくまでも武家時代の特徴であつて、それより古くない」（同上）。たとえば、古代日本をみればわかる。「強烈な天皇崇拜の力によつて國家的團結が形成せられた時代に、人々が天皇に對する「まこと」を云ひ現はした言葉は、清明心・正直心・忠明之誠など」であった（『世界』同、五二頁・『全集』同、三三二頁）。

明治以後に成立した国家の法律・制度は、きわめて複雑な組織・関係をあらわすものであり、「天皇はこの複雑な組織の統一者として、國民の全體性を表現してゐられる」（『世界』同上・『全集』同、三三三頁）のである。だから、封建的な武士の君臣関係とそれに照応する思想で、国民の天皇に対する関係をとらえることは到底できないのである。以上が、第一の論点にかかわる和辻の基本的な主張である。

次に、第二の論点は、神道の教義と天皇統治の関係についてである。和辻によると、天皇統治の伝統がはじめて神代史に表現されたとき、究極の神は説かれておらず、神の教えとしての教義も思想として掲げられてはおらず、そこに示されているのは、ただ「まつりごと（政治）がまつりごと（祭事）として始まつたといふこと、皇統が天つ日嗣として神聖であること」にとどまる（『世界』同、五四頁・同、三二五頁）。だから、日本において仏教が受容された場合にも深刻な対立を引き起こすことなく、神社の祭祀と仏教の信仰の両立は何世紀にもわたって続いたのである。

神道が教義を作り始める機縁を与えたのは、仏教側による神々の理論付けの努力であり、それは神々を仏教体系へ摂取する試みであった。ここで神社側が神の信仰に理論的基礎付けをはかることになった。それが鎌倉時代の伊勢神道である。

伊勢神道は、「佛教思想の支配から出來得る限り獨立して神道自身の原理を確立し、それを究極の神に即せるものとして説かうとする努力」（『世界』同、五五頁・『全集』同、三二六頁）であった。このことは、神代史自身には典拠がないことであるから、仮託文書により恣意的な解釈を加え、老子や周易、さらに仏教思想をまじえている。そうすることで、究極の神である豊受皇太神が神代史の天御中主神・国常立尊と同一体とし、さらに天皇の本質を天地の根元に基づけ、「神皇一體」を語ることになる（同上）。

この神道の教義化の性格は、「一面において佛教に對抗し佛教が宗教であるのと同様の意味の宗教たらうとしてゐるとともに、他面において天皇統治の傳統を基礎づける宗教たらうとしてゐる」ところにある（『世界』同、五五—五六頁・『全集』同、三二六頁）。この神道の教義化が成功するとすれば、「神道は當然國教とならなくてはならないであらう」（『世界』同、五六頁・『全集』同）。

「この宗教的信仰の立場より皇統の神祕的な根據づけが強行せられた點」は、吉田神道・儒家神道・本居宣長の復古神道にまで一貫しており、平田神道がこの傾向を極端に拡大して神道の国教化を露骨に展開したことは、その当然の成り行きであった（『世界』同、五六頁・『全集』同、三二六–三二七頁）。

和辻によると、「この信仰運動は天皇統治の傳統が本質的に必要としたものではない」（『世界』同、五六頁・『全集』同、三二七頁）し、こうした運動が持続していたときにも皇室の信仰は仏教であったし、国民の大部分もそうであった。神道は他の信仰とならぶ一つの信仰としてあったというまでであって、「それのみが天皇統治の傳統を支へて來たといふわけではない」（『世界』同、五六–五七頁・『全集』同、三二七頁）。

「明治維新に於ける王政復古の主たる動力もまた國民的統一についての十分に冷靜な自覺であつて、狂熱的な信仰ではなかつた」（『世界』同、五七頁・『全集』同、三二七頁）。そうであるから、帝国憲法においては、信教の自由を規定し、「キリスト教が我國に於て十分に自由な活動をなし得た」（同上）のである。ところが、「この十數年來、神道國教化の運動がさま〴〵に形を變えて強行された」（同上）。だが、「それが皇室からではなく、またそれを天皇統治の傳統が必要としたのでもない」（同上）のである。

神道の教義化は神道の国教化への傾向を内包しているが、それは天皇統治の伝統にとって本質的かかわりをもつものではないのである。以上が第二の論点にかかわる和辻の基本的主張である。

この論文における和辻の主張は、封建思想と神道の教義とが天皇統治の伝統と本質的なかかわりをもたないとするものであるから、天皇尊崇の伝統の意義を語る上では、消極的な意義しかもってはいない。だが、それは、和辻にとって、天皇統治の伝統が現実的に存続する上では、重要な意義をもつ。というのも、和辻は、封建思想を受けた国民道徳論および神道の教義化の歴史的帰結である平田派の国学が、敗戦以前の天皇尊崇の主張として力をもっていたために、「武力による統治」および神道国教化という、二つの傾向が近代日本に「弊害」（『世界』同、五四頁・『全集』同、三二五頁）、「不幸な誤謬」「罪惡」（『世界』同、五七頁・『全集』同、三二八頁）をもたらしたとみるからである。

和辻は、これら二つの傾向が天皇統治の伝統に本質的連関がないとすることで、近代日本における弊害・不幸な誤謬・罪悪について、本来の天皇統治の伝統から免責しようとするのである。

三　「封建思想と神道の教義」に先立つもの

こうした封建思想を受けた国民道徳論や神道の教義化への和辻における批判的主張は、敗戦以前に成立していたものである。天皇統治の伝統についての学問的研究書として、一九四三（昭和十八）年十二月二十日に発行された『尊皇思想とその傳統』（以下『傳統』と略記する）の中に、神道の教義化への批判につながる叙述がある。たとえば、伊勢神道が神道界に与えた影響を「皇祖神としての天照大神崇敬の他に、一層根元的な神の崇拝を押し立てようとする傾向」であるとして「この傾向は決して尊皇思想の擧揚を意味するのではない」（『傳統』一四〇頁・『全集』一四、一〇八頁）と述べている。伊勢神道の基礎をなす『神道五部書』については、これが「初めて伊勢神宮の『教義』とも云ふべきものを作り出した」ことを指摘している（『傳統』一四二頁・『全集』同、一〇九頁）。また、敗戦前に有力であった平田派国学の始祖である平田篤胤については、かなり回りくどいいい方で、したがって的確な引用によって示しにくいが、徹底的な否定を行っている（『傳統』三八七頁以下・『全集』同、二八五頁以下）。

さらに注意したいことは、和辻が、大正期において、封建思想と神道国教化への批判を行っていることである。一九一九（大正八）年一月『太陽』に発表した「危険思想を排す」がその一例である。この論文は、国民道徳の振興・古神道の復興・国体擁護の三つの主張を危険思想として批判するものである。この三つの傾向への批判における前の二つは「封建思想と神道の教義」の第一と第二の論点に対応している。

「危険思想を排す」において、国民道徳の振興に対する批判として、次のように述べている。

「忠」をもって道徳の大本とする説は幾度か説かれた。しかし忠君の概念は歴史的変遷をまぬがれない。少なくとも徳川時代における忠と我々の時代の忠とは同一であり得ない。徳川時代には君臣の間に私人的関係があった。日常生活が忠の内容となった。この忠を直ちに我々の時代にあてはめるのは、国家社会の変遷を顧みない一種の危険思想である。なぜなら、封建時代に住まない我々は、かくのごとき忠を実現しようとするときに、ついになすべきことを見いだし得ない結果に立ち至るからである。すなわちかくのごとき忠を道徳の根本として国民にすすめるのは、国民を内容なき道徳に導くと異ならない。

しからば我々の忠とは何であるか。教育勅語はこれについて明らかな解釈を与えている。すなわち我々が国民としてその分をつくし、社会の一員としてその愛と能とを発揮することである。ここにはもはや疑問の余地はない。我々が君主と個人的接触をなし得ざる限り、我々が君と国とに対してなすべきことは、このほかにあるはずがない。（『全集』二二、一四二頁）

ここで、封建的君臣関係の忠君が、当時の国家における国民の忠と異なることを明確に主張している。

また、古神道復興への批判では、「国民道徳の主張よりももっと危険なのは、近ごろ流行する古神道復興の運動である」（同、一四五頁）として、次のように述べている。

この運動の最も危険な点は宗教と政治とを合一しようとする傾向である。現在では国家は神道を宗教と認めていない。古えの「祭事」は今や純粋に「政治」となって、我々の意味での宗教ではない。しかるに彼らは国家が認めて宗教にあらずとするものを、宗教であると強弁する。そうして再び太古におけるごとく、祭事を宗教として結合せしめようとしている。（同上）

古神道を宗教として国教とすることは、宗教と政治を分離した日本国家にとって有害であるとするのである。

和辻は「政治と宗教との混淆」を、「国体に対する非常な不正ではなかろうか」と評している（同、一四六頁）。大正期の「危険思想を排す」と敗戦直後の「封建思想と神道の教義」とにおける批判の論理は、二十六年の時をはさんでいるにしては、驚くほど共通していることがわかる。

このようにみると、「封建思想と神道の教義」は、敗戦に際会して、和辻が、三十年近くもの間、国家社会にとって有害なものとみなしてきた思想傾向を、天皇統治の存続のために、封じ込める意義をもっていたとみることができる。

四　「國民の歴史的な總意は天皇によつて表現」

次に、④の「國民の歴史的な總意は天皇によつて表現」について考察する。[5] この文章は、「封建思想と神道の教義」とは対照的に、天皇統治の伝統の意義を積極的に明らかにしようとするものである。これは、比較的短文であるが、彼の考えをコンパクトな形でよく示している。

和辻の考えは、こうである。人民主権の概念は、人民の一致した意志すなわち国民の総意が国の最高権力をもつということであり、そうなると国民の総意を形成し、表現する仕方が重要な問題となる。そして、「この（國民の總意の…高橋註）形成と表現とがなしとげられ、「國民の總意《そうい》を表現するものはわれわれにおいては天皇にほかならぬ」といふことが明かになれば人民に主權《けん》があるといふことと、天皇が主權《けん》者であるといふことは一つになつてしまふ。人民主權《けん》を承認するために天皇制を打倒《たう》しなくてはならぬといふ必要はない」（「北毎」昭和二十一（一九四六）年一月七日一面・『象徴』二八頁・『全集』一四、三三九頁）。

国民の総意が形成されて、その国民の総意を表現するものが天皇であるということになると、人民主権は天皇主権とは対立するものではないというのである。

そして、歴史的にみると、日本国民は天皇統治の伝統において、国民の総意を天皇において表現してきたということが、次の要点である。

まず、神話において「日本における原始集團が如何にその總意《そうい》を天皇において表現したかをはつきりと認識《しき》することが出來るであらう」（「北毎」同・『象徴』二九頁・『全集』同、三三〇頁）。このこと自体は、日本特有の現象ではないが、それが、神話を生み出す文化段階以後も持続したのである。

元來原始集團が已《おの》れの總意《そうい》を何ものかに投射《しや》し、それを「神聖なもの」としてうけとるといふことは、人類《るゐ》に通有の現象《しやう》であつて、わが國にかぎつたことではない、わが國の歴史《れきし》の特性《せい》をなすものは、むしろこの傳統《とう》が文化段階《かい》の異《こと》なる次々の時代に、形を變《か》へつつも持續して來た點《てん》である。

（「北毎」同・『象徴』三〇頁・『全集』同、三三〇頁）

和辻によると、国民の総意を天皇において表現するという、天皇統治の伝統が日本歴史の特性であり、しかも天皇は、近時の情勢を別として、長期にわたり権力・武力をもたないでもその権威を持続したのである。このような「歴史《れきし》の試煉を經た」（「北毎」同・『象徴』三三頁・『全集』同、三三一頁）天皇統治の伝統の意義と底力を強調し、国民の冷静な認識を期待することで、この文章は終わっている。

いま天皇統治を肯定する立場を広く尊皇思想とよぶとすれば、和辻は、ここで、敗戦後の日本の方向として尊皇思想を主張したのである。しかも、その主張は「人民主権」と「天皇主権」とは同一に帰するとし、両者の本質的区別を無意味とすることにおいてなされている。

和辻のこの見解は、敗戦を契機として語り出されたものではない。彼は、右の論文を批判した第四高等学校教授の安藤孝行の所論（「天皇制論議　（一）和辻博士の天皇制論批判」、安藤孝行『絶對自力の哲學』東西文庫、一九四八年四月一日発行・所収）[6]を受けて、「國民全體性の表現者」を書き、その中に「國民の歴史的な總意は天皇によつて表現」を引いた上で、次のように述べている。

この一文は大急ぎで書いたものでもあり、行論に不備な點も多いが、しかし多年來のわたくしの所信をのべたまでであつて、降服後四ヶ月の間に新らしくできた考へを發表したのではない。

（『象徴』三三頁・『全集』一四、三三一頁）

和辻は、自身の見解は敗戦以前の「多年來」のものであって、敗戦後に改めたのではないといっているのである。このことを、確認することとしよう。

五　「國民の歴史的な總意は天皇によつて表現」に先立つもの

「國民の歴史的な總意は天皇によつて表現」は、先にあげた『尊皇思想とその傳統』に結実した研究成果をうけたものであり、国民の総意を表現するものとしての天皇統治の伝統という捉え方は、この書物にはっきりと打ち出されている。

『傳統』において、和辻は、上代の倫理思想について、「天皇の神聖な権威を承認しそれへの歸屬を中心とする倫理思想」としての「尊皇の道」が、他の種々なる倫理思想もそれを基調とし、またそれを通じて自覚されるものとして「中心的地位を占めるもの」であるとする（『傳統』五四頁・『全集』一四、四五頁）。この上代における天皇の神聖性について、次のように述べる。

直接に民衆にかゝはる村落的統一も、またそれらを包括する高次の國民的統一も、共に外からの力による『支配』ではなくして、内からの『統率』に他ならなかつた。だから我々は當時の社會をこの二重の統率關係において理解することが出來る。臣、連、伴造、國造などは、各己れの部民の統率者として貴族の地位に立ち、朝廷の祭事《まつりごと》に加はる。然るにこの祭事に於ては、彼らは被統率者である。こゝに祭事を司られる天皇は、統率者の統率者として貴族の上の貴族の地位に立たれる。それが天皇の神聖性であつて、そこに國民の全體性が表現せられてゐるのである。（『傳統』、五七頁・『全集』一四、四七頁）

ここで着目したい要点は、天皇の神聖性の根源が「國民の全體性」であるとすること、統治関係を「権力による支配ではなくして権威による統率」（『傳統』、五五頁・『全集』一四、四五頁）と捉えることである。天皇の地位は、上代においては祭祀を司るものとして、国民的団結の自覚を客観的に表現するものであった。だから、そこにおける治者と被治者の関係は、「力による抑圧的な支配」への「屈従・反感」ではなく（『象徴』五四頁・『全集』同、四五頁）、内発的な帰属と統率であったことになる。

『傳統』は、日本歴史を通して国民的統一を保持し続ける民衆とその全体性を表現するものとしての天皇、これに対して国民的統一をむしばむ勢力である貴族やとりわけ武力を中心とする武士階級への対抗を、大きな軸として叙述されている。

ここには、民衆の内発的な帰属に支えられた天皇統治の伝統が、武家政治とは異質な、平和を体現するものとして語られている。そこにまた、学問的叙述の形をとりながらも、戦時体制下における日本の軍部のあり方、とりわけ陸軍主導の日本国家の運営に対する批判の意図を汲み取ることは容易である。

ところで、「人民主権」と「天皇主権」とが同一に帰するとする考え方についてであるが、これと等しい見解は敗戦前にすでにある。一九四二（昭和十七）年六月十五日に発行された『倫理學』中巻第一刷に、次のような記述がある。[7]

國家の基本組織に於てはさまざまの異なつた形態を取つて居り、從つてこの組織の法的表現もまた一様ではない。特にこの相違については主權を君主權と見るか民主權と見るかの別がしばしば論ぜられてゐる。かゝる相違は歴史的に釀成されたものであり、理論はそのあとを追つたに過ぎぬが、その歴史的な情勢の最も大なるものは、國家と民族との分離、從つて國家の全體性と神聖性との分裂である。民族の全體性が聖なるものとして把捉され、その神聖性が一人の統率者によつて擔はれてゐる場合には、この民族の組織が國家として自覺されるならば、そこに神聖にして威力ある一人の主權者が出現するのは當然である。

（同書、四七九頁・『全集』一一、六〇七頁）

君主權と民主權との相違の問題は右の如き歴史的情勢を地盤として生じた。國家が神聖性とのつながりを有せずして統治する場合には、「統率」は失はれて「支配」がそれに代る。例へば征服せられたる異民族はたゞ國家の權力に「支配」せられるのみであつた。かゝる國家に於て主權者が「君主」であるならば、その君主はたゞ「權力ある者」であつて權威ある者ではない。かゝる支配體制が固定してくれば、たゞに異民族のみならず己が民族もまた「支配」せられるやうになる。君主はもはや國家の全體性を表現する者ではなくして一箇の「私」となり、國家はこの私によつて專用される。こゝに民衆が立つて國家の權力を君主より奪ひ取る所以が存するのである。かくして「人民」が主權者であるとせられる國家が成り立つてくる。しかし人民の内の何人も國家の全體性を表現し得る如き資格を有せず、從つて主權を持ち得る者はない。そこで再び「人民全體」なるものが主權者として考へ出される。しかしこれは、民族の生ける全體性を聖なるものとして感得した切實な體驗とは異なり、人爲的に「考へ出される」のであるから、最も考へられ易い全體として數量的な總計になつてしまふ。從つて全體の意志は投票できめられる。然るにその投票は單なる私の意志をも示し得るのであるから、こゝでは君主の私の代りに多數の私の總計が權力を持つことになる。いづれも本來の主權性を示すものではない。主權性は徹頭徹尾「公」であつて、いかに多數者のそれであらうとも私の混入を許さない筈のものである。

以上の如く見れば君主權と民主權との相違の問題は、主權者の神聖性を捨て去り單なる支配體制に落ち込んでゐる國家に於て生起するのであつて、民族の生ける全體性により絶對的全體性へのつながりを保持せる本來の國家にあつては、曾て起りはしなかつたし、また起る筈もないのである。

（同書、四八二頁・『全集』同、四二一頁）

長い引用を重ねたが、和辻によると、主権が君主にあるか人民にあるかという問題は、国家と民族とが分離しているという、歴史的情勢によることである。国家と民族の分離がなく、民族の生きた全体性が国家として組織されているような本来の国家においては、その全体性を表現するものについて、君主主権と人民主権の区別の問題はあり得ないというのである。

和辻の考え方によると、君主主権か人民主権かという問題設定は、そもそも本来の国家においては虚偽である。あえて本来の国家にその問題を立ててみるとすれば、つまり天皇において民族の全体性を表現している国家である日本についてみれば、人民主権と天皇主権は一つになるという主張になるのである。「國民の歴史的な總意は天皇によつて表現」の人民主権と天皇主権にかんする見解は、敗戦前に確立していたものを簡略に述べたものである。

さらに、天皇統治の伝統が、権力による専制的支配ではなく民衆の内発的な帰属による統率であるとする考え方は、大正期にまで遡ることをみておこう[8]。先に触れた「危険思想を排す」では、次のように述べられている。

天子は常に民を本とし民の福祉のために政をとられた。しかし、太政大臣、征夷大将軍のごとき専制的執権者は、己が氏族を守りあるいは政敵を圧迫するために、民意を重んずることができなかった。かるがゆえに革変が起こった。しかし国体は揺るがなかった。

（『全集』二二、一四九頁）

和辻は、「民本主義の政治がわが皇室の特長であり、また誇りである」（同上）として、天皇統治を民本主義そのものであるとする。ここには、専制的な性格をもつ権力ではなく、民衆を尊重するがゆえに民衆に支持される権威という天皇像があらわれている。

和辻は、ここで、「民本主義」を「民主主義」と区別している。彼は、民本主義は「民を本とする政治を強調するものであって、主権者の変更を云々するのではない」のであり、その主張においては「国体は依然として元のごとくである」と国体の変更につながらないことを、とくに指摘している（『全集』二二、一四七頁）。つまり、「この思想は、その提唱に当たって、すでに民主主義でないという明白な弁明を掲げている」のであるから、民本主義は危険ではないというのである（同上）。

この民本主義の内容について、一九一九（大正八）年に発表された「民本主義哺育の二法」（『新時代』二月号）において、次のように非常に興味深いことを述べている。

わが国体と民本主義との間には、本来何の憂うべきことも横たわっていない。民本主義はむしろ皇位の永続の保証である。その例として英国の王位を見るがいい。今や欧州列強の内に王位の安全を誇るのは英国のみとなった。もし露独が早くより英国の民本主義を学んでいたならば、露独の皇位は今日のごとき悲惨な境遇には陥らなかったであろう。もとよりわが国の憲法は英国のそれと同一ではない。しかしわが国の国体歴史は、わが憲法の運用が英国のそれと同一であるべきことをさし示している。たとえば天照大神が八百万神を集えて出雲出征のことを議し、自らの意志を発表せずして一に衆議の定まるところを実行せられたごときがそれである。わが皇室の歴史はかくのごとき民本主義の精神によって貫かれている。そのために万世一系であり得たのである。（『全集』二二、一六二頁）

和辻は、ここで、日本の国体の歴史が民本主義の精神に貫かれているとするだけでなく、国体の永続のためには、日本の憲法をイギリスの民本主義の憲法をみならって制定すべきであるという。国家の統治組織を考える上で、君主の存在とイギリス流の民衆の参加する議会の制度とは矛盾するものではないことを、彼はこの時点で、認識していたのである。興味深いのは、和辻において、国際的な視野のもとで統治組織における君主の存在の問題が捉えられていたことである。

このようにみると、「國民の歴史的な總意は天皇によつて表現」は、天皇統治の伝統を、武力に拠らない権威として民衆の意思の重視をみる大正期以来保持していた立場の延長上に、天皇の神聖性を国民的全体性の表現に認める見解を、提示したものであることがわかる。つまり、敗戦までの思想的立場を変えることなく、そしてはるか大正期以来の立場を相当に受け継いで、敗戦直後の言説を展開しているのである。だが、敗戦後の和辻の言説が、敗戦以前とまったく変わっていないとするのは正しくない。

和辻の言説は、日本の敗戦という事実を重く受け止め、それに対応して新たに語り出されたものでもあることを、やはりみなくてはならないのである。

六　敗戦状況への応答（一）――「平和國家の建立」

和辻の言説が、敗戦という日本の状況を踏まえていることは、「國民の歴史的な總意は天皇によつて表現」において、「日本國民の自由に表明せられた意志」を問題にしていることにみられる。

これはいうまでもなく、アメリカ・イギリス・中国が日本に対して降伏を勧告するものとして、一九四五（昭和二十）年七月二十六日に発したポツダム宣言第十二項を受けている。この条項は、「前記諸目的が達成せられ且日本國國民の自由に表明せる意思に從ひ（in accordance with the freely expressed will of Japanese people）平和的傾向を有し且責任ある政府が樹立せらるゝに於ては、聯合國の占領軍は直に日本國より撤収せらるべし」（外務省編纂『終戦史録』五〇七頁、英文・五〇五頁）と、降伏の後に駐留することになる占領軍が撤収する条件を示すものである。

政府の形態が「日本國國民の自由に表明せる意思に從」って決められるのであれば、それは人民主権だということである。(9) ポツダム宣言の受諾は、人民主権による政府の樹立を将来の課題とすることを受け入れたことになる。

もっとも、そうであるからといって、ポツダム宣言を発した側であるアメリカ政府筋が、この宣言によって直ちに天皇を日本の国家組織から排除しようとしたわけではない。また、受諾した側である日本政府は、天皇を統治権の総覧者とする体制、いわゆる国体が維持されたものと解釈していた。(10) だが、人民主権の立場と国体との関係の調停は容易ではなく、降伏後の日本における政治的・社会的・思想的問題であり続けた。

和辻自身にとっては、先にみたように、この君主主権と人民主権の調停は解決済みであり、主たる問題ではなかった。彼は、さし当たり、この問題については、敗戦前の自説を補強するかたちで対応すればよかったのである。だが、彼がポツダム宣言との関係で、敗戦前と異なる対応をしたものがある。それは、右の条項における「平和的傾向を有」する国家ということにかかわる。

その点で注目されるのが、⑤「人倫の世界史的反省　序説」(『思想』三・四月合併号、一九四六年四月三十日発行)である。その冒頭に、次のように述べている。

太平洋戰爭の敗北によつて近代日本を擔つてゐた世界史的地位は潰滅した。かゝる悲慘なる運命を招いたのは、理智に對する蔑視、偏狹なる狂信、それに基く人倫への無理解、特に我國の擔ふ世界史的意義に對する恐るべき誤解などのためである。我々はこの苦い經驗を無意義に終らせてはならぬ。平和國家を建立し、文化的に新しい發展を企畫すべき現在の境位に於て、何よりも先づ必要なのは、世界史の明かなる認識の下に我々の國家や民族性や文化を反省することである。(同、一頁)

この文章は、のちに加筆されて、一九五〇年四月十五日発行の単行本『鎖國――日本の悲劇』(筑摩書房)の

「序説」となる。そして、この冒頭部分については、単行本とはかなり相違がある。

敗戦による近代日本の「世界史的地位」の「潰滅」ないし「世界史的意義」の喪失や「平和國家の建立」が日本の国家的課題であるとする言及は単行本にはない。ここで注意を引くのは、和辻が、内容に立ち入らないスローガン的なものではあるが、「平和國家の建立」を主張していることである[11]。それは、敗戦以前の和辻の主張とは対照的な主張なのである。

これと関連して右の部分で注意したい、もう一つのことは、現在の状況に対応する上で「世界史の明かなる認識の下に我々の國家や民族性や文化を反省すること」を求めている点である。このことは、敗戦以前とは異なる世界史についての認識に至ったことを推測させる。つまり、世界史における日本の地位についての捉え方が転換していると思われるのである。

まず、第一の論点である平和と戦争についての和辻の敗戦前の言説をみることとする。彼は、『倫理學』中巻第一刷に次のように述べている。

> 國家の防衛も、個人の幸福を外敵の脅威から守るといふのではなく、國家自身の防衛であり、從つて人倫的組織の把持、人倫の道の防護なのである。この點から見れば國防は手段ではなくしてそれ自身に人倫的意義を有するものである。
>
> （『倫理學』中巻第一刷、四九三頁・『全集』一一、四二八頁）

> 國防が國家にとつて必須であることは、同時に戰爭が國家にとつて必至であることを意味する。國家は戰爭に於て形成され、戰爭に於て成育すると云はれるが、事實上戰爭をしない國家などといふものは曾て地上に出現したことはないのである。從つてまた逆に、戰爭をなし得るか否かが國家であるか否かの試金石であるとも云はれる。國家が勝義の人倫的組織であり、さうしてそれが外からの脅威を受けてゐるとすれば、それを防ぐために生命や財産を犠牲にすべきであるのは當然のことである。然るに生命や財産の安全のために戰

争を避けるといふのであるならば、そこにはこれらの犠牲を要求し得る國家が存してゐないのである。
（同、四九六頁・『全集』同、四二九頁）

和辻は、国家を諸個人の利害にもとづく社会契約によって形成されたとするような国家観を排している。彼にとって、国家は家族・地縁共同体・経済共同体・文化共同体といった人倫的組織を人倫的組織としてあらしめる「人倫的組織の人倫的組織」（同、四六〇頁・『全集』一〇、五九六頁）である。だから、「國家を衛ることは人倫の道を衛ることであり」、「國防は國家の人倫的意義が重いと同等の重さを持つた人倫の道である」（同、四九四頁・『全集』一一、四二八－四二九頁）。この意味で、国家の存続はそれ自体を目的とするものである。

国家の存続が、それ自体として人倫的意義をもつのである以上、国家の存続を危うくするものに対する防衛は不可避的である。このような国防と戦争との国家の人倫的意義からする肯定は、和辻において、平和に対する一般的な擁護への批判と結びつく。

戦争を端的に非人道的と考へるのは個人の生命や財産がいかなるものにも優つて重大であるとする快樂打算の立場に過ぎない。平和の讃美はしばしばかゝる立場の表現であつた。特にこの二十年來喧傳された平和主義は、實はPax Americanaの宣傳にほかならなかつた。そこでは平和とは、アメリカの經濟力への他民族の屈服、それに基いてのアメリカ式生活様式（卽ち文化的には空疎でありながらたゞ便利安易快適といふ點に於て優れた奢侈生活）の擁護を意味した。かゝる平和に我々は高い人倫的意義を認めることが出來ない。況んやかゝる平和のために多くの民族の國家形成が阻止されてゐるとすれば、我々はむしろかゝる平和を呪詛すべきであらう。
（同、四九六頁・『全集』同、四三〇頁）

和辻における国家にとっての国防と戦争の不可避性の主張は、ここでは、単なる理論的主張にとどまることなく、時局とのかかわりにおいてすぐれて実践的主張ともなっている。二十年来の平和主義はアメリカのための平和の宣伝であるとし、さらにこの平和によって多くの民族の国家形成が妨げられているとすれば、そのような「平和を呪詛すべきであらう」と語っている。この発言は、ことばの表面にあらわれているように、仮定的な状況に対する仮定的な主張と受け取ることはできない。彼は、日米開戦を不可避のことであり、その時の日本の役割を世界史的意義をもつものと考えているのである。

和辻は、ここにみた『倫理學』中巻第一刷における国家を論じた節を、「この巻の最後の節を執筆してゐた時に今度の大東亜戦争に際會したのである」(同「序言」・『全集』一一、四一五頁)と述べている。そして、この「序言」では、自ら一九三七(昭和十二)年の『思想』九月号に掲載した「文化的創造に携はる者の立場」に言及して、以後の五年間もこの文章を執筆していたときの心持は持続していたとし、「世界史の轉換は五年前に豫測したよりも更に大仕掛けで」あるが、「我々の覺悟は今でも右の文章に書いた通りでよいと著者は確信してゐる」と述べている(同上)[12]。

「文化的創造に携はる者の立場」は、一九三七年七月の盧溝橋事件に始まるいわゆる「支那事変」を機縁として執筆されたものである。ここでいう覚悟とは、学問や芸術などの文化的創造に携わる者が政治的軍事的な大事件に際会して興奮することなく、自らの任務に忠実であるべきことを意味している。和辻自身の問題としては、政治軍事に直接かかわることなく、学問に従事する者としての自己の任務を忠実に果たすべきであるという覚悟の披瀝である。

この主張の前提には、欧米と日本との対立の不可避性の認識と、欧米の動きに対抗する日本の果たすべき役割の擁護があった。日本の役割とは、白人優位の世界史の転換であり、「究極に於て十億の東洋人の自由を護ることである」(「文化的創造に携はる者の立場」『面とペルソナ』一九三七年十二月二十日発行、二八八頁・『全集』一七、四四三頁)とみていたのである。

和辻は、右にみた『倫理學』中巻第一刷におけるアメリカ主導の平和への批判の文章を日米開戦に際会しつつ書いたと記し、その場合の自らの姿勢を「文化的創造に携はる者の立場」と基本的に変わらないとしている。彼は、文化的創造に携わる者という立場の範囲ではあるが、日米開戦論者であったのである。[13]

このことをみるとき、「人倫の世界史的反省　序説」において、和辻が「平和國家の建立」を語るのは、自説の転換であるというほかはない。だが、この戦争と平和に関する考え方の転換は、彼における世界史の捉え方の転換と相関しているのである。「人倫の世界史的反省　序説」は、和辻が敗戦に対応して「世界史の明かなる認識」を示そうとする手始めであった。

七　敗戦状況への応答(二)——「世界史の明かなる認識」

和辻が「人倫の世界史的反省　序説」につづく文章で示そうとしたものは、「近代ヨーロッパ」と「近世日本」の差異であったが、この「人倫の世界史的反省　序説」は表題通り、そのための「序説」である。だが、具体的な事実による裏付けは、後につづく文章で示されるにしても、彼の主張の輪郭は、この「序説」からだけでもある程度わかる。

和辻によると、中世において「西歐的世界の統一」が形成されるのはイスラム的な「東方」への対抗を通じてであったが、このとき重要な意義をもったのは「十字軍」であった。この十字軍は、次のようにして、近代ヨーロッパの形成にとって新たな意義を帯びてくる。

> 十字軍は前にも云つた如くゲルマン諸族の戰闘的性格が教會の理念を通じて表現せられたものであるが、それによつて教會の統治が強化されると共にまた戰闘的性格そのものも醇化した形に展開せざるを得なかつた。それは世俗的な國家生活の發展や自由な人間生活の形成に於ける無限追求の精神である。

十字軍の戦闘的性格が「醇化した形に展開」することにより、「無限追求の精神」を生み出し、それが「近代國家」の形成、および「個人の生活」や「人間性」の解放としての「ルネサンス」に展開して、「近代ヨーロッパを産み出してくるのである」（同、一六―一七頁）。

（『思想』同前、一六頁）

和辻は、近代ヨーロッパの特質として、戦闘的性格に裏打ちされた無限追求の精神をみている。ここから、近代ヨーロッパは、教権からの解放、国内における諸身分の闘争を通じての新しい都市の形成、および国家と国家の対立・抗争を通じての国民国家の形成、古代精神を媒介とする独立の個人としての自覚や世界の発見といった、一連の特質をもって展開するものとして描かれる。

和辻が、この無限追求の精神の延長上にある、近代ヨーロッパ形成の契機として重視するのは「發見の精神」である。それは、「近代の自然科学を出發させた」（同、一九頁）とともに地球上の諸方に進出するという動きとして具体化する。この「發見の運動」を力強く実行したのは、スペイン人やポルトガル人の活動を「海外十字軍」としている。そして、彼によると、「此事業こそ近代ヨーロッパを形成する最後の重要契機に外ならない」のである（同、二〇頁）。

この「序説」につづく雑誌連載では、右にいう「海外十字軍」としての活動が具体的に追跡されている。それにしても、この「海外十字軍」ということばのなかに、近代ヨーロッパを特徴づける戦闘的性格に裏打ちされた無限追求の精神がよく含意されている。

「序説」における近代ヨーロッパに対比される、インド・シナの特質についての言及は割愛するとして、日本の場合についての指摘は、次のようなものである。

ヨーロッパ中世の場合と対比するとわかることは、「我國の武士がたゞ内亂を背景としてのみ發生し、西歐に於けるが如く異民族や異なれる文化圏との對立に於て發生したのではない」ことである。「從つて眼界はいつも國内に限られ、遙かな彼方の未知の世界への衝動を持たなかつた」。十三世紀末に蒙古襲来に出会っても、眼界を広い世界に向けることはなかった。その特質は、「受動的閉鎖的な態度」である（同、二五－二六頁）。

西欧にルネサンスの興った十四、五世紀についてはどうか。「この時代は我國自身に卽して云へば同じくルネサンスなのである」。古典文芸を基準とした新しい文芸の創造・海外遠征の盛行・都市の勃興・民衆による自治の開始、「すべてこれらの點に於て我國の十四・五世紀もまた近代を準備してゐると云へるのである」。そして、十四、五世紀に近代を準備していた日本は、「國内に數多の勢力が對峙し、國民的統一の失はれた十六世紀に至つて、いよ〳〵西歐の文化との接觸に入った。そこに我々の問題の焦點が存するのである」（同、二六頁）。

ここで、この論文は終わっている。だが、この論文につづくはずの考察の結論が、ここからだけでもわからないではない。

曰く、日本は、近代を準備していたが、近代ヨーロッパがはるばると視野を世界的に拡大して日本と接触したとき、それとの接触を断ちきって国を鎖したことにより、近代は未成熟なままにとどまった。このことは国内的視野だけから自己の支配権を確保しようとして、広い国際的視野をもたない武士によってなされた。そこに欠落しているのは、無限追求の精神である、と。

ここには、近代の精神を無限追求の精神に認めることで、この精神の展開の度合いを基準として、近代ヨーロッパの近代日本に対する優位をみるという考え方が明確に成立している。このことは、近代日本の世界史的意義を説いていた、敗戦を確信する以前の和辻の立場に転換が生じていることを示している。

この転換は、日本が戦争において敗北し、その結果として、和辻の想定していた東洋の自由を守るという使命を果たし得なかったことによるが、それだけではない。もし、敗北によって東洋の自由が奪われたとみるだけであれば、自由のための抵抗を語ることもあり得たはずである。彼は、無限追求の精神に着目することで、戦争という、武力による決着とは異なる次元における優劣をみたのである。

この精神は、個人の自覚・合理的な国家形成・近代の自然科学の形成・世界的視野の拡大などを促すものとして多面的な意義をもつものとみられている。和辻が、近代ヨーロッパの精神における個人の自覚や合理性・科学性を、きわめて高く評価していることは改めていうまでもない。(14) だが、近代ヨーロッパの精神を、ここに至って、無限追求の精神と捉えたことは、合理性・科学性の根底にあるものとして、「世界中に延びひろがつて行く」（同、一頁）開放的・能動的態度を見通したことによると考えられる。

こうした態度が、「海外十字軍」ということばにみられるような戦闘的性格をともなっており、近代ヨーロッパが南北アメリカ・アフリカ・アジアの諸地域を侵略・抑圧したことについて、和辻は、敗戦以前に明確な認識をもっていた。彼がいま新たに着目しているのは、近代ヨーロッパの世界的拡大における戦闘的性格ないし軍事的支配の側面の基盤にある、その醇化された形としての無限追求の精神なのである。

このことを裏書きするものが、⑥の「歴史的自覺の問題（斷片）」にある。そこで、和辻は、近代ヨーロッパの基本的動向を中世の閉鎖性の打破にみて、「閉鎖性打破の第一のきつかけは十字軍であつた」（『展望』一九四六年七月号、一四頁）として、十字軍の活動を視野の拡大という観点から捉えている。だから、「コロンブスのアメリカ大陸の發見」「アフリカ沿岸の探檢、印度への航路開發など」といった「新しい眼界の展開」が十字軍の活動を内面的に支えた精神ということになる（同、一五頁）。無限追求の精神は、全世界的な視野を獲得することに向かうものと見通されているのである。

ここで検討している「人倫の世界史的反省　序説」そのものでは、ここに述べたような無限追求の精神のもつ歴史的意味は明示的に語られてはいない。しかし、「序説」執筆の段階で和辻において考え方の基本的方向は成立していたものと思われる。というのも、彼は、一九四六年四月からの講義を「人倫の世界史的反省」と題して一年間行った後、『展望』に長期の連載を行っているからである。連載は、「世界的視圏の成立過程」と題する近代ヨーロッパの東方・西方への視野拡大にかかわるもの、および近代ヨーロッパと接触する近世初頭の日本の状況にかかわるものである。この連載が終わって後、一連の連載と「序説」を加えたものに若干の手を加えて成ったのが、前掲の『鎖國』である。(15)

この流れをみただけでも、「世界的視圏の成立」が、近代ヨーロッパの無限追求の精神の具体化であると捉える和辻の見通しがよくわかる。そして、『鎖國』の「序説」において、この精神を内蔵する近代ヨーロッパと近世日本との対比の意味を、次のように要約している。

鎖國が問題になるのは世界的な交通が既に始まつたからであつて、一つの世界への動きがそこに見られる。鎖國とは一つの世界への動きを拒む態度である。（『鎖國』三頁）

和辻が、敗戦の確信のもとで、「近世というものを初めから考えなおしてみる」研究会を組織して得た見通しは、近代ヨーロッパに無限追求の精神とそれにもとづく世界的視圏の獲得、具体的には「一つの世界への動き」であったということができる。このことが、和辻の思想の展開・転回において重大なのは、敗戦の確信以前には「一つの世界への動き」を現実的可能性として認めていなかったからである。

人間存在に於けるさまざまの全體性はいづれも絶對的全體性の自己限定にほかならぬが、かゝる有限な全體性のうち、最も高次にして究極的なるものは、國家の全體性である。（『倫理學』中巻第一刷、四七五頁・『全集』一〇、六〇五頁、一一、四一九頁）

人類が一つの全體となつたことは、抽象的にして無内容な概念としてのほかには、未だ曾てないのである。全體はいつも有限な、相對的な全體として實現せられた。さうしてそれが絶對的全體性の己れを現はす仕方

なのである。（同、四五五頁・『全集』一〇、五九三頁）

敗戦以前の和辻は、『倫理學』中巻において国家を「人倫的組織の人倫的組織」と規定していたが、それは、人倫的組織として実現可能な最高の段階の究極的なるものであった。ここからは「一つの世界への動き」という発想は出てこない。彼は、地上の人間全体としての人類が、人倫的組織を形成する現実的可能性を認めていなかったのである。

ところが、和辻は『倫理學』中巻の改訂において、こうした考え方を改める。『倫理學』中巻の改訂は第四刷においてなされ、その発行は一九四八年九月二十五日であるから、公表の時点は、本章の設定した考察の範囲を越えている。だが、改訂を施したことを述べる「序言」につけている年時は「昭和二十一年三月」となっていて、この範囲に収まっているのである。確定的なことはいえないが、彼自身としては、改訂を一九四六年三月の時点であることを示そうとしているのであると考えられる。

『倫理學』中巻の改訂箇所では、近代において「高次元の超國家的國家が形成される情勢」（『倫理學』中巻第四刷、四八九頁）について、次のように述べている。

近代に於けるこの形勢はヨーロッパ人の世界進出以來徐々に熟して來たものであるが、國家の問題に關して特に關係のあるのは、ヨーロッパ人が世界の諸地方に新しく國家を作つたといふ事態である。しかもこの國家の形成は、明かな意識を以て自治的な人民の支配を打ち立てることにあつた。從つてそれは初め小さい國家としてて形成され、やがてそれらの國家の聯合として擴大されて行く。（同、四九〇頁・『全集』一〇、六一三頁）

和辻は、近代ヨーロッパの世界的視圏の形成が「超國家的國家」の形成と連動していることを語る。彼は、敗戦以前の認識を大きく転換し、近代ヨーロッパの世界的拡大が「國家の聯合」を現実化したことの延長上に、人類を一つの全体とする新たな人倫的段階の現実的可能性が開かれたとみているのである。それはまた、そこに戦争を常態としない国家と国家の関係、つまり平和の現実的可能性もみていることなのである。

壓制によらざる超國家的國家、或は國際的組織が單に見せかけではなく眞實に實現せられるならば、それは世界史上未曾有の人倫の進歩と云つてよい。その時人間全體としての人類の概念は初めて十分に充實せられるであらう。が同時に、人類の名を以て呼ばれる一つの全體は、人倫的組織としての秩序を有するもの、即ち世界國家と呼んでよいものに形成せられてゐるであらう。（同、四九五頁・『全集』同、六一六頁）

今やこの侵略や征服が許すべからざる罪道として認識せられかゝる國家的行爲の排除を目ざした國際的組織が形成された。これは近世以來數世紀に亙つて非常な勢で進展して來た植民地獲得運動を否定するものである。從つてこの組織が眞實に實現せられ、いかなる國民も侵略や征服の脅威を受けないですむとすれば、國防も戰爭もその必要はなくなるであらう。これはあらゆる國家がその人倫的任務に忠實となり、當爲が國際間に強い拘束力を持ち始めることを意味する。かゝる狀態の實現は實に人類の歴史始まつて以來最初のことと云はなくてはならない。（同、五〇〇頁・『全集』同、六一九頁）

和辻において、人類を一つの全体として人倫的組織として秩序づける、現実的に可能性あるものと予感させているのは、一九四五年十月二十四日に正式に発足した国際連合である。彼は、「眞に國際間の平和と安全、友好、協力、調和などを實現しようとする、新らしい國際的組織」（同、四九三頁・『全集』同、六一五頁）の出現を前にして、そうした組織が目的通りに実現されることにより、地上の人間が一つの全体として秩序づけられることを求めている。彼は、それを人間存在のうちに働いている運動の方向と語るのである。「それこそまさに人倫的組織が目ざしてゐる根本的な方向なのである」（同、四九五頁・『全集』同、六一六頁）。

以上のことをまとめると、次のようになる。和辻は、欧米に対する日本の敗戦の問題を、科学・技術の優劣といった次元にとどめるのではなく、無限追求の精神の成熟の度合いという次元に深め、さらには、国家を越える超国家的な人倫的組織の現実的可能性の次元へと、捉え返したのである。平和を保障する超国家的組織の現実的可能性の認識が、国家を現実的には最高の人倫的組織とし、国家において国防を必須とし、戦争を必至であるとする『倫理學』中巻第一刷の立場の転換を促したのである。それはまた、国際連合を中心とする平和への努力と呼応するなかで、日本が平和国家として存立することが可能であるという、敗戦後の日本の展望を描かせることにもなったであろう。

このような和辻における敗戦への対応、つまり思想の転換は重大な内実をもつが、これまでの考察を踏まえると、和辻の敗戦前の言説の比較的小さな修正から帰結してくることがわかる。最後に、このことをみることとしよう。

八　おわりに

和辻は、敗戦の前にも後にも、国家における国防の必要と自衛のための戦争を否定していない。敗戦を間にはさんだ『倫理學』中巻の言説を、次に対比しよう。

> 防衛の無力は同時にその國家の人倫的な弱さにほかならない。もしそれが近代の新しい知識の不足に基くとすれば、この知識の不足もまた國家の人倫的な弱さに数へられねばならぬ。
>
> （『倫理學』中巻第一刷、四九四頁・『全集』一一、四二八頁）

> 非人倫的な力によって脅威を受ける限り、それを防がうとしないのは人倫的な弱さを示すものと云はねばならぬ。従つてまたかゝる國家の攻撃に對し防衛の戰爭を遂行することも人倫の道である。（中略）戦争を端的に非人道的と考へるのは、これもまた人倫的な弱さを示すものである。

（同、第四刷、四九八頁・『全集』一〇、六一八頁）

和辻において、国家が自己保全をなし遂げられないとすれば、その国家は「人倫的な弱さ」を示しているとする考え方に、敗戦の前と後で変わりはない。これは、国家にかんする一般論であるが、日本の場合にも妥当すると考えてよい。戦争の敗北は、和辻にとって、日本の人倫的な弱さのあらわれである。

「人倫の世界史的反省　序説」は、そうした日本の人倫的な弱さを世界史的に明らかにする試みであった。日本の人倫的な弱さは、表面的には、「序説」の冒頭で「理智に對する蔑視、偏狹なる狂信、それに基く人倫への無理解、特に我國の擔ふ世界史的意義に對する恐るべき誤解など」とされているが、世界史的にみると、無限追求の精神の欠落、世界的視圏の未熟である。

和辻によると、その主たる要因は、内乱にだけ関心を示して、国家を、国家を越えるものとの関連で捉える、広い視野をもたない封建的な武士の精神にある。この武士の精神は、近代日本の問題としては、軍部の専制としてあらわれているのである。「封建思想と神道の教義」では、次のように述べている。

明治以後の軍人の職分は『國家の保護』であつて政治ではない。軍隊は國内の政治のために武力の威壓を加ふべきものではなかつた。從つて軍人は戰術戰技の專門家であつて、政治家としての修養を持たなかつた。その軍人が武力の威壓によつて政治を行つたとすれば、その弊害は武家政治よりも大であらう。軍人に賜へる勅諭は元來この弊害を警めるために下されたものなのである。もし軍人にしてこの勅諭を理解體得してゐたならば、日本國が現在の窮境に陥ることもなかつたであらう。

（『世界』創刊号、五四頁）

明治以後の日本において、軍人の政治への関与という国家統治の逸脱形態が生じてしまったところに、また、それを可能にした日本の精神のあり方に、敗北という「人倫的な弱さ」の要因をみている[16]。だから、敗戦後の日本において、天皇統治の伝統の延長上に、平和国家を唱道することはごく自然な成り行きであった。そして、天皇統治の伝統のなかに、君主権と民主権との両立を理論的に確認していた和辻にとって、国民主権を規定しつつ、天皇を日本国および国民統合の象徴として平和主義を掲げる日本国憲法の国家体制は、日本歴史の本道を歩むものとみられたであろう。

和辻にあって、象徴天皇と国民主権のもとでの平和主義という敗戦後の日本国家体制は、国際連合の成立による人倫の新しい段階への進歩という予感のもとで、新しい世界史的使命を担うものである。彼の戦後の言説はそこから新たに語り出されてゆくのである。

このような敗戦への対応は、和辻における敗戦をはさむ前後の思想の連続性を示すものではあるが、そこには問題が含まれている。それは、和辻にあって、敗戦は欧米に対するものであって、アジアに対するものではないことである。彼において、アジア・太平洋戦争が、欧米に対するものと限定して捉えられていたのであり、アジア諸国との戦争の終結の問題は疎外されてしまうのである。[17]敗戦後の和辻の言説は、そうした制約のもとに語られるのである。

（1）　江藤淳編『占領史録(上)』「第一部　解説」(江藤淳執筆)講談社学術文庫、一九九五年、三七九頁以下を参照。

（2）　古川哲史「和辻哲郎と大東亜戦争」『人と思想　和辻哲郎』（湯浅泰雄編、三一書房、一九七三年）一二一頁以下で、こうした判断を示している。また、研究会の課題について、古川氏は、全集本の『鎖國』解説において、「敗戦の由来をたずねるところにこそその本来のねらいはあった」と述べている（『和辻哲郎全集』第十五巻、五六五頁）。

以下、『和辻哲郎全集』については『全集』と略し、引用にあたっては引用の開始頁を、たとえば『和辻哲郎全集』第十巻、一〇〇頁である場合、『全集』一〇、一〇〇頁のように略記した。引用文献で初出にあたることができた場合はこれを優先したが、『全集』の対応箇所も併記した。

（3）　一九四四年十月一日付および十六日付和辻夏彦宛の葉書。『全集』二五、六一二頁。

（4）雑誌・単行本の発行日は、それぞれの奥付に拠っている。
（5）筆者は、この文章が、一九四六年一月七日付「山形新聞」と同日付「北國毎日新聞」に掲載されていることを確認している。
これは短文で、のちに『心』一九四八年九月号に掲載された和辻の論文「國民全體性の表現者」の中に全文が取り込まれ、さらにこの「國民全體性の表現者」は彼の論文集『國民統合の象徴』（勁草書房、一九四八年十一月十五日発行）に収録された。

「山形新聞」は、この「國民の歴史的な總意は天皇によつて」を、「日本史に重なる歪曲　神憑り論理の再版　天皇制と和辻的哲學」との見出しをつけ、本文の前に解説をつけて掲載している（『新聞集成昭和編年史　二十一年版Ⅰ』新聞資料出版、一九九八年、九一頁）。

「北國毎日新聞」は「國民の歴史的な總意は天皇によつて」と見出しをつけて本文だけを掲載している。

本章では、『國民統合の象徵』の中に収められているものと比較的近い一九四六（昭和二十一）年一月七日付「北國毎日新聞」を典拠とし、その見出しを表題とした。以下、「北國毎日新聞」は「北毎」と略記する。

「北國毎日新聞」は、現在は「北國新聞」と名称変更している。記事の複写にあたっては、岡山大学法文学部卒業生で現在石川県羽咋市在住の藤田豊郁氏のご尽力を得た。記して謝意を表する。
（6）この論文は、一九四六年一月、「北國毎日新聞」に掲載された次の一連の文章を、標題を改めてまとめたものである。この文章の複写についても、前註の藤田氏のご尽力を得た。
一月十三日「天皇は國民の總意表徵か（上）」
一月十四日「天皇は國民の總意表徵か（下）」
一月十七日「天皇と憲法改正（上）」
一月十七日「天皇と憲法改正（下）」
（7）『倫理學』中巻は、第一刷が一九四二（昭和十七）年六月十五日に発行されて一九四八年十一月三十日に第三刷を発行した後、一九四八年九月二十五日発行の第四刷において大幅な改訂を施している。『全集』は、『倫理学』中巻第四刷を典拠として（通行の用字に改めて）第十巻に収めているが、第十一巻の「付録」で第四刷において改訂した箇所に対応する第一刷の箇所を示している。ただし、この「付録」では改訂箇所をすべて網羅してはいない。

（8）和辻が、デモクラシーの正当化をはかる民本主義論を展開しつつ、古代日本にデモクラシーをみたこと、また、彼のデモクラシー観に含まれる問題性を指摘した研究として、苅部直『光の領国　和辻哲郎』（創文社、一九九五年のち、岩波現代文庫、二〇一〇年）がある。創文社版、八一頁以下・岩波現代文庫版、一〇四頁。

（9）このことを明示しているのが、総司令部民政局行政部が二月十二日付でまとめた「覚書」である。その第一項にポツダム宣言第十二項について「このことは、主権が国民にあることを意味する」とあるという（古関彰一『新憲法の誕生』中公文庫、一九九五年、一五三頁）。

（10）このように一応整理したが、ポツダム宣言の発出にあたっては連合国側にはさまざまな思惑と事情があり、それを受け取った日本側にもさまざまな解釈があった。これらについては、佐藤達夫『日本国憲法成立史』第一巻第一章第一節「ポツダム宣言の受諾」、第二節「ポツダム宣言に関する連合国側の事情」に詳しい（有斐閣、一九六二年）。

（11）和辻が、このように書いた時点で、制定過程にあった日本国憲法の中に戦争放棄が憲法に含まれることを知っていたかどうか、それ自体としては、関心を惹く事柄である。一九四六年三月六日に、日本政府によって、戦争放棄の規定を含む日本国憲法の「憲法改正草案要綱」の公式発表があったが、和辻は、この時点以前に、「憲法改正草案要綱」の内容のおおよそについて知る機会があったようである。彼は、一九四六年二月十四日に東京帝国大学のなかに設けられた憲法研究委員会の委員になっていた。この委員会の席上で「何回か会を重ねていたところへ、突如、どこから聞いてこられたのか、末弘先生から、マッカーサー草案なるものが提示されたということを聞かされて、一同みんな唖然とした」という出来事が報告されているからである（座談会「憲法三〇年を回顧して」における田中二郎氏の発言『ジュリスト』第六三八号、一九七七年五月三日）。

だが、「序説」の掲載誌発行の日付が四月二十五日とわかるものの、現在のところは執筆時期が明らかでないので、この問題に確定的な答は得られない。そして、和辻の思想的立場が問題であるときには、この問題は、さし当たり重要ではないといえよう。

（12）この覚悟を披瀝した『倫理學』中巻「序言」の後半の節は、第四刷において削除されている。

（13）「文化的創造に携はる者の立場」の発表直後にこれに接した安倍能成は、「（昭和十二年九月十五日）」と末尾に記載のある文章で、次のように記した。

『思想』の九月號に和辻君が、文化的事業に従事する者の、世の興奮に徒らに追随することなく、日本人の託された文化的事業の意味を自覺して自重すべきを說いてゐる。併しこの事は世の興奮を激起する事件の方向と日本人の従事する文化的事業との不背馳を前提して、始めていひ得られることである。若し我々が不幸にしてその背馳を痛切に自覺するならば、我々が落着いて我々の仕事に従事することは許されぬであらう。（安倍能成「『道理の感覺』」『朝暮抄』岩波書店、一九四三年、二二二頁。本書の第一刷は一九三八年十月十五日発行、典拠は第二刷である）

個人的に親しい関係にあった安倍と和辻の間に、日中戦争の開始の受け止め方をめぐってスタンスの違いがあり、和辻は、当時の日本国家の動向と「不背馳」であったと安部からみられているのである。

和辻は、中国との戦争について、中国そのものを相手とするよりも、その背後にあるものとしての英米に対するものとみていたようである。学生として身近にいた勝部真長氏の聞き書きによると、和辻は、一九四一年九月十九日に、次のように述べている。

元来、日本がシナを相手に戦争を仕掛けたからには、結局、シナのバックの英・米が相手だということは、見通しがついていたことだ。（勝部真長『和辻倫理学ノート』東京書籍、一九七九年、三四頁）

和辻の門下生で戦時中に副手として身近にいた古川哲史氏は、「開戦までの和辻教授の立場は、むろん、戦争反対ではなかった」（古川哲史「和辻哲郎と大東亜戦争」註(2)前掲書、一〇七頁）として、「文化的創造に携はる者の立場」を引いた上で、太平洋戦争に対する和辻の態度について、次のように述べている。

書いたものにおいても、ふだんの言動においても、教授が反戦的立場を表明したためしは一度もなかったように思う。その点では、教授は疑いもなく戦争支持者であり、戦争協力者であった。（同書、一〇九頁）

「開戦までの」という限定は、和辻が戦争終結前にこの戦争への態度を変更したからであると考えられる。また、古川氏は、和辻の戦争支持・戦争協力には「帝国主義的戦争」への反対という「明らかに一定の条件がついていた」（同上）と述べている。

和辻の戦争に対する態度についての、古川氏によるこうした限定について、わたくしも基本的に同意見である。さらに、戦争支持・戦争協力についても、和辻が、政治家でも軍人でもなく、文化的創造つまり学問的活動に従事する者という立場としてあったという限定を付しておくべきであると考える。

(14)「アメリカの國民性」において、和辻は、ベーコンの発明の哲学の方法論である帰納法について、反証を積極的に考慮に入れるものである点で、近代科学の発展に貢献していると述べ、さらに、こうした方法論的態度が社会に浸透していて、反対論を考慮に入れることを本質的特徴とする議会政治をもつ点に、イギリスの底力の契機を認めている（『日本の臣道　アメリカの國民性』四二－四四頁、筑摩書房、一九四四年七月十日発行）。ウィリアム・R・ラフルーア氏は、右の部分に注意を促して、戦時中という厳しい条件のなかで、こうした主張をする点に、和辻の思想を「保守主義者、国家主義者」と単純に割り切れない奥行きをみている（「廃墟に立つ理性＝和辻哲郎」『日本学』12、名著刊行会、四二－四三頁）。

(15)『鎖國』の成立過程については、註(2)にあげた古川氏の解説に詳しい。

(16)湯浅泰雄氏は、『鎖國』における和辻の敗戦の総括について、次のように述べている。

和辻の批判はどうやら、戦争指導の中心にあった軍人や政治家とこれを支援した国粋主義者の運動、そしてそれに動かされて行った日本人の精神的体質に向けられているようである。

（『和辻哲郎』ミネルヴァ書房、一九八一年、二四二頁）

『鎖国』によみとれる彼の戦争批判はその基本的趣旨においては戦後の進歩派知識人の批判と同じである。

（同、二四三頁）

湯浅氏は、和辻が「文化的ナショナリズムの基盤」に立って、「近代日本の世界史的地位」を主張してきたのである以上、太平洋戦争の敗北による近代日本の世界史的地位の潰滅は、和辻自身の立場の潰滅であるはずだ、他者を批判する場合ではあるまいとして、次のように厳しく論難する。

もし和辻が敗戦の意味について問うとすれば、そういう彼自身の立場の潰滅の意味こそが、みずからに問われなくてはならなかったのではないか。

（同上）

このことについて、筆者は、和辻の言説が社会的にもった意義からすると、なんらかの自己批判があるべきだというのはその通りであるが、彼はそれをおこなっていると考える。彼自身の立場に即してみるならば、敗戦以前における日米開戦論を唱道するような自らの見解を、新たな知見と視座にもとづいて修正し、敗戦に対応する言説を提示することが、文化的創造つまりは学問的活動に携わる者のもっとも筋にかなった自己批判の道だと考えられるのである。

だが、すぐ触れるように、和辻における敗戦が何に対するものであったかを考えると別の問題が浮かび上がる。

（17）和辻において、アジアへの視点ないしアジアからの視点が欠落していることについては、湯浅泰雄氏の明快な指摘がある。

『鎖国』をよみ返してみて、あらためて筆者が感じた一つの問題点は、和辻の思考が常に「ヨーロッパ対日本」という狭い視野でしか動いていない、ということである。（中略）彼が日本文化の特殊性について説く場合、その対比の基本的尺度は常にヨーロッパに求められており、アジアの諸文明は軽視されている。　（註（16）前掲書、二四三頁）

アジア認識の欠如は何も和辻に限ったことではない。進歩派・保守派の区別を問わず、日本の多くの知識人の発想は、戦前から戦後まで常に欧米対日本という狭い視野の中でしか動いていない。　（同上）

湯浅氏は、このように述べて、さらに「従来の太平洋戦争観には、――進歩派と保守派を問わず――アジアの側から日本を見るという視点を欠いている」（同書、二四六頁）と述べているが、まったく同感である。

第五章　和辻哲郎の戦後思想

一　はじめに――「平和な国際関係」

和辻哲郎（一八八九―一九六〇）は、アジア・太平洋戦争の後に、敗戦前の思想的立場を変更した。それは、彼が日本国憲法第九条に示された日本国の戦争放棄と軍備の廃止を「われわれの立場」として堅持する態度を示した、次の文章にあらわれている。

われわれは「武力による威嚇」や「武力の行使」を、国際紛争の解決手段として用いないと宣言した。それはわれわれがもはや武力をもたないからそうしたのではない。武力をもたないものが武力を手段として用い得ないことは当然の理であって、ことさらに宣言するを要しない。われわれの宣言は、この決意が人間関係を支配する高い理想への努力であることを示しているのである。国際紛争を解決する手段として武力を用いることは、右の理想に反する。紛争は、あくまでも武力によらず、道理によって解決されなくてはならない。この原理が保持されなければ、平和な国際関係は到底実現され得ないであろう。

（「われわれの立場」一九五〇年九月、『埋もれた日本』『和辻哲郎全集』第三巻、岩波書店、四八二頁）

和辻の戦後の言説としては、天皇統治の伝統の擁護が多く注目される。天皇統治の伝統についての彼の考え方は、敗戦の前後において連続しており、そこに立場の相違を認めることはできない。しかし、彼における国家と戦争についての考え方は、敗戦の前後で明確に変化している。

敗戦前の和辻は、『倫理學』第三章第七節「国家」のなかで、戦争について、次のように述べている。

国家の防衛も、個人の幸福を外敵の脅威から守るといふのではなく、国家自身の防衛であり、従って人倫的組織の把持、人倫の道の防護なのである。この点から見れば国防は手段ではなくして、それ自身に人倫的意義を有するものである。

（『倫理學』中巻第一刷、一九四二年、四九三頁）

人倫的組織である国家の存在はそれ自身として価値があるから、国防は「それ自身に人倫的意義を有する」というのである。これによると、国家でありながら自己防衛できず、侵略されて滅亡することは「人倫的な弱さ」であり、国家としての自覚が欠けていることになる。ここでは、防衛が国家の本質に属することについて、特段の条件はない。国家の戦争を端的に肯定するこの言説は、敗戦後のそれとは明らかに異なるものである。

本章は、和辻哲郎における敗戦の前後における、このような変化の意味を考えようとするものである。

二　「一つの世界」

和辻は、敗戦後、『倫理學』の「国家」の節を大きく改訂しているが、右に引いた内容と照応する箇所を、次のように記している。

国防は人倫的組織たる国家の防衛として人倫の道の護持である。その限り、国防は手段ではなくしてそれ自身に人倫的意義を有するものと見られねばならぬ。しかもその意義は国家の人倫的意義の重いと同等の重さを持ったものである。（中略）勝義の人倫的組織としての国家を護るためには、国民各自はその生命や財産を犠牲とすることも厭ふべきでない。戦争を端的に非人道的と考へるのは、これもまた人倫的な弱さを示すものである。

しかしこれはあくまでも国家が非人倫的な脅威を受けた場合のことである。かゝる脅威のない場合に、国防を盛んにし、或は他国に戦争を挑むことは、国家の人倫的意義からして決して導き出され得ないものである。（『倫理學』中巻第四刷、一九四八年、四九八頁）

この記述は、国防を手段ではなく、それ自身人倫的意義をもつものとする点で、敗戦前のそれと変化はない。だが、ここには見逃し得ない重要な条件が付けられている。この条件は、侵略戦争を否定する趣旨から付けられているものであり、内容上、注目に値するものではないようにみえる。だが、この条件は、和辻における国家についての考え方が、敗戦後に変化したことを示すものなのである。

この変化とは、人間存在の形成し得る人倫的組織の捉え方にかんしてのものである。和辻は、敗戦前、国家を越える人間的全体性はあり得ないと、次のように述べていた。

人類といふ一つの全体などは今も昔も存しない。人間の形成した全体にして国家よりも大いなるものは何処にもない。即ち国家はもはや己れの上に己れを規定する如き人間的なる全体性を有してゐないのである。（『倫理學』中巻第一刷、五〇〇頁）

諸国家を包む全体が人間存在の中に形成せられてゐるとは云へないのである。それは依然として人間存在ではあるであらう。がその人間存在は決して一つの全体になることなき流動的な場面である。（同上）

だから、彼は、国家は「最高の人倫的組織」（同、四七五頁）であり、「最も高次にして究極的なるものは、国家の全体性である」（同、四七六頁）とするのである。その上で、次のように述べている。

国家の『力』は統治権に集中する。従って統治権は法を立てるのみならずまたそれを実現する絶大な力であって、その根を神聖性の中に下ろしてゐる。がそれは、内に向って統治を遂行する絶大な力であるのみならず、外に対していかなる者の制御をも拒む力である。即ち己れより上に何らの権力をも認めない最高の権力である。これが統治権の主権性にほかならない。従って主権性は、国家の全体性が有限なる人間存在の究極的な全体性であることの表現なのである。
（同、四七六頁）

ここでは、国家の統治権は「神聖性に根を下ろしてゐる」のであり、対内的対外的にも最高の権力であって、それが統治権の主権性であるとする。そして、この主権性は国家が究極的な全体性であることの表現だというのである。

このように、国家が最高の人倫的組織であれば、国家の行動を判定する基準は、国家自身以外には、あり得ない。国家を越える判定基準がないとすれば、戦争について侵略か否かの判定は、当該の国家自身のほかには不可能である。

ところで、右の箇所に対応する敗戦後の改訂では、次のようになっている。

国家の『力』は統治権に集中する。従って統治権は法を立てるのみならずまたそれを実現する絶大な力である。内に向って統治を遂行する絶大な力であるのみならず、外に対していかなる者の制御をも拒む力である。この意味に於て統治権は己れより上の権力を認めない。これが統治権の主権性にほかならない。従って主権性を認めることは国家を人間存在の究極的な全体性として認めることにほかならないであらう。
（『倫理學』中巻第四刷、四七六頁）

ここでも、統治権としての主権性の最高性・絶対性を述べてはいる。だが、注意しなくてはならないのは、国家の有する主権性が端的に最高性・絶対性をもつと述べてはいないことである。ここでは、主権性の意味が最高性・絶対性であることを語り、国家に主権性を認めることは国家に究極的な全体性を認めることになるといっているのである。

ここでは、国家の主権性は、国家の存在とともに端的にある事実ではなく、したがって国家は端的に究極的な全体性であるわけではない。国家の主権性を認めない場合があり、そのときは、国家は究極的な全体性ではないのである。このことは、敗戦前にはあった、国家の統治権としての主権性は神聖性に根を下ろすという記述が、敗戦後には消えていることにもかかわるであろう。

それにしても、もって回った晦渋な叙述である。この晦渋な叙述のなされた理由は明らかである。それは、敗戦後の和辻が国家を越える人間的全体性はあり得るとする立場へ転じたことによる。国家に主権性を認める場合と認めない場合とがあるとすることによって、国家を人間的全体の究極的全体性と認める場合と、認めない場合があるという主張に道を開いたのである。国家に主権性を認める場合は敗戦前の立場を主張し得ることになり、認めない場合は国家を越える人間的全体性を主張し得ることになる。

この改訂は、敗戦前の見解が、一定の条件のもとで維持し得るものとして留保する形でなされている。だが、敗戦後の『倫理學』の改訂は、基本的には、国家を人間存在における最高の人間的全体性あるいは究極的全体性とするのではなく、人間存在を一つの全体への動きとして捉える立場からなされている。次の記述が、そのことを示している。

人類を一つの全体に組織しようとする努力は、地上の民族のさま〳〵な特殊的形成を尊重しつゝ、それらを更に一層高次の段階に於て諧和にもたらすものでなくてはならぬ。特殊的内容を捨て去った一様化は人間存在の貧困化であって豊富化ではない。がこのような特殊的形成の問題は人間存在の歴史性風土性を考察した後に世界史の場面に於て取上げらるべきものである。人類全体を一つの人倫的組織として形成する問題もまたそこに属する。（同、四五六頁）

和辻は、いまや、人類全体を一つの人倫的組織として形成する動きは、人間存在において常に働き続けてきたものと語る。彼は、人類を一つの人倫的組織とするという理念が、原始時代以来の人間存在を規定し続けてきたと、次のように述べる。

我々はこの理念（人類を一つの全体として一つの人倫的組織として形成するという理念…高橋註）が既に小さい原始集団に於てさへ動いてゐたことを認める。未開部族にあってはその狭い視界に入ってくる人間の全体がすなはち人類の全体であった。（中略）これまで人類の全体と考へられて来たものは、視界の拡大に応じて漸次その範囲を増大しつゝも、常に同一の理念を現はしてゐたのである。それを我々はあらゆる人間全体性の根柢たる無限の全体性或は絶対的全体性の働らきと考へる。この働らきに裏づけられるが故に、部族や民族の如き有限な全体性が聖なるものとして把捉せられたのである。（同、四九六頁）

和辻によると、人々は、それぞれの歴史的段階における一定の社会において己の視野に入る人間の全体を人類の全体として捉えてきたのであり、それを一つの人倫的組織として形成しようとしてきたのである。人類を一つの全体として人倫的組織とすることが、さまざまな不十分性・頽落を含みつつも、人間存在の根源から発する根本的方向であるというのである。

重要なのは、このとき、和辻が、人類全体そのものを一つの全体として人倫的組織とすることを、現代における現実的課題とみていることである。和辻は、『倫理學』第四章「人間存在の歴史的風土的構造」において、次のように述べている。

人間存在の具体的展開は、右の如き特殊化の進展である。がまた特殊化が激化すればするほど、その統一の自覚は高まってくるのである。（中略）国民国家が隆盛となってきた近代において、人類の歴史始まって以来初めて、一つの世界が、少なくとも一つの視圏として、把捉せられるに至った。今や一つの世界を人倫的に実現することが、人間存在の最も大きな課題となってゐる。（『倫理學』下巻第一刷、一九四九年、二八七頁）

和辻によると、人間存在の具体化は特殊化であるとともに、特殊的なるものの統一である。そして、いまや、人類は初めて一つの世界を人倫的なものとして実現することを現実的課題、すなわち当為として捉えるに至っている。和辻にあっては、当為としての「一つの世界」は次の如きものである。

君臨するものなき世界国家、その中に含まる、諸国民の全体が主権を担ふ如き世界国家、さういふ国際的組織としての国家が現はれねばならぬ。（中略）世界中のあらゆる国民がそれぐ自主的にその人倫的組織を完成し得るように、十分なる自由と独立とが与へられねばならない。この人倫的努力に関する限りそれぐの国民は、その形成した国民国家の主権を完全に保持せねばならぬ。しかしその主権は国際的組織の統制の下に立つ限りに於て主権ではない。がまた世界国家の主権も、国際的な秩序の維持や国際的な協力の増進をはかる点に於て最高の権力として働くが、それぐの国民国家の統治に関しては何ら容喙すべきではない。従って諸国民の生活の実質は世界国家の主権の支配の下に立つのではない。その限りこの主権も制限されたものと云はなくてはならぬ。（『倫理學』中巻第四刷、四九三頁）

ここでは、国民的存在がその特殊性を発揮しつつ国民国家を形成するとともに、すべての国民国家が相依って世界国家を構成することを目指している。このとき、主権性の概念は、個々の国民国家それぞれに認められるとともに、諸国民国家の一致による制約をうける。国家を人間的全体性の最高のものとしない方向での主権性概念の修正が、ここに響いている。

三　「近世ヨーロッパ」

和辻が、一つの世界への動きを現実的課題としたことは、新しい重要な観点をもたらした。それは、世界史における近世ヨーロッパと日本の役割の捉え直しである。

和辻は、一つの世界への動きという現代の課題における、近世ヨーロッパの優位を承認するとともに、日本の独自な役割を承認する。近世ヨーロッパについて、次のように述べている。

ヨーロッパ人は、世界各地を植民地化するといふ運動と平行して、ヨーロッパ人の国民国家をポリス的なものとして形成するといふ運動をやった。しかもそのいづれの仕事をも、諸国民は、互に競争しまた戦争しながら、遂行したのであった。これは世界史第二期においてギリシアの都市国家のやうな小仕掛けな国家で実現された自由の国家組織を、大きい国民国家において実現するといふ課題と、さういふ国民国家の競争のなかから「一つの世界」を実現しようとする課題とを、同時に解かうとする運動であるといってよい。

（『倫理學』下巻第一刷、四八六頁）

和辻にあって、歴史性と風土性の相即としての国民的存在が人倫的組織である国家として具体化される。近世ヨーロッパは、国民国家の形成を相互に競いながら遂行したが、それはヨーロッパ以外の諸地域の植民地化を伴っていた。彼は、そこに人倫の喪失態をみる。

だが、和辻は、そのことが同時に「一つの世界」という視圏をもたらし、人類全体を人倫的組織として形成するという課題を現実のものとしたという。そこに大きな積極的意義がある。彼は、近世ヨーロッパが、「一つの世界」という現代の当為を先取りし、欧米がそれを引き継いで具体化する主役としての位置を占めようとしているとみる。

このことは、英国の国家としてのあり方の評価と連動している。和辻は、敗戦前には、「英国の統一は利害の共同の上に立ってゐるのであり、その全体性を表現するものは何もない」（『倫理學』中巻第一刷、四九〇頁）としていた。ところが、敗戦後には、英国は、アメリカ合衆国と同様に「超国家的国家の理念」の萌芽を示すものとして積極的に評価するのである（『倫理學』中巻第四刷、四九〇頁）。それは、超国家的国際組織の萌芽であり、挫折した国際連盟、現に進行しつつある国際連合という超国家的国際組織の具体化の試みの先駆なのである。

現実的課題である「一つの世界」への動きの主役は、近世ヨーロッパとそれを引き継ぐ欧米であり、眼前の状況としては、アメリカ合衆国である。和辻は、それに加えて、ソヴィエト・ロシアも主役であることを認めている。

「一つの世界」の課題は二つの道の上に、「冷たい戦争」の上に、懸ることになった。いかにして困難な問題を解決すべきか。これが人類全体の上にかゝつてゐる当為の問題の具体的情況なのである。

（『倫理學』下巻第一刷、四九一頁）

資本主義・自由主義と統制主義・共産主義・社会主義との対立が「冷たい戦争」であり、米ソの示す二つの道に世界史の動向が懸かっている。世界史を推進する力は、米ソにある。日本は、基本的には、そこに介在しない。そのことの意味は、和辻の思想の歩みをみる上で、決して小さくない。敗戦前の彼は、世界史の動向を資本主義の精神に導かれた欧米による非欧米世界の植民地化に認め、それを抑制するところに日本の使命を認めていた。敗戦後の彼は、世界史の動向を動かす力を日本に認めない。それどころか、世界史の動向を切り開いてきた欧米の精神の優越性を認めるのである。

これは、資本主義の精神を肯定したことを意味するわけではない。資本主義の精神に対する否定的態度は、和辻に一貫している。彼は、近世以後の欧米の動向について、主として資本主義の精神に動かされたものとしてでなく、世界的視圏の拡大を可能ならしめた、より根本的な精神に重く着目するのである。それは、日本におけるそうした精神の欠如についての反省的認識と結びついている。

四　「ヘンリ王子の精神」

和辻による敗戦後の総括が『鎖國――日本の悲劇』（筑摩書房、一九五〇年）として結実していること、この『鎖國』が、実は、敗戦を予期しながら組織した「「近世」というものを初めから考えなおしてみる」研究会に始まる研究の成果であることも、よく知られている。

『鎖國』は、アジア・太平洋戦争における日本の敗北によって、日本民族がさまざまな欠点や弱点を自覚させられているときにあたり、そうした欠点のよってきたる所以を、歴史的に明らかにしようとするものである。欠点そのものは、最初に指摘されている。

その欠点は一口にいへば科学的精神の欠如であらう。合理的な思索を蔑視して偏狭な狂信に動いた人人が、日本人を現在の悲境に導き入れた。がさういふこの起り得た背後には、直観的な事実にのみ信頼を置き、推理力による把捉を重んじないといふ民族の性向が控へてゐる。（『鎖國』一頁）

この科学的精神の欠如という「欠点は、一朝一夕にして成り立ったものではない」。欧米人は、近世初頭の新しい科学の勃興以来、三百年を費やして科学的精神を身につけていったのであるが、日本はこの科学の発展がはじまると同時に国を鎖してしまった。そこで、「この欠点の把捉には、鎖国が何を意味してゐたかを十分に理解することが必要である」（同、二頁）というのである。和辻が、鎖国ということで問題にしているのは、「鎖された国の状態」のことではなく「国を鎖ざす行動」のことである（同、序、一頁）。

『鎖國』は、中世から近世初頭に至るヨーロッパの世界的視圏の拡大と近世初頭の日本における鎖国に至る状況の叙述が、大部分を占めている。「鎖国が何を意味してゐたのか」は、そうした叙述から直接には明らかにはならない。和辻は、本書の終わり近く、近世初頭における「鎖国」という節の末尾で、総括的に、次のように述べている。

日本に欠けてゐたのは航海者ヘンリ王子であった。或はヘンリ王子の精神であった。

恐らくたゞそれだけである。そのほかにさほど多くのものが欠けてゐたのではない。慶長より元禄に至る一世紀、即ちわが国の十七世紀は、文化のあらゆる方面において創造的な活力を示してゐる。その活力は決して弱いものではなく、もし当時のヨーロッパ文化を視圏内に持って仕事をしたのであったならば、今なほわれ〳〵を圧倒するやうな文化を残したであらうと思はれるほどである。（中略）文化的活力は欠けてゐたのではない。たゞ無限探求の精神、視界拡大の精神だけが、まだ目ざめなかったのである。或はそれが目ざめかゝった途端に暗殺されたのである。精神的な意味における冒険心がこゝで萎縮した。キリスト教を恐れて遂に国を閉ぢるに至ったのはこの冒険心の欠如、精神的な怯懦の故である。

（同、七四四頁）

和辻は、ヨーロッパと日本における近世の文化に大きな差異を認めてはいない。彼は、近世ヨーロッパにあって近世日本に欠けていたものをヘンリ王子、あるいはヘンリ王子の精神だけであったといい、さらには、無限探求の精神、視界拡大の精神だけが目ざめていなかったとしている。だが、ここでヘンリ王子の精神といわれているものは、無限探求の精神、視界拡大の精神を含むにしても、それにとどまるものではない。

和辻は、まず、ヘンリ王子について次のように紹介している。

ヘンリは二世紀前にモール人から奪回したアルガルヴェ州のサン・ヴィセンテ岬サグレスの城に住み、そこに最初の天文台、海軍兵器廠、天文現象世界地理などを観察叙述するコスモグラフィーの学校などを創設して、ポルトガルの科学を悉くこゝに集結しようと努力した。

（同、五三頁）

和辻によると、ヘンリ王子は為政者の立場にあって、科学を組織化した人物である。ヘンリ王子の行動の動機は、アラビア人の刺激によって惹き起こされた未知の世界への関心とアラビア人への敵対心であった。そこにみられるヘンリ王子の行動は、重要な意義をもっている。和辻は、ヘンリ王子の仕事の意義を、次のようにまとめている。

我々にとって意義深いのは、アラビア人との対抗や未知の世界への進出の努力が学問と技術との研究といふ形に現はされてゐることである。こゝに我々は前に云った質の変化を見出さざるを得ない。ヘンリは航海者と呼ばれてゐるが、しかし自ら航海したのではなく、ヨーロッパ西南端のサグレスの城から、西と南に涯なく拡がる大洋を望みつゝ、数多くの部下の航海と探検とを指揮したのであった。従って個々の航海は彼にとっては『実験』にほかならない。またこの実験によって未知の世界への眼界が開けたのであるから、彼の業績は認識の仕事にあると云ってよい。しかしこの実験は研究室内の実験とは異なり、多くの経費や人員や組織や統率を必要とした。そしてこれらは単なる学者の実験のなし得るところではなく、強い政治力と優れた政治的手腕とによってのみ遂行され得るのである。こゝにヘンリの出現の意義がある。彼に於て認識の仕事が政治力と結合し、政治力が理智の眼を持ったのである。（同、五五頁）

和辻によると、ヘンリ王子は、アフリカ大陸の周航の試みを政治と知的活動を結合し、実験を重ねるなかで、視圏の拡大をはかっていった。認識の仕事である知的探求を政治的に組織化するなかで、絶えず地理的視圏の拡大がはかられたのである。

和辻が実験に注目しているのは、ヘンリ王子の知的探求は権威に対する盲従ではなく、自らの認識によって確認し得るものを根拠として進められているからである。アリストテレスによれば「熱帯地方には人は住めない」（同、五七頁）のであり、当時の地理的知識はアリストテレス以来の諸学者の権威に制約されていた。ヘンリ王子はこの知識を打破しようと努力したのである。

これは王子ヘンリの仕事の中核をなすものと云ってよい。ギリシアの権威者の書物よりも自分の眼の方が信用出来るといふことを人々ははっきりと悟った。こゝに地球に対する認識の新しい展望が開けてくる。（同、五九頁）

和辻は、ヘンリ王子の精神における地理的視界の拡大が、権威に屈しない知的探求と結びついているとする。

そして、重要なことは、知的探求にもとづく視界拡大の精神の持ち主ヘンリ王子が為政者であったことである。和辻は、別のところで、ヘンリ王子の精神に言及して「ポルトガル人の運動の筋《すぢ》がねとなってゐたのはヘンリ王子の精神であった。そこには無限探求の精神と公共的な企業精神とがむすびついてゐた」（同、三〇七頁）と述べている。ヘンリ王子は、自ら航海したわけではなく、航海を指導したのである。彼は、ヘンリ王子において、為政者の立場にあって、科学を組織化し、航海を指導するという公共的企業の精神と視界の拡大が結びついていることをみているのである。

五　豊臣秀吉と徳川家康

和辻が、近世日本に欠けているとしたのは、知的探求に向かい、公共的な立場から視野を拡大する為政者の存在であった。彼は、鎖国を進めた豊臣秀吉について、次のように述べている。

秀吉は気宇が雄大であったといはれるが、その視圏は極めて狭く、知力の優越を理解してゐない。彼ほどの権力を以てして、良き頭脳を周囲に集め得なかったことがその証拠である。彼のシナ遠征の計画の如きも、必要なだけの認識を伴はない、盲目的衝動的なものである。彼はポルトガル人の航海術の優秀なことも、大砲の威力も、十分承知してゐた。しかもその技術を獲得する努力をしなかった。国内の敵しか彼の眼には映らなかったからである。結局彼もまた国内の支配権を獲得するために国際関係を手段として用ゐるやうな軍人の一人に過ぎなかった。（同、七三〇頁）

和辻が、ヘンリ王子の精神と対照的な精神を秀吉にみていることは明らかである。彼は、徳川家康について、ここにすぐ続けて、次のように述べている。和辻が「保守的運動」というのは、秀吉の行った「新興の武士団が勝利を得ると共に、その勝利を確保し、武力の支配を固定させる努力」（同、七二九頁）を指している。

家康はこの保守的運動を着実に遂行した人である。彼はそのために一度破壊された伝統を復興し、仏教と儒教とをこの保守的運動の基礎づけとして用ゐた。特に儒教の興隆は彼が武士の支配の制度化の文へとして意を用ゐたところであった。かくして近世の精神がすでにフランシス・ベーコンとして現はれてゐる時代に、二千年前の古代シナの社会に即した思想が、政治や制度の指針として用ゐられるに至ったのである。それは国内の秩序を確立する上に最も賢明な方法であったかも知れない。しかし世界における日本民族の地位を確立するためには、最も不幸な方法であった。彼もまた国内の支配権を確保するために国際関係を犠牲にして顧みなかった軍人の一人である。

（同、七三〇頁）

和辻は、秀吉と家康をともに、世界における日本民族の運命に顧慮することなく、ただ国内の敵を制圧し、国内の支配権を獲得・確保する軍人と評価している。秀吉と家康が、アジア・太平洋戦争を主導した軍人たちの姿と重ね合わされていることは明らかである。それは、また、彼ら軍人たちにアジア・太平洋戦争の直接的要因を帰する、和辻の認識を前提としている。その前提から、そうした軍人たちのよって生じた由来を探り、秀吉や家康ないし彼らの精神を見出しているのである。それ故、豊臣秀吉・徳川家康が、近代日本における負の遺産の原点ということになる。

だが、これは、和辻の戦後における秀吉・家康の評価であり、敗戦前の評価とは異なっている。彼は敗戦前には、信長と秀吉について次のように述べている。

戦国時代の混乱のなかから社会の秩序を再興した力は、信長や秀吉の独創的な天才であった。がこの秩序を封建的体制として仕上げ、さうしてそれを保持したものは、伝統的な主従関係を最も健全に保存してゐた三河武士の団体にほかならぬのである。

（「献身の道徳としての武士道」岩波講座『倫理學』第三冊、一九四〇年、九〇頁）

れる。

織田信長と豊臣秀吉が「独創的な天才」と激賞される具体的な理由は、ここでは明らかではない。しかし、それが、次のように、天下統一事業において天皇尊崇の態度をとったことと密接に関連することは疑えないと思わ

信長の統一事業をうけついで完成した秀吉は、皇威奉戴の態度においても信長のそれをうけついで完成した。（中略）彼の全国統一の事業は関白となって以後に遂行されたのであるが、この統一事業を彼は『皇威によって行ふ』といふ立場にはっきりと立ってゐるのである。さうしてそれは日本の国民的統一の現実に最も深く契合するものであった。戦国時代以来の武将たちの対峙は決して国民的分裂を意味するものではない、このことを彼は見破ってゐたのである。

近世日本国家の統一は右の如く皇威奉戴の立場に於て実現せられた。

（『尊皇思想とその傳統』岩波書店、一九四三年、二〇七頁）

秀吉は、信長とともに、皇威奉戴の立場で天下統一の事業を遂行したことにおいて激賞されている。和辻にあって、民衆の力の解放と民衆における国民的統一の意識の表現である皇威奉戴の念の度合いが、評価の基準となっているのである。

だから、「家康は、全然立場を換へた」（同、二〇八頁）として、家康の評価は厳しいものになる。家康、そして、彼の開いた徳川幕府は、朝廷への抑制や干渉を行ったからである。和辻は、次のように述べている。

この幕府の態度は、戦国時代以来解放せられた国民の活力を再び封建的な秩序の中に押しこめようとする努力と相伴ってゐるのである。

かくして江戸幕府は、皇室尊崇の念に表現せられる国民的統一の意識を抑圧し、武士的権力の下に新しい封建的制度を築き上げた。

（同上）

ここでは、秀吉ではなく、家康とその後の幕府が、武士的権力のもとに封建的秩序を確立したとされている。皇威奉戴と結びついている国民的統一の意識と民衆の力の抑制という点では、家康への評価の厳しいことは確かである。だが、統一権力を確立し、天下を安定に導いたことにより、次のように、家康の評価は高いものになる。

江戸幕府を形成せしめた徳川氏の勝利は主としてその堅固な主従関係に基くのであるが、しかし徳川氏はこの立場に於ける伝統的な武者の習を新時代の武士道として鼓吹しようとはしなかった。何故ならそれは徳川氏の独特な強みであったと共に他の外様大名の強みともなり得るものであり、従って必ずしも江戸幕府を安泰ならしめるものではなかったからである。鍋島藩の『葉隠』の如きは幕府の下では公表し得られぬものであった。かく考へれば家康が儒学を尊重し儒学による武士の教化を志したことは、政治家的洞察としても非常に優れたものであったと云ってよい。（「武士道」岩波講座『倫理學』第十二冊、一九四一年、一一頁）

以上のように、敗戦前における秀吉・家康に対する評価は、「国を鎖ざす」という態度をとったことによるのではなく、皇威奉戴と民衆の力の伸張への態度を中心になされている。だから、両者は、同列に否定的評価を受けているわけではない。両者は、天下統一の事業を推進し、統一政権を確立したものとしては、ともに高い評価に値する存在である。

このことは、敗戦前の和辻が、鎖国を日本歴史の大きな分岐点とみる視点をもたなかったことと相関する。その時点では、彼は、欧米に立ち遅れている現代日本の淵源を、近世初頭にみるという視点などを持ち合わせてはいなかったのである。

六　「武士道」

もう一つ考えるべきことは、和辻が、近代日本の挫折の要因をある種の軍人にみたことと関連するが、軍人精神と関連の深い武士道徳についての評価の変化である。武士道徳について、和辻は、儒教と結びついた士道と、献身の道徳の伝統を継ぐ武士道との二つを区別する。この二つの武士道徳の意味内容そのものは、敗戦の前後に変化はないが、その評価ないし位置づけは異なっている。

まず、敗戦前の和辻によると、献身の道徳としての武士道は、平安時代中期から鎌倉時代にかけて、武士の争闘の生活のなかから形成されてきた「坂東武者の習」に由来する。それは、次のようなものである。

坂東武者の習はその主に対する『献身』を核心とする。それは主従関係の地盤に於て発生したのであるから、その眼中に国家もなくまた家族もない。否、たとひ国家や家族のことが意識せられても、それらは主君への献身的奉仕を遮ることは出来ぬのである。

（「献身の道徳とその伝統」岩波講座『倫理學』第三冊、一九四〇年、二二頁）

それは皇室尊崇や徳政の理想を基礎としてそこから生まれ出たものではない。即ちそれは大化以来の伝統の展開ではなくして、新しく始まったものである。主従関係といふ新しい原理の上に立つ武士の実生活の中から、国家的倫理と次序を異にするものとして、新しく生み出されたものである。さうしてそれがまさに武家時代の特性を示してゐるのである。

（同、二六頁）

和辻が、献身の道徳としての武士道と呼ぶものは、戦闘者である武士の主従関係を地盤として、主君への献身的奉仕を核心とするものである。そこには「眼中に国家もなくまた家族もない」。この意味での武士道は、江戸時代まで存続していた。

ところが、和辻は、江戸時代には、儒教と結びついた武士道徳としての士道が、武士道徳における正統的な地位を占めるに至ったとみる。彼は、先に敗戦前の論文「武士道」において、儒教の尊重によって武士の教化を目ざした家康の政治家的洞察の優秀性を指摘していたが、それに続けて、次のように述べている。

儒学の勃興は家康の鼓吹にのみ依ったのではない。戦国時代の武士の間には争闘を通じて道義の感覚が鋭くされて来た。（中略）武士が農工商三民に対して己れを貴きものとして主張する根柢には右の自敬の念が存するのである。がこの道義の感覚は、自らの立場に於て独自な倫理思想を生み出す代りに、儒教の道徳に対する深い理解として現はれて来た。（「武士道」岩波講座『倫理學』第十二冊、一二頁）

和辻によると、武士は自らの争闘生活のなかから自敬の念を核心とする道義の感覚を涵養していた。武士は、それを自らの立場における道徳として提唱する代わりに、儒教の観念と結びつけ、儒教の道徳として形成していった。そのことは、家康が、自らの強みである主従関係の道徳としての「武者の習」ではなく、儒教を尊重して武士を教化しようとしたことと深くかかわる。家康の儒教尊重は、士道による秩序形成を促した点で、敗戦前の和辻によって高く評価されるのである。

和辻は、士道を、中江藤樹・山鹿素行について、詳しく説明した後、次のように総括する。

これによって我々は素行の説く士道が最も高き意味に於ける人倫の道にほかならぬことを証し得たと思ふ。これを武士の道とするのは武士に対して仮借するところなく道徳的要求を課するといふことである。武士が三民の上に位して貴い身分とせられるのは、その職分として課せられてゐるところが貴いからであって、その武力の故ではない。

が以上の如き士道観は当時素行に限ったことではなく、同時代の学者で彼に劣らぬ傑物であった熊澤蕃山（元和五–元禄四、1619–1691）に於ても、また少しく後れて非常に大衆的であった貝原益軒（寛永七–正徳四、1630

―1714）に於ても、同様に見受けられる。

（中略）

かくてこゝでも（益軒の主張…高橋註）治者たる士は君子として規定され、士の道は『君子訓』に於て説かれることになる。さうしてこれが江戸時代の士道観の正統となったのである。（同、一九頁）

和辻によると、士道は、武だけでなく、文武の道をわきまえるものであり、儒教の道を体現するところに形成される。他方、献身の道徳としての武士道も、『葉隠』などにみられるように、江戸時代に失われたわけではない。だが、江戸時代から明治時代に継承されていくのは儒教と結びついた士道である。論文「武士道」は、次の言葉で閉じられている。

江戸時代の武士道として幕末に吉田松陰の如き志士に代表され次いで明治時代に受けつがれて来たものは、葉隠の武士道ではなくして明かに士道としての武士道なのである。（同、二五頁）

敗戦前の和辻は、次のように考えていた。鎌倉時代以来の伝統的な武士の生き方は、江戸時代に至るまで存続していた。それは、主従関係に限定されたものであり、国家も家族も眼中になく、天皇統治の伝統とも直接にかかわらないものであった。だが、武士は争闘生活のなかで道義的な性格を醸成してもおり、それを儒教的な表現にもたらしたものが士道である。徳川家康が儒教を尊重したことは、徳川幕府の安泰のために有効であるという「政治家的」な意味ですぐれた洞察であるだけでなく、武士の教化の端緒を作ったという意味で優れた政策であった。

また、献身の道徳としての武士道も、視野の限定されたものでありながら、自敬の念や尊貴の観念を醸成したのであり、そもそも献身は私を滅して公に奉ずる倫理の原理を証示する点では積極的な意義をもっている。和辻は、武士道徳について、大略、このように考えていた。

さて、そうであるとして、改めて考える必要があることは、和辻における武士道徳と民衆との関係である。彼においては、民衆の動向は日本社会にきわめて重要な意義をもつものとして位置づいている。その意味で、彼における、民衆の道徳、とくに町人道徳と武士道徳との関係についての考え方が注目されるのである。

七　「町人道徳」

ここで注意しなくてはならないことは、敗戦前の範囲でも、和辻における町人道徳についての理解が変化していることである。

和辻の著名な論文「現代日本と町人根性」は、一九三一年に発表後、一九三五年刊行の『續日本精神史研究』に収録された。ここで、和辻は、江戸時代の「町人根性」を功利主義とみなして、次のように述べている。

町人心はすでに十七八世紀の日本において功利主義的道徳を形成していたのであるが、しかもそれは十九世紀の後半に至ってもなお町人根性として賤しまれていた。それを賤しむべきものとしたのは、経済的にすでに町人階級の支配の下にあった武士階級の道義観である。しかも町人根性の蔑視は武士階級の崩壊後にも存続し、町人根性という概念そのものがこの蔑視を含んだものとなっている。この点から見れば、自家の利福を絶対目的とする道徳観は日本のみの立場においてはついに是認せらるるに至らなかったのである。

（『和辻哲郎全集』第四巻、四七八頁）

これによると、「町人根性」としての「功利主義的道徳」は「武士階級の道義観」からは是認されず、蔑視されるものであった。この町人根性の転身したものが、明治以後に福澤諭吉らの説く功利主義的個人主義であり、現代日本の危険はここにあるとする。

我々は功利主義的個人主義が現代日本の建設のための強い動力であったことを承認しなくてはならぬ。この形態において町人根性が現代の支配的精神となっているのである。そうして、前に言ったように、現代の危険はまさにこの点に存するのである。
（同、五〇〇頁）

和辻は、この論文を公表した時点では、武士の道義観に与する形で、町人根性すなわち功利主義的道徳に消極的評価を与えて、その克服を説いたのである。

ところが、一九四一年に公表した論文「町人道徳」では、こうした町人道徳についての理解は変更されている。ここでは、和辻は、町人の功利主義的精神つまり「町人根性」は町人道徳ではないとするのである。

（町人根性という…高橋註）言葉自身は何ら侮蔑の意味を含まないに拘らず、何故にそれが卑しめの言葉となり得たのであらうか。それは利福を究極の目的とする立場そのものが卑しいとせられるからである。だから我々はこゝに、道徳のことに於ける武士階級の支配を認めざるを得なかったのである。

このことは利福を究極の立場とする立場が「町人の道徳」として君子道徳に対立せしめられたのではないことを意味する。それは商人の道としてしば〳〵説かれてはゐるが、しかし町人の生活全般を支配する行為の仕方としてよりも、むしろ商業上の技術的な仕方としての意味の方が強いと考へられる。
（「町人道徳」岩波講座『倫理學』第十三冊、一九四一年、八頁）

これによると、利福を究極的目的とする生き方は「町人の道徳」ではない。「たとひ利を以て職とすと云はれるにしても、それは職業の特徴であって、町人の道徳の特性とは云へないであらう」（同、一六頁）というのである。

町人根性が町人の道徳でないとすると、町人の道徳はいかなるものであるのか。和辻は、それは武士の道徳と異ならないとする。

主従関係が武士の社会と町人の社会とに於て共通であったとすれば、この関係に立つ武士の風習がそのまま町人の風習として通用したことは云ふまでもない。この風習は我々が「献身の道徳」として説いて来たものである。（後略）（同、一〇頁）

和辻によると、「忠臣蔵」や近松門左衛門の戯曲の世界が町人の意識形態をあらわすものであり、それは献身の道徳としての武士道と同じものである。

他方、石田梅巖に始まる心学の思想は、儒教道徳を踏まえることにより、武士と町人の道徳の共通性を説いている。梅巖は「儒教道徳の普遍人間的な側面を強調することにより」（同、一七頁）、武士と町人の共通性を説いたのであり、「（手島…高橋註）堵庵の講説のなかには、士道と区別して特に町人の道徳と名づくべきものは何もないことになる」（同、二一頁）というのである。

和辻は、中澤道二の心学道話を考察した後に、次のように述べて、論文「町人道徳」を閉じている。

以上は道二の道話の片鱗に過ぎぬが、しかし「心学道話」が特に町人の道徳を説いてゐるものでないことを立証するには十分である。士道と異った特殊な町人道徳といふ如きものは、江戸時代においては遂に形成されなかったのである。（同、二三頁）

和辻によると、町人社会には主従道徳としての献身の道徳が支配的であり、町人哲学として説かれているものは士道と同じく普遍的な人間の道である。いずれにしても、町人道徳は、献身の道徳としての武士道、あるいは儒教的な士道としてあり、武士の道徳と異なるものではない。そして、町人の道徳は、功利主義的道徳とは異なるのである。

こうして、一九四一年における和辻は、功利主義的道徳とは無縁な、決して「危険」ではない町人の道徳を、徳川時代に見出した。それは、現代日本の精神的状況に存する「危険」を克服し得る歴史的根拠をなすものである。彼は、人倫の道を内容とする公共性をそなえた士道が近代日本にもち越されていると考えていた。そして、献身の道徳としての武士道によって訓育された町人道徳は、近代日本において滅私奉公の精神として継承されていると考えていたと思われる。

だから、和辻が、敗戦前の『倫理學』において、国家危急の折における国民の行為の仕方を論ずる際に、日本国民がその当為に応え得ることに不安はなかったであろう。彼の倫理学体系のなかで、人倫の道は、家族、地縁共同体、経済的組織、文化共同体、そして国家に至るまでの人倫的組織の諸段階において、それぞれに要請されている。そのなかにあって、最高の人倫的組織である国家に対する行為の仕方が重大な意義をもつことは当然である。国家危急の折における人の行為の仕方について、和辻は、次のように論じている。

義勇奉公が国家の成員にとって欠くべからざる行為の仕方であることは、前述の国家の防衛や戦争の人倫的意義から見て自ら明かであらう。国家は個人にとっては絶対の力であり、その防衛のためには個人の無条件的な献身を要求する。個人は国家への献身に於て己が究極の全体性に還ることが出来るのである。従って国家への献身の義務は、己が一切を捧げて国家の主権に奉仕する義務、即ち忠義であると云はれる。さうしてこの義を遂行する勇気が義勇なのである。命令への絶対服従、全然の没我、それが人間業と思へぬやうな潑剌たる行動となって現前する、それが義勇である。人はこの義勇に於て己れを空じ全体性に生きるといふ人間存在の真理を最高度に体験することが出来る。その義勇はあくまでも奉公の義勇であって、単なる勇気ではない。がまた奉公は国法に従ふ日常の行為に於て実現せらるべきであって必ずしも義勇を要するものとは限らない。義勇奉公が国家危急に対処する行為の仕方として限定された所以はそこに存するであらう。

（『倫理學』中巻第一刷、五〇五頁）

和辻は、国家危急の折の「義勇」において「人間存在の理法を最高度に体験することが出来る」とし、その態度を「献身」と表現している。彼は、このような献身の態度を、徳川時代の武士だけでなく町人において確認したのである。それは、日本国民が国家危急の折に「人間存在の理法を最高度に体験することが出来る」根拠を、日本の思想的伝統のうちに見出したことである。敗戦前の和辻にあって、日本国民は、戦争に際して「献身」においての「義勇」を発揮し得るような、「人間存在の真理を最高度に体験する」ことを可能にし得る伝統に育まれた存在であったのである。

八　「明治維新」

さて、そこで、敗戦後の和辻の立場の検討に立ち返る。和辻は、『鎖國』において、家康の儒教尊重は、国内秩序の確立のために二千年前の古代中国の思想を用いたと難じていた。そして、一九五二年刊行の『日本倫理思想史』では次のように総括する。

日本の社会が、民衆の勢力の勃興という近世的な契機を含みながら、しかも近世初頭ヨーロッパとの接触を遮断し、シナ古代の思想に結びついたということは、日本の歴史的運命にとって非常に重大な意義をもっているのである。

（『和辻哲郎全集』第十三巻、一四四頁）

和辻は、家康の儒教尊重が日本の歴史的運命に非常に重大な意義をもったとする。その理由は、近世初頭の時点では、日本とヨーロッパはほぼ同じ歴史的な歩みをしていたにもかかわらず、ヨーロッパとの関係を断ち切って視圏を狭め、ヨーロッパに立ち遅れることになったと考えるからである。

家康の儒教尊重について敗戦の前後で共通する理解も、むろんある。たとえば、封建的身分秩序を確立し、民衆の力を抑圧することになったとする点である。しかし、儒教尊重がもたらした武士の教化・士道の形成の意義については、理解の変更が生じている。敗戦前には、士道は徳川時代に優勢となり、明治時代以後に継承されているとしていたが、敗戦後には、徳川時代においても社会に浸透し得ていなかったとする。

士道の考えがこのように優勢になったとはいっても、それは主として知識層の間でのことであって、広汎な層に沁み込んでいる献身の道徳の伝統を打破し去ることはできなかった。（同、二一二頁）

和辻は、儒教と結びついた士道よりも、献身の道徳としての武士道が徳川時代に深く浸透していたと考えている。この徳川時代における士道と武士道との位置づけの変化は、すこぶる重要な意味をもっている。それは、和辻による近代日本における武士道徳の意義づけの変化と連動しているからである。

さて、武士道徳と町人道徳の共通性という認識は、敗戦後においても変化していない。敗戦後に著された『日本倫理思想史』における「町人道徳と町人哲学」は、敗戦前の論文「町人道徳」の趣旨をほぼ踏襲しており、その末尾の直前は、次のようになっている。

士道と異なった特殊な町人道徳といふごときものは、江戸時代においてはついに形成されなかったのである。（同、三二三頁）

これは、敗戦前の「町人道徳」の末尾とまったく同じである。

武士道徳と町人道徳とが、内容的に異ならないとすれば、武士と町人の身分的区別は相対化され曖昧なものとなるだろう。このことについての和辻の理解は興味深い。彼は、次のように述べている。

町人階級はすでに久しい間文化的には支配者となっていたのであり、名目上の身分の別は実質的にはさほどの意味を持ってはいなかったのである。（同、三八五頁）

これは、明治維新によって、士農工商の身分的区別が消滅し、以後、二、三十年の間に武士に対する特別扱いの痕跡がほとんど失われているという「相当注目すべき現象」（同、三八一頁）についての和辻の解釈である。このように、徳川時代には身分的区別が実質的に意味をもたないものになっていた事実を示すものは、下層の武士と町人との文化的な交わりであるという。

武士と町人とが集まり住んでいる都会地には、学問や芸術を媒介として、身分の別を無視した知識階級というごときものが出現していた。これにはやがて地方の庄屋や地主などが加わってくる　（同、三八四頁）

和辻は、下層の武士と文化的な町人、地方の豪農などの間に、身分的な区別を無視した知識層の存在を指摘する。彼は、そうした知識層のなかには、本居宣長など医師も重要な役割を果たしたとする。彼が、こうした知識層に注目するのは、それが明治維新という変革の中心的な担い手であるとみるからである。たとえば、次のように述べている。

いよ〳〵討幕の目標が明瞭になって来たときに、この運動の担い手としておのれを現わして来たのは、下層の武士と上層の庶民とからなる革新的な集団であった。それはすでに以前から形成されていた知識階級のなかの能動的な部分であったとも見られる。　（同、三九二頁）

明治維新の変革は、単に討幕に限られるものではなく、開国・王政復古・封建的階層制の打破・廃藩置県による中央集権制の確立といったいくつかの契機がある。そこには複雑に入り組んだ現実的な過程がある。和辻は、これらの諸契機について、下級藩士と上層庶民の勢力が重要な役割を果たしていることに繰り返し言及する。それは、武士と民衆とに道徳の共通性があり、民衆に文化的・経済的な力があったとみるからである。にもかかわらず、彼は、この変革の主体は民衆ではなかったとする。

十八世紀は、儒学のなかからも、国学のなかからも、幕府の政権を是認しない思想が醸成せられて来た時期である。しかしそれと平行する現象は、町人の立場からは現われて来なかった。ヨーロッパにあっては、封建的なものを打破して行く力は、ブルジョワのなかから萌え出て来たのであるが、そのブルジョワに相当する江戸時代の町人は、文芸、美術、演劇、音楽などの創造において常に主導権を握っていたにかかわらず、政治と道徳との領域においては、ついに主導権を握るには至らなかったのである。　（同、三二三頁）

下級武士と上層庶民に明治維新の主体を認めることは、明治維新を民衆による変革ではなく、ブルジョワ革命ではなかったとすることである。だから、明治維新の主体は町人ではなかったというのである。

和辻は、ブルジョワ革命をなし遂げたヨーロッパに対して、明治維新の変革にブルジョワ革命としての未熟をみる。それは、明治維新が鎖国という負の遺産の継承の上に成立したとすることと相関する。それを端的にいえば、町人が、政治と道徳における主導権をもち得なかったということである。

和辻は、明治維新の変革の主体を知識層に認めていた。この見解は、士道が知識層にだけ受け入れられたとする見解を想起させる。和辻によれば、広範な層に行きわたっていたのは、儒教と結びついた士道ではなく、献身の道徳としての武士道なのである。そして、彼が、近代日本における挫折の思想的理由とみているものは、この献身の道徳としての武士道の持続であった。次に、そのことについてみることとする。

九　「忠　君」

和辻は、明治時代の倫理思想の考察に関連して、次のように述べている。

日本人は、植民地分割の大勢を逆に押し戻すという大きい使命の意義を、十分に自覚しなかったように思われる。それがその後の三四十年間の日本人の失敗のもとである。そうして右の自覚の不足ということは、明治時代の倫理思想と関係するところが少なくないであろう。（同、四〇八頁）

和辻は、二十世紀初頭に至るまでの近代日本の歩みを、ヨーロッパ列強による植民地分割を食いとめるものとした上で、その後の敗戦に至る日本の歩みを、自らの使命を自覚しないことによる失敗であると総括する。近代日本の失敗という総括を前提として、その失敗の思想的理由を明らかにする形で、『日本倫理思想史』において、明治時代の倫理思想の考察が展開するのである。

和辻が、明治時代の倫理思想のなかで、もっとも厳しく批判するのは国民道徳論である。

> 半世紀後からふり返って見ると、この国民道徳論が日本の大きな癌となったのであった。（同、四五五頁）

和辻によると、国民道徳論には国民道徳の概念に混乱がある。国民道徳の概念には、原理的次元と歴史的次元と二つの意義があり、それを明確に区別すべきである。一方では、原理的に、国民として実践すべき道徳という意義がある。この場合は、人は家族や人類その他の立場とは異なる国民としての立場において捉えられている。この意味での国民道徳は、国民が国家に対する関係や、国民相互の関係にもとづく当為である。他方では、歴史的に、ある特定の国民、たとえば日本国民に特有な道徳として国民道徳という場合がある。これは、道徳史において明らかになる歴史的事実に属する。

この二つの国民道徳の概念は別次元に属するものであり、混淆することを許されない。これが、敗戦前から敗戦後に至る和辻の一貫した見解である。

ところが、和辻によると、明治期の国民道徳論は、そうした混淆の誤りを犯しているのである。

> ある国民において、歴史的に作り出された特有の道徳が、そのまま現在の実践の場合に基準として役立つなどということは、非常な嘘である。その最も明らかな証拠は、国民道徳論者が、歴史的研究において誠実でなく、かなり恣意的に道徳の中味を変更せざるを得なかったことであろう。封建的な忠君の中味を天皇への忠誠とすりかえているごときはその中の罪の重いものである。前にあげた混淆や時代錯誤がいつまでも清算されずにいたのは、こういう態度と無関係ではあるまい。（同、四五二頁）

ここで「前にあげた混淆や時代錯誤」といっているのは、「教育勅語」を水戸学の「国体思想」によって解釈しようとする立場を指している。これについて、和辻は、次のように述べている。

> この解釈には顕著な時代錯誤が含まれている。水戸学の忠孝思想における「忠君」は、明白に封建的君主に

対する個人的関係であって、近代の国民国家における元首と人民との関係や、国民全体性に対する国民各自の関係などに適用し難いものである。だからこそ教育勅語の本論はわざわざ忠節の徳目を省いたのであるが、それにもかかわらず水戸学風の国体の観念によって「忠君」を国体の精髄と解した人々は、封建的な忠君思想をそのまま天皇尊崇の感情のなかに押し込んだのである。これは日本の歴史第一期以来続いて来た天皇尊崇の伝統と、江戸時代に武家階級が儒教の五倫思想の中から取って封建制の強化に用いた忠君思想の伝統との、無批判的な混淆だと言わなくてはならない。

（同、四四四頁）

このように、和辻にあっては、明治時代の倫理思想における負の側面は、国体思想と国民道徳論に代表されている。そして、その内容は、封建的忠君と天皇尊崇の伝統との混淆、つまり封建的忠君を近代国民国家における国民の元首に対する関係へと時代錯誤的に適用したことである。この評価には、いうまでもなく、和辻における日本倫理思想史についての視座が前提されている。それは、天皇尊崇の伝統は、日本の歴史の第一期以来、近代国民国家に至るまで、国民的統一の意識の表現であり、これに対して、忠君は私的な個人的関係であるという認識である。

忠君概念は、和辻にあって、儒教による潤色を含むにしても、基本的には、封建的個人的関係の道徳であり、武士の主従道徳である。和辻は、明治時代の倫理思想における負の側面を代表する国体思想や国民道徳論のうちに、献身の道徳としての武士道の深い刻印をみている。彼が、二つの武士道徳について、士道が明治時代にもち越されたとする敗戦前の認識を改め、敗戦後に武士道の持続を強調するのは、そのことと相関するのである。

十　「真に平和な国家を、世界史上初めて作り出そうとしている」

和辻の戦後思想は、近代日本の世界史的使命の無自覚による失敗を確認することの上に成立している。彼は、近代日本の挫折をもたらした国体思想や国民道徳論といった負の側面の根底に、前近代からもち越しの献身の道徳としての武士道をみている。むろん、彼は、事柄を一面的にだけみるわけではなく、献身の道徳に負の性格だけを認めるわけではない。だが、それは、近代日本における忠君概念を導く磁場として「眼中に国家も家族もない」、視圏を狭く限定する要因と評価されている。

いずれにせよ、和辻にあっては、鎖国以後の近代に至る日本の歴史は、失敗として総括されている。このとき、欧米近代の優位が前提されている。だから、近代日本の歩みは「鎖国から開国までの三世紀の遅れを取り返す努力」なのである。彼は、近代の遅れを取り返し追いつく努力はきわめて順調に進んだようにみえるが、必ずしもそうではなかったと、次のように述べている。

その後の半世紀の歴史が実証しているように、この迅速な過程にはいろいろ手を抜いた箇所従って危険な弱点がひそんでいたのである。その最も大きいものは、近代的な技術のとり入れに急であって、それと均衡のとれた近代的な精神の摂取をおろそかにした点であった。特に国民国家としての組織がえに対応するだけの公共心の養成や社会道徳の発達に意を注がなかった点であろう。

（「日本社会の倫理」一九五二年、『和辻哲郎全集』第二十三巻、三六八頁）

和辻は、近代日本は、ヨーロッパに対する三世紀の遅れを取り返すことができなかったと考える。遅れを取り返すことは、近代的な技術と均衡のとれた仕方で近代的な精神を摂取することであるが、それがうまくゆかなかったのである。敗戦後の和辻にとって、近代的な精神を学ぶことが日本国民の課題となる。これは、日本歴史の負の総括からくる課題である。そして、将来を展望し得る日本の精神的伝統として確実にあるといえるのは、天皇尊崇の伝統である。それは、国民的統一の意識を表現するものである。

敗戦後の和辻が、日本の歴史のうちに根拠をもって、日本国民に呼びかけ得ることは、国民的統一の確保に絞られる。

一つの民族の存在を防衛するものは、ただ武力のみではない。どんな爆弾も破壊することのできない団結こそ、一層強い防衛力である。あらゆる武装は解除されていてもよい。ただ国民的統一だけは失われてはならない。その点を考えるとわれわれの面している最も大きい危険は、朝鮮半島の方から迫ってくる侵略にあるのではなくして、国内のさまざまな分裂にある。特に、国民的統一を突き崩そうとする野心家たちの策動にある。（「民族的存在の防衛」一九五〇年、『埋もれた日本』『和辻哲郎全集』第三巻、四九一頁）

敗戦後の和辻にあって、日本国民は、国民的統一を確保する以外に、自らの内に、自らの将来を切り開く方途をほとんどもち合わせていない。「紛争は、あくまでも武力によらず、道理によって解決されなくてはならない」（前出「われわれの立場」同、四八二頁）という決意を担保するものは、国際社会の平和を維持する努力である。「一つの世界」への動きの主体は、米ソであって、日本ではない。そうであるがゆえに、彼は、次のようにいうのである。

いやしくも人倫的組織として国家を形成した以上、その国家を不正な侵略から守ることは、その国民の神聖な義務である。が、それにもかかわらず、われわれは「武力」による対抗手段を放棄したのである。従って武力による侵害はわれわれの手によって防ぐことはできない。われわれはそれを覚悟していなくてはならぬ。それは戦争の放棄、武力の放棄の当然の結果である。しかしその危険を冒すことによってわれわれは、「武力によらず道理によってのみ事を決しよう」とする真に平和な国家を、世界史上初めて作りだそうとしているのである。防衛の手段は武力のみに限らない。武力的には無抵抗の態度を取っても、人格としては全然屈服しないことができる。それは、ただ意志の問題である。気魄の問題である。

平和の維持はあるいは不可能になるかも知れない。しかし、それはわれわれの責任ではない。

日本国民が、国家を守る神聖な義務も、世界史上初めての試みとなる真の平和国家の建設も、「諸国民が平和の維持と自由の実現とに努めている」（同、四八八頁）ことへの期待に依存している。和辻は、そうした期待を強く表明する。

（同、四八九頁）

　われわれは、連合軍の占領下にある。連合国の間にどのような対立抗争が起ころうとも、われわれには全然発言権はない。しかし、われわれは憲法において、国際社会が平和の維持に努めていること、また専制と隷従、圧迫と偏狭を地上から永久に追い払おうと努めていることを承認した。ということは、われわれが国際社会から、従って連合国から、これに合うような態度を期待していることを意味する。この期待をいくら強く表明してもよいであろう。

（同、四八四頁）

平和が維持し得るかどうかは、平和を求めているはずの諸国民の責任である。われわれの責任は、ポツダム宣言の受諾から生ずる義務として作った、武装放棄・戦争放棄の日本国憲法を守ることである。これが、和辻の立場である。

　われわれが今でも負っているのは、ポツダム宣言の受諾から生ずる義務である。この義務を遂行するためにわれわれの作った新しい憲法こそわれわれの責任に属している。

（同、四八〇頁）

和辻は、ポツダム宣言を受諾した日本国民は、そこから生ずる義務を遂行すべきであるという。これは、まことにもっともな主張である。ポツダム宣言の受諾は、日本の国家としての行為であり、そこから生ずる義務の履行として、憲法改正の手続きを経て日本国憲法を制定したのも、日本の国家としての行為である。日本国民がこの憲法を遵守するのは、国民としての当然の義務に属する。和辻の主張は、そうした状況における日本国民としての義務を語るという意味で、きわめてもっともなのである。

だが、きわめてもっともな和辻の主張は、自ら認めるように実現不可能かもしれない、危うい現実的な根拠の上に成り立っている。彼の主張は、現実の実現可能性とは別の、義務を遂行し道理に従う人格としての立場を維持することに根拠をおいている。

このとき、義務や道理や人格をもってする和辻の主張は、日本国民として日本国憲法や国際法を遵守すべきだという一般的な当為を語るだけのものではない。それは、武装放棄による平和国家の実現という世界史上はじめての試みを、日本の世界史的な使命としての当為であると語るものである。

この世界史的使命は、「一つの世界」への動きという状況によって、日本国民に課せられている。彼は、日本国民に状況の自発的受容を説くのである。そこには、「今や一つの世界を人倫的に実現することが、人間存在の最も大きな課題となつてゐる」（『倫理學』下巻第一刷、二八七頁）とする、人間的全体性の究極的全体性にかんする見直しを経た、敗戦後の倫理学理論がある。

敗戦後における和辻の思想を特徴づける平和国家の唱道は、敗戦後に見直された倫理学理論と照応するものである。和辻の主張は、彼の学問的営みに深く根ざしているのである。

十一　おわりに――「認識活動に於ける歴史性社会性は無視するを許されない契機だ」

和辻の戦後思想は、敗戦という状況を踏まえた学問的営みの結果として提示されている。それは、彼が、学者としての自らに課せられた任務に忠実であったことによる。この意味で、彼は、敗戦の前後を一貫したといえるであろう。

和辻は、一九三七年に公表した「文化的創造に携はる者の立場」で、学問や芸術に携わる者に対して、次のように述べている。

政治的或は軍事的な大事件が起った際に、学問や芸術に携はる人々が、事件の刺戟に興奮して「仕事が手につかない」といふことを時々聞かされる。平生は十分に意義を認めてゐられるこれらの仕事が事件の前に急に意義を失ふやうに感ずるといふのである。しかし、事件が重大であればあるほど、この種の仕事に関して已れの任務を見失ふやうな興奮は戒心されねばならぬ。（『面とペルソナ』岩波書店、一九三七年、二八三頁）

我々は、学者や芸術家が、大衆の歓迎と否とに頓着せず、持続的な強い意志を以て真実の文化的創造に邁進せられむことを要望する。（同、二九〇頁）

ここに引いたのは、「文化的創造に携はる者の立場」の冒頭と末尾である。この短文は、二つの文章にはさまれた中間の部分も含めて、さまざまな解釈を許す興味深いものであるが、ここに引いた文章のいうところは明快である。和辻は、学問や芸術に携わる者が、時局に左右されることなく、自らの任務である文化的創造に専心することを要請しているのである。いうまでもなく、それは、和辻自身の心得でもあった。

和辻は、この要請に忠実であり、敗戦の前後を通して学問的営みに邁進した。敗戦の前後に生じた学問的見解の変化は、そうした学問的営みのなかから生じたものであるから、学問の深化であったともいえる。だが、それだけのことではない。彼のおかれた状況の変化が彼の認識の変化を導いたのでもある。そのことは、次の文をみれば、明らかであろう。

太平洋戦争の敗北によって近代日本を担ってゐた世界史的地位は潰滅した。（「人倫の世界史的反省　序説」『思想』三・四月合併号、一九四六年四月）

この和辻の言明は、太平洋戦争の日本の敗北という状況が、日本の世界史的地位の潰滅という世界史認識（あるいは、世界史的地位という幻想の喪失）をもたらしたことを示している。「一つの世界」への動き、欧米近代の優越といった、敗戦後における和辻の世界史認識や近代日本にかんする負の総括は、日本の敗北という状況にもとづいて形成された学問的見解である。

この学問的見解は、状況に制約されているという意味で、純粋な認識ではない。そして、このことは、「認識活動が原本的に間柄的活動である」（『倫理學』中巻第一刷・第四刷、三八〇頁）とし、「認識活動に於ける歴史性社会性は無視するを許されない契機だと云はねばならぬ」（同、三八三頁）とする和辻の理論的立場と照応する。彼は、学問的認識活動が歴史的社会的であると考えており、そのことを、次のように述べている。

一般に認識活動が行はれ得るためには、先づ第一段として、既存の認識の成果を受けつぐといふ段階がなくてはならない。これは曾て行はれた無量の認識活動を我の立場に於て繰り返すといふだけであって、自ら認識活動を始めることではない。しかもこの繰り返しによって、我は歴史的社会的な認識活動に入り込むのである。こゝに認識活動の共同性がある。ところでこの共同性に入ると共に未だ明かにされない疑問点のある場所が解り、そこに問題追求としての本来的な認識活動が始まる。これが第二段である。この活動は極めて個性的であるが、しかも共同的な認識活動としてのみ行はれ得る。課題の共同性の上に立つ限り、いかに独特な個性的な研究も普遍性を獲得するのである。（同、三八二頁）

和辻の戦後思想は、認識活動は歴史的社会的であるとする自らの学問的認識についての理論的見解にに照応するものとして提示されている。彼において、認識活動は、「共同的な認識活動としてのみ行はれ得る」のであるから、個に根ざした自己自身としての主張はあり得ない。彼の学問にもとづく見解は、「われわれの立場」として提示されるのである。

和辻における敗戦後の言説は、敗戦前のそれと大きく異なり、事柄によっては正反対である。だが、それは、一般に、人の行為が間柄的であり、歴史的社会的であるとする、敗戦の前後に一貫する、彼自身の理論的立場にもとづいている。

この理論的立場においては、人の行為は、生起する状況を自発的に受容し、そこに含まれる課題を共同的に果たすことである。和辻の戦後思想は、まさに状況を自発的に受容し、状況に含まれる課題を、共同的なものとして、提示することであった。

人の行為とは、状況を自発的に受容し、状況に含まれる課題に応答することであるという理論的立場からすれば、そのつど変化する行為・言説は、そのつどの状況に応答している限り、正しいことになる。和辻は、敗戦前も敗戦後も、自らの理論的立場にもとづいて、自発的に状況を受容し、状況に含まれる課題に共同的な立場で応答した。和辻哲郎は、敗戦後、自らの個としての反省を語ることなく、「人倫の世界史的反省」をおこない、世界史的使命を果たすことを日本国民に求めたのである。

〈付記〉本章は、二〇一〇年七月十七日に開催された第十九回日本哲学史フォーラムにおいて、「和辻哲郎の戦後思想」と題しておこなった報告原稿を加筆修正したものである。漢字は通行の字体に改めた。

第Ⅲ部　西村茂樹文献解題

一　『泊翁巵言』

『泊翁巵言』全三冊の自筆稿本は国立国会図書館にある。自筆稿本から出版に至る経緯について、『泊翁西村茂樹傳』下巻「逸事　其五　遺聞」の「「國家道德論」と「泊翁巵言」の稿本」に、次のように記されている。

明治二十七年三月、先生「國家道德論」を草して其稿を終へ、尋で又「泊翁巵言」を著せり。当時同書複本を、伯爵松平直亮氏に托して曰く、「此二書、吾家の原本と併せて各二本あれば、必其一本を後世に遺すべし。共に是れ時弊を痛論し、政務を指摘せる者なれば、現下出版するを許さず、余が死後發刊するは敢て妨げず」と。以て平生の用意を窺ふべし。後年同會編纂の「泊翁叢書」中に収むる者即ち是なり。

（同書、六七五頁）

西村は、『泊翁巵言』と『國家道德論』の内容が政府の忌諱に触れることを憚り、生前の出版を許さなかったが、それぞれに複本を作り、一本を手元に置き、一本を松平直亮氏に託して、後世に伝えようとしたのである。国立国会図書館にある『泊翁巵言』の稿本は、「泊翁巵言目録」という標題の下方に「伯爵松平直亮氏寄贈本」とあり、また、表紙には「西村茂樹先生自筆本」とある。これが、西村から松平直亮氏に託した自筆稿本である。『泊翁巵言』は、右の記事にあるように、西村没後の明治四十二年五月、この自筆稿本を底本として、日本弘道会編纂の『泊翁叢書　全』のうちに翻刻されて、はじめて公刊された。国立国会図書館所蔵の原本と『泊翁叢書　全』所収の『泊翁巵言』との間にある最も大きな相違は、和文の表記法である。原本では、熊澤蕃山や菅茶山など漢字平仮名交じり文の著述からの引用はそのまま漢字平仮名交じり表記であるが、西村自身の書いた和文は、第一冊冒頭の目録に記された項目名も含めて、すべて漢字片仮名交じり表記である。『泊翁叢書　全』収録の刊本では、西村の書いた和文は、目録も含めてみな漢字平仮名交じり表記となっている。

次の大きな相違は、『泊翁叢書　全』では、第一冊「(十四)立憲政體の冀望」の本文を、原本の頭書における西村の指示にしたがって、頭書を明記した上で、省略していることである。原本では、この「(十四)立憲政體ノ冀望」に「(十六)緩刑」が直接続く。(十五)については、項目番号・項目名・本文いずれもなく、目録にも項目番号・項目名はない。『泊翁叢書　全』では、目録と本文の当該箇所に項目番号を立てて、原本に欠失のあることを明示している。

本書各冊の末尾に次のような付記があり、その成立事情を示している。第一冊末尾に「(此一冊は明治維新の初より同十四五年までの間に起草したる者なれども、罕には其前後に立稿したる者もあり)」、第二冊末尾に「(此一冊は明治十四五年より同二十年比に至るまでの立稿に係る)」、第三冊末尾に「(此一冊は明治二十年頃より二十六年までの間に立稿したる者なり)」とある。ただ、原本に(　)はなく、(　)は『泊翁叢書　全』で付されたものである。

『泊翁巵言』の書名にある「巵言」とは、『荘子』寓言篇に由来するもので、臨機応変の語というほどの意味である。状況に即応する現実的な発言をことととした西村の面目をよく示している。『泊翁巵言』は、明治維新前後からほぼ三十年近い年月にわたる、政治・教育・道徳・歴史・宗教など社会全般にわたる事象について、西村の見解を記したものであり、彼の円熟期の思想を要約的に示すものとなっている。生前の公表を意図していないだけに、明治維新の変革とそれ以後の日本の状況に対する批判的主張と、それを支える西村の思想がうかがい知られる重要な資料である。

二 『往事録』

『往事録』の自筆稿本は四冊本で、国立国会図書館にあり、第二冊をのぞいて、他の三冊の表紙に「西村茂樹先生自筆」とある。四冊すべてについて、第一冊を例にとれば、本文の第一頁の右上に「往事録第一冊」と題名を記し、その斜下に「西村茂樹編録」と記している。また、本文第一頁上方に「帝國圖書館藏」の四角の印、下方に「昭和一一・六・一五寄贈」の丸印があり、本文第一頁右下に「伯爵松平直亮氏寄贈本」の印がある。

本文は、おおむね行書体の和文で記され、各項目の冒頭に漢数字の一を付して、項目ごとの区分を明らかにしている。全体として、整然とした記述であるが、付箋等により挿入を指示している項目や字句があったり、項目の行頭に「前一」とか「後一」とか記載されている箇所がいくつかある。次に述べる最初の公刊本は、稿本に記された指示に合致する形で、項目や字句を挿入し、項目の順序変更を行っている。「前一」とか「後一」の記載は、項目を時間的順序通りに配列するための指示と考えられる。

この自筆稿本を校合し、最初に一冊本として公刊したのは、茂樹の三女神戸澄子である。この最初の刊本の表紙には、「西村茂樹編録　泊翁全書第二集　往事録　全　西村家圖書部藏版」とある。奥付には、「明治三十八年七月十三日印刷、明治三十八年七月十九日發行」とあり、定価は「金四拾五錢」、発行者は西村龍太郎、発行所は「西村家圖書部」、印刷所は三田印刷所、「大賣捌所」は「日本弘道會」と「開發社」となっている。各項目を区別する記号としては、冒頭に○が付されている。自筆稿本を校合して最初の公刊に当たった神戸澄子は、茂樹の末子であり、明治十三（一八八〇）年八月十五日の生まれであるから、このとき満二十五歳になる一ヶ月ほど前であった。

『往事録』は、巻頭に「往事録ハ余ガ親ラ経歴セシ事実ヲ記録シタル者ナリ」「余ガ自身ノ記録ハ甚駁雑ナレドモ、其事実ハ自ラ誤謬ナシト信ジタル者ナリ」と自ら記すように、西村茂樹が体験した事柄を記録したものである。はじめに祖父、父、そして母の事歴を記した後、茂樹自身については、八歳にあたる天保六（一八三五）年の頃から、おおむね時間的順序を追って、自らの見聞きした事柄についての記録が並び、六十九歳の年、明治二十九（一八九六）年九月二十八日の記録で終わっている。自叙伝というべきものである。見聞きした当座の記録では必ずしもないが、事実関係が克明に記されており、資料的価値は高い。ただし、純然たる客観的事実の記録ではなく、西村自身がかかわりをもった事柄についての記録である。そこには、当然、西村自身の主体的立場や評価が表現されている。

西村の公的身分は、幕末維新期には徳川家譜代の佐倉藩とその支藩佐野藩の家臣であり、維新後は、明治新政府へ任官し、侍講・文部省官僚・華族女学校長・貴族院議員であった。本書は、自叙伝としての性格をもっているが、彼個人にかかわる事柄は少年期の修学や安政大地震などかなり限定されており、大部分は、彼の公的生活にかかわる見聞や記録である。

本書の前半は、主として、徳川家譜代藩家臣の側から、幕府の倒壊、大政奉還に至る政治的軍事的状況についての見聞を、冷静な洞察力にもとづく判断を示しながら、記録している。後半は、明治政府の諸政策、たとえば士族の秩禄処分・条約改正・教育改革・日清戦争などについて、批判的見地から記録している。とくに、明治政府部内の開化派とでもいうべき伊藤博文らとはかなり厳しい対立関係にあったことがわかる。そして、本書全体から改めて確認し得ることは、西村茂樹が日本の伝統と現実を踏まえた改革の主張者であったことである。

三　『校正萬國史略』

『校正萬國史略』は、西村茂樹が、一つの英文原書を基本として他の書物を参照し、翻訳編纂した歴史書である。書名に万国を冠するが、世界すべての国の歴史を対象としているのではなく、対象としている地域は、今日の西洋史のそれとほぼ重なっている。時代的には、天地創造から十九世紀現在（一八七一年三月の普仏戦争に勝利したプロイセン軍の凱旋帰国まで）に至る通史である。十巻十一冊からなり、巻之一から巻之九までは一巻一冊、巻之十が上下二冊である。内容は、巻之一から三までは天地創造から西ローマ帝国の滅亡に至る「上古ノ史」、巻之四から六までは東ローマ帝国滅亡に至る「中古ノ史」、巻之七から十まではアメリカの発見から十九世紀に至る「近世ノ史」である。上古史と中古史は明治五（一八七二）年に、近世史は明治八（一八七五）年から同九年にかけて出版された。

本書巻之一にある「序」（原漢文）の末尾に「萬國史略十巻、余往年京師に在りて訳述する所、今茲の壬申夏、更に蕪を芟り遺を補ひ、校正既に成る。」「北総処士　西村茂樹撰」とある。これによると、『校正萬國史略』は、明治五年三月、西村が、印旛県権参事を辞して佐倉に帰り、修静居と名付けた書室において、先に京都で翻訳していた『萬國史略』を校正して成ったということになる。

『萬國史略』の原書は、スコットランド人亜勒山大・弗辣撒・戴多拉（アレキサンデル・フラサル・タイトラル Alexander Fraser Tytler　1747–1813）の英文の著作 *Elements of General History, Ancient and Modern* である。『萬國史略』は、明治二（一八六九）年に京都で三巻三冊として出版された。本文は大洪水からギリシア史までである。『校正萬國史略』は、『萬國史略』の単なる改訂版ではなく、量的・内容的に『萬國史略』とは異なっており、それ自身として独立した書物といえる。

本書の「例言」によると、翻訳した『萬國史略』に、アイルランド人ティロル、アメリカ人イマ・ウィラード（Emma Willard 1787–1870）、オランダ人ウィンネ（Johan Adam Wijnne 1822–1899）の原書を参看して、改訂増補したものである。西村は、『萬國史略』とは別に、イマ・ウィラードの英文原書を訳した『萬國通史』、ウィンネのオランダ語の原書を訳した『百代通覧』があり、これらを活用したのである。

本書について、『萬國史略』ないしその原書との対比における特色として、二つのことを指摘しておく。一つは、政治史的だということである。宗教や文化等に触れることはあるものの、記述の焦点は、国家ないし王朝の興亡、君主・為政者や民衆等の動向、国家間の戦争といった事柄にあり、歴史的事実関係の流れを全体として客観的に記述するという態度が強い。

もう一つは、巻之一第一に、神の天地創造、人類の始祖としてのアダムとイブの創造・楽園喪失・ノアの洪水といった『旧約聖書』『創世記』の記述をおいていることである。これは、『萬國史略』、そしてその原書 *Elements of General History, Ancient and Modern* が、大洪水以前のことは根拠に乏しいので大洪水以降を史実として取り扱うとしているのとは異なる。『校正萬國史略』は、参照した他の原書である『萬國通史』などにある、神の天地創造やアダムとイブを最初の人間とする記述を採用し、キリスト教の歴史観の立場をとっているのである。

本書は、キリスト教を信奉する西洋人の手になる西洋史の当時の水準を、そのままわが国に紹介するものとなっている。このことは、西村が、西洋の歴史をまず忠実に学び、そこから、政治・社会・文化・宗教等についての識見を養うことが、日本人にとって必要であると考えたからであろう。西村自身の識見は、本書の「序」に示されている。彼は、そこで、望ましい政治のあり方を、立法・司法・行政三権つまり民権・官権・君権の分立と均衡に認めている。西村茂樹は、明治新政の動揺やまない時点で、西洋史における治乱興亡の数千年を通観する書物を編纂した。それは、わが国の独立と政治的安定が民権・官権・君権の分立・均衡にあると見通す識見と経世の志に発するものであった。

四 『輿地誌略』

『輿地誌略』は、内田正雄（一八四二―一八七六）が編訳刊行していた地理書であり、彼の病没により中絶したため、西村茂樹が後を引き継いで完成したものである。輿地とは天蓋に対する語で、大地を意味する。中国では、古くから「輿地図」「輿地誌」などの語が地図・地誌の意味に用いられた。日本でも、徳川時代から、「輿地」の語を書名にもつ地図・地誌が増える。ただし、『輿地誌略』という同名の書が、青地林宗（一七七五―一八三三）によって蘭書から抄訳刊行されているが、本書とは別のものである。

内田は、当初、本書を八巻として構想し、明治三（一八七〇）年、第一編三巻（総論と亜細亜編）を刊行した。その後、予定を変更して、欧州部を増広して四巻とし、アフリカ洲・アメリカ洲・オセアニア洲各一巻と附録、合計十巻にすることとして、明治四（一八七一）年以後、第二編欧州部四巻を刊行した。さらに構想の変更があり、アフリカ洲を増広して二巻とし、明治八年、第三編巻八・九を刊行したところで、内田は、明治九年二月一日に没した。

巻一の「凡例」に挙げられている著者名や文献名によると、内田が依拠した文献は、Alexander Mackey, *A Manual of Modern Geography*, 1861（『近代地理学便覧』）、J. Goldsmith, *The Geography Illustrated*, 1815（『図説地理学』）、Jacob Janszoon Kramers, *Geographisch-statisch-historisch-handboek*, 1850（『地理・統計・歴史便覧』）、Frederick Martin, *Stateman's Yearbook*, 1869（『政治家年鑑』）などである。彼は、これらにもとづいて、自然地理・人文地理・歴史を記述している。内田は、欧州留学中に多数の写真や図版を収集して模写していたが、これを洋画家川上寛が摸画し、多数の挿画を書中に入れた。

内田の没後、西村が補述を行って『輿地誌略』を完成した経緯は、明治九（一八七六）年秋十月という年時の記載のある、西村の巻十「叙言」に明らかである。それによると、内田の実兄萬年千秋から西村に続編を補述して完成してほしい旨の依頼があり、西村はこれに応じたのである。この「叙言」で西村は、『輿地誌略』は、福澤諭吉『西洋事情』、中村正直『西國立志編』とともに世上に行われたが、他の二書は完備しているのに、『輿地誌略』だけが中絶しているのは惜しいと思われたと記している。「叙言」後半部は、内田の仕事を引き継いだ西村の態度を明確に示しているので、そのまま引くこととする。

亞米利加總論ヨリ墨西哥誌ニ至ルマデハ君ガ遺稿ニ據ル者多シ。中亞米利加以下二冊ハ全ク余ガ續成ニ係ル。其體裁結構一ニ君ガ遺法ニ従ヒ尺度里程經緯度ノ數ノ如キモ首巻ノ凡例ニ記スル所ト異ナルコトナシ。但原本目録ノ末ニ附録ノ目アリ。君ガ附録セント欲セシハ何事ニ在リシカ今ニ至テハ之ヲ知ルコト能ハズ。故ニ已ムコトヲ得ズシテ唯ダ此目ヲ略ス。

『輿地誌略』巻十は北アメリカを内容とし、内田の遺稿を西村が整理したものであり、「内田正雄遺稿　輿地誌略　四編」という標題で刊行された。奥付も「纂輯人　内田正雄」となっている。中南米を内容とする巻十一の上下二冊、オセアニアと南極を内容とする巻十二は、すべて西村の原稿になるものであり、奥付も「纂輯人」「編輯人」を西村茂樹としている。

〈参照〉石山洋「内田正雄「輿地誌略」の成立」『日本英学史研究会研究報告』七一、日本英学史研究会。中島満洲男「内田正雄著『輿地誌略』の研究」『地理』一三巻一一号、古今書院。中川浩一「『輿地誌略』雑考」『地理』一三巻一二号。

五　『求諸己齋講義』

『求諸己齋講義』は、西村茂樹による英語原書の翻訳書である。通常の意味での翻訳とは異なるが、そのことは後に述べる。「求諸己」の語は、『論語』衛霊公篇、『孟子』公孫丑上篇、同・離婁上篇に典拠があり、自らを省みるという意味である。「求諸己齋」は、西村の書斎名であり、号である。求諸己とも号したであろう。

『求諸己齋講義』の底本は、「求諸己齋講義　脩身學」「求諸己齋講義　政學」「求諸己齋講義　經濟學」から成る。「求諸己齋講義　脩身學」は刊本の「求諸己齋講義　脩身學一」から「求諸己齋講義　修身學四」の四部があり、別に稿本「求諸己齋講義　修身學」がある。「求諸己齋講義　政學一」は刊本「求諸己齋講義　政學一」だけがあり、末尾の文章は途切れ、以下、欠落している。「求諸己齋講義　經濟學一」も刊本「求諸己齋講義　經濟學一」だけがあり、末尾の文章は途切れ、以下、欠落している。刊本は、いずれもみな、さらに分冊している。

「求諸己齋講義　脩身學」の「緒言」には年時を「明治七年甲戌十月」と記し、「求諸己齋講義　政學」「求諸己齋講義　經濟學」の「緒言」には「明治七年甲戌十一月」とある。「求諸己齋講義　脩身學」第一冊の奥付には「明治七年十一月官許」とあるが、それ以外の刊本「求諸己齋講義　修身學二」から「求諸己齋講義　修身學四」のすべての分冊の奥付は「明治十年四月御届濟」である。「求諸己齋講義　政學」「求諸己齋講義　經濟學」のすべての分冊は奥付を欠いている。「求諸己齋講義　脩身學」「求諸己齋講義　政學」「求諸己齋講義　經濟學」の第一冊は明治七年にほぼ同時に刊行された後、「求諸己齋講義　修身學二」「求諸己齋講義　修身學三」「求諸己齋講義　修身學四」のすべての分冊が明治十（一八七七）年にほぼ同時に刊行されたものと推察される。

なお脩身と修身の語は書名として混用されている。

「求諸己齋講義　脩身學」は、Laurens Perseus Hickok（1798–1888）の *A System of Moral Science*, 1853 の翻訳である。内容は、緒論から巻末に及ぶが、短い欠落が二箇所、長い欠落が一箇所ある。長い欠落は、原書全体の三十五％強に及ぶが最終部分の翻訳があるので、西村が原書全体を見渡すことができたことを確認できる。

「求諸己齋講義　政學」は、George Helm Yeaman（1829–1908）の *The Study of Government*, 1871 の翻訳として始められたが、これは大冊なので中断し、小冊子の William Paley（1743–1805）の *Elements of Political Knowledge* に変更して続けたという。しかし、この Paley の冊子は大冊 *The Principles of Moral and Political Philosophy*, 1785 の一部分の Book VI である。西村は、『原理』の全体ではなく、その一分冊を手にしたものと思われる。*The Study of Government* は、「緒言」と全二十一章附録とからなるが、その第一章だけを翻訳している。*Elements of Political Knowledge* からの翻訳は、第一章と第二章後半の中途まで途切れている。

「求諸己齋講義　經濟學」は、AmasaWalker（1799–1875）の *The Science of Wealth：A Manual of Political Economy, Embracing The Law of Trade, Currency, and Finance*, 1866 の翻訳であるが、翻訳部分は、Book I, Definition だけである。

『求諸己齋講義』は翻訳書であるが、通常の翻訳とは異なる。門人に講義した原稿にもとづき、一部に論評を含む。原文の直訳や逐語訳ではなく、原文を意味の通るように解釈を加えている。「訳講」という言葉が適切である。また、欠落が多いという意味では、翻訳としては不完全なところがある。

こうした翻訳としての特異なあり方は、資料の逸失による欠落は別として、欧米の学問の先駆的な受容であるという事情に深く関連する。翻訳作業は、「求諸己齋講義　政學」からもわかるが、入手した原書のはじめの部分をまず翻訳し、その内容を検討し、次の段階に移行するという形で、手探りのように進行している。

この困難に満ちた作業のゆえに、「求諸己齋講義　脩身學」における章段構成の不整合も生じ、それが「目次」の混乱としてあらわれている。「求諸己齋講義　脩身學」の原書は、階層的な章段構成にもとづいて体系的論述をしている。西村は、原書の翻訳を順次に進めたから、原書における体系的論述に見合う章段構成を、あらかじめ見通し得なかったのである。

「求諸己齋講義　脩身學」の「目次」の混乱は、欧米の学問の受容における先駆的営為の苦渋を象徴している。この章段構成の問題は、西村における学問の展開において小さな事柄ではない。彼は、西洋の学問の特質を体系的論述に認め、それが秩序立った章段構成つまり区分法としてあらわれていることを明確に認識するに至る。彼は、やがて、『小學脩身訓』や『徳學講義』などにおいて、区分法を明確に立てて、著述するのである。

『求諸己齋講義』の内容において注目すべきことは、「脩身學」「政學」「經濟學」を一つの全体として構成しようとすることである。それは、道徳を人間存在の多様な次元と領域において捉えることと相関する。彼は、道徳を、個人、家族、社会、政治、経済、国家といった諸次元、諸領域に分節化しつつ統合的に存立するものとみている。こうした視点は、西村が翻訳する欧米の人文社会科学書の性格でもあった。そのことは、Hickok の *A System of Moral Science* そのもののうちにもみてとれる。西村は、こうした欧米の学問を「格物致知誠意正心修身斉家治国平天下」と体系づける儒家的学問に照らして受容する一方、儒家的学問を批判的に再構成していく。『求諸己齋講義』は、欧米の人文社会科学の先駆的翻訳であるとともに、近代日本における学問形成の現場を表示する著作である。

〈参照〉古川哲史「泊翁の印章（その一）」『弘道』第九二〇号、一九八六年。

六　『楯寧氏道德學』

『楯寧氏道德學』は、*Elements of Morals ; with Special Application of The Moral Law to The Duties of The Individual and of Society and The State*, 1884 の翻訳である。そして、この *Eléments of Morals* は、フランスの哲学者・倫理学者 Paul Janet（1823–1899）の *Eléments de morale*, 1870 というフランス語原著の英訳である。フランス語からの英訳は Caroline Rollin Corson（?–1901）が原著の最新版からおこなったと訳著序に述べている。*Elements of Morals* の初版は一八八四年に出ているが版を重ねており、現在も入手可能である。西村茂樹がどの版に依拠したかは不明である。

原著者ポール・ジャネは、パリ大学文学部教授、学士院会員になっており、フランス哲学界で重きをなしていた。また、イギリス・アメリカなど英語圏でも非常に有名であった。西村の蔵書目録『求諸己齋蔵書目録』には「ジャネイ氏道徳理論」と「同　道德學」の記載がある。このうち「道德學」が「楯寧氏道德學」の原書であり、「道徳理論」の方は *The Theory of Morals*, 1883 である。西村は、『読書次第』でも、「保羅惹涅氏」のこの二書に言及している。

『楯寧氏道德學』は稿本のみが存在し、国立国会図書館所蔵の「般斯婁氏道德學」と表題のある冊子に合綴されている。表紙頁の左側に「楯寧氏道德學　二」とあり、「二」の右肩に「稿本」と記されている。本文として、「楯寧氏道德學　第一冊」という内題に始まる六十二丁と「楯寧氏道德學　第二冊」という内題に始まる三十丁がある。「第二冊」の末尾は、丁の終わりで不自然に途切れているから、継続する部分があったと思われるが、伝存しない。

原書 ***Elements of Morals*** は、十六のCHAPTERからなるが、全体にわたって一八六の通し番号をつけ、それぞれの数字に項目名がある。西村は、CHAPTERを篇と訳し、通し番号に章という文字を付している。この原則によると、CHAPTER Iを「第一篇」とすべきであるが、彼はCHAPTER I. PRELMINARY NOTIONSの冒頭部分を「緒論」とした。ここはCHAPTER Iの前書きであるが、西村は、これを書物全体の「緒論」と位置づけたのである。そのため、CHAPTER Iを第一篇とするわけにはゆかなくなり、見出しに不整合を生ずることになった。

こうした翻訳における不整合は、西洋書の先駆的翻訳に伴う苦労を示すものであるが、そうした苦労は訳語の選定にもあらわれている。西村は、『樝寧氏道徳學』において、Dutyを当初から「職分」と訳しているが、第三十八章からは「義務」と変更している。また、第十二章の項目名のLibertyに「自主即自由」という訳語を当てている。自主と自由とのいずれがLibertyやFreedomの訳語として妥当かという問題について、彼は、十分に意識的であった。『泊翁卮言』第一冊「(五十四)自由の語」という文章は、それを裏書する（『増補改訂　西村茂樹全集』第三巻、思文閣出版、二〇〇五年、七一六頁）。

西村は、このような苦労や困難とともに西洋書を翻訳したが、当然のことながら、多くの新たな知見を得ている。本書のなかで西村の学問と思想に重い意味をもつと思われることを、二つだけあげておこう。

一つは、第三章「道徳學ノ区分」に、道徳学に原理論と応用論があると述べられていることである。道徳学におけるこうした区分は、西村の『日本道徳論』の前半と後半を原理的議論と実際的議論とに分け、また『徳学講義』で上編を「道徳ノ学」と後編を「道徳ノ実行」と分けて論じていることに関係するであろう。

他の一つは、本書が惜しくも途切れているその末尾に「奴隷法」を論じていることである。ここに、欧米社会の奴隷制度が全く絶滅したとはいえず、形を変えて再興する勢いがあると述べられている。西村は、奴隷制度の有無に欧米社会と日本社会の差異を意識するとともに、人間社会のあるべき姿を深く考察する機縁を得たであろう。

『樝寧氏道德學』は、西村茂樹の西洋書翻訳が多くそうであるように、多くの困難を伴いつつ、欧米における同時代の学問を摂取するものであり、そこに、近代日本の国家社会を建設する志向が潜在していたと思われる。

七　『理學問答』

『理學問答』は、西村茂樹による英語原書の翻訳に、それと関連する「問答」を補記したものである。国立国会図書館にある「西村先生自筆　理學問答」と標題のある稿本一冊は、いくつかの西洋書の翻訳と覚書類を綴じたもので、いずれの文書も断片的である。内容は、「理學問答」「デー氏モラル」「ペーリイ氏修身學」「顕利爹氏修身學」と題する翻訳、「漢籍の摘要」「道徳にかかわる問答」「社名改正ノ案」と題する覚書、そして「理學問答」の一部である。このうち、最後の「理學問答」の一部は、前半の「理學問答」で第二編としているところを改めて翻訳したものであり、第二編については、こちらの方が分量は多い。本巻では、前半の「理學問答」を基本としつつ、第二編を末尾の部分で代替している。また、『理學問答』と内容的に関連する「道徳にかかわる問答」を補記した。『理學問答』の原書は、Johann Gaspar Spurzheim（1776–1832）の著である *Philosophical Catechism on The Natural Law of Man* である。著者は、ドイツで生まれ、ウィーン大学で医学を学び、Franz Joseph Gall（1758–1828）に師事し、Gall の提唱した学問を共に唱道し、Gall と決別した後にもそれを発展させて Phrenology（骨相学）という名称を与えた。ヨーロッパ各地を回り、一八三二年、講義のために初めてアメリカに渡り、ボストンで病死した。

Philosophical Catechism on The Natural Law of Man は、一八二六年にロンドンで出版されているが、現在、一般に入手可能なものは一八三二年にボストンで出版された改訂第二版およびその系統のものである。『理學問答』は、内容的に改訂第二版と一致するから、『理學問答』の原本は、改訂第二版の系統であると考えられる。

『理學問答』の成立は不明である。合綴されている「社名改正ノ案」に修身学社という名称は五年を経ている旨が記されているので、これは明治十四（一八八一）年という年時を示唆するが、それ以上のことはわからない。『理學問答』は部分訳であり、原書改訂第二版と訳出されている箇所（欠落箇所）の対応関係は、次の通りである。

原書	『理學問答』
PREFACE	欠
GENERALITIES. pp.1–16	総　論
SECTION I OF THE VEGETATATIVE LAWS OF MAN. pp.17–30	第一篇　人類ノ生活ノ法則
SECTION II OF THE INTELLECTUEL LAWS OF MAN. pp.31–64	第二篇　人ノ知慧ノ法則　三八頁末尾二行以下欠
SECTION III. OF THE MORAL LAWS. pp.65–78	第三篇　人ノ道徳ノ法則　六六頁中途より
CHAPTER I. OF MORALITY. pp.78–120	七八頁より八二頁下から三行までと一一五頁の半頁ほど欠
CHAPTER II. OF RELIGION. pp.120–171	欠

原書本文の全一七一頁のうち約七六頁ほどを翻訳していることになる。翻訳の欠落に長短はあるが、最も特徴的なことはSECTION III. OF THE MORAL LAWSのCHAPTER II. OF RELIGIONをまったく欠落していることであろう。これが、意図的なものであるかどうかは、やはり不明である。

原著は、医学者によるものであるだけに、道徳について、また、『理學問答』では欠落しているが宗教について、自己の学問的立場と当時の学問的水準にもとづいて、人間における生理的心理的法則によって説明しようとしている。著者Spurzheimは、一問一答形式で明快に論述し、人間の改良を目指したとしているが、その合理的科学的立場による啓蒙主義的態度は西村のそれと相通ずるところがある。『理學問答』の翻訳という作業は、その内容からみて、西村における道徳学の基礎を形成する上で、重要な役割を果したと考えられる。

八　『希穀氏人心學』

『希穀氏人心學』は、西村茂樹による英語原書の翻訳である。底本は国立国会図書館所蔵の一冊の稿本である。表紙には右側に「西村茂樹先生自筆」、左側に「希穀氏人心學譯稿」とある。内表紙には左側に「希穀氏人心學譯稿　一」とあり、右下に「泊翁所藏」の印章がある。本文は、「希穀氏人心學」という標題から始まり、本文六十三丁である。成立年時の確かなことは不明であるが、後にみるように『心學略傳』との関連から、明治十年代前半までには成立していたと思われる。また、内表紙に「譯稿一」とあることから想定される「二」以後の存在も不明である。

『希穀氏人心學』の原書は、Laurens Perseus Hickok（1798–1888）の著作 *Empirical Psycology ; Or The Human Mind as Given in Consciousness* である。西村は別に Hickok の *A System of Moral Science* を『求諸己齋講義』「脩身學」のうちに訳してもおり、Hickok は西村にとってなじみの深い存在であった。Hickok は、アメリカにおける最初の体系的哲学者と評価される人物である。アメリカのコネチカット州のベテルに生まれ、ユニオン・カレッジに学び、オハイオ州のウエスターン・リザーブ・カレッジの神学教授などを経て、母校のユニオン・カレッジの道徳哲学および心理哲学の教授となり、またその学長ともなっている。*Empirical Psycology ; Or The Human Mind as Given in Consciousness* は、一八五四年にニューヨークで初版が出版されたが、今日一般に入手可能なものは第二版である。原書は、表紙から通しの頁番号を付し、全体で四〇〇頁である。その内容は、次の通りである。

PREFACE
CONTENTS
INTRODUCTION
ANTHROPOLGY
EMPIRICAL PSYCHOLOGY
FIRST DIVISION. THE INTELLECT
SECOND DIVISION. THE SUSCEPTUBILITY
THIRD DIVISION. THE WILL
FOURTH DIVISION. THE MIND COMPETENT TO ATTAIN ITS END

このうち『希穀氏人心學』として翻訳しているのは ANTHROPOLGY と EMPIRICAL PSYCHOLOGY であり、全体の四分の一ほどである。訳としては、逐語訳ではなく、内容を理解し得るような意訳である。なお、書名の『人心學』は Psychology の訳語であるが、この訳語は『希穀氏人心學』の中では一定しない。「人性學」「性學」「心學」「心性學」という訳語も当てられている。また、「実験心學」という場合の実験の語は、Emprical の訳語であり、Experience の訳語は「経験」である。さらにいえば、Philosophy は「理學」と訳している。

Empirical Psycology ; Or The Human Mind as Given in Consciousness は、心（Mind）を対象とする学問が哲学の一分科として存在していた時期にあって、心はいかにあるべきか、あるいは、心はいかに働くべきかという視点をとらない。ここでは、心を自己の経験において知り得る現象の事実として考察しようとする。西村が『希穀氏人心學』として翻訳したのは、その中の基礎理論的な部分である。この部分で、「自識」と訳された Consciousness が、自発的に活動し、経験的に観察可能な考察の対象であることを明らかにし、その働きは INTELLECT,

SUSCEPTUBILITY, WILL の三つであるとしている。翻訳されなかった部分では、その三つの働きの内容を本論として展開しているのである。

西村は、実験心理学が成立する前の状況で、心を観察可能な経験にもとづく現象として解明するという新しい学問的動向に、Hickok の本書を一つの重要な手がかりとして接したのである。こうした学問的動向のことを、西村は、『心學略傳』、ついで『心學講義』において「心象學」と呼んでいる。

『希穀氏人心學』は、西村における「心學」の確立以前に、それを準備した仕事である。これらの仕事は、西村自身の思想形成にとって重い意義をもっただけでなく、日本における心理学受容史においても注目すべき価値を有することは確かであろう。

九　『可吉士氏心象學摘譯』

『可吉士氏心象學摘譯』は、西村茂樹による英語原書の翻訳である。底本は国立国会図書館所蔵の「西村茂樹先生自筆　可吉士氏心象學摘譯」という標題のある一冊本である。この表紙の次にある表紙にも左側に「可吉士氏心象學摘譯」（西村自筆による）とあり、右下に「泊翁所蔵」の印章がある。本書の成立時期は不明である。

『可吉士氏心象學摘譯』の原書は、William Edward Cox（1809–1879）の著である *The Mechanism of Man* Vol.I である。Coxは、イギリスのサマセット州トーントンで生まれて弁護士となり、ロンドンに移って、弁護士として活躍しただけでなく、新聞・雑誌などを発行して出版者としても成功し、豊富な資産をなした。心理学に強い興味をもち、一八七五年、私財を投じて The Psychological Society for Great Britain を作ったが、これは彼の没後すぐ解体している。

The Mechanism of Man の初版は Vol.I が一八七三年にロンドンで出版された。全体の書名は、*What am I? A Popular Introduction to The Study of Psychology*. Vol.I *The Mechanism of Man* であり、Vol.II が一八七四年に出版されている。改訂版として、Vol.I が一九七六年に、Vol.II が一九七九年に出版された。改訂版のタイトルは *The Mechanism of Man: An Ansuer to The Qestion, What am I? A Popular Introduction to Mental Phsiology and Psychology* である。改訂版に Vol.I *The Mechanism* と Vol.II *The Mechanism in Action* と標題がつけられている。Vol.I の 3 rd edition が一九七九年（Cox の没年）に出版されている。出版者はいずれも同じである。参照できたのは、改訂版の Vol.I と Vol.II である。

『可吉士氏心象學摘譯』は、Vol.Iからの翻訳であり、改訂版のVol.Iのうちに大部分の対応箇所を見出し得る。しかし、本書と改訂版との間には見逃し得ない不一致があるので、翻訳原本は改訂版でないことは確かであるが、いまは、参照可能な改訂版と本書との関係を説明する。

The Mechanism of Man : An Answer to The Qestion, What am I ? A Popular Introduction to Mental Phsiology and Psychology Vol.I *The Mechanism* は、本文四九五頁からなり、その構成は次のようになっている。これらの綱目の下位に多数のChapterがある。

Part I. Introduction

Part II. The Mechanism of Man

The Forces that Move the Mechanism

Book I. Life　　Book II. Mind　　Book III. Soul

『可吉士氏心象學摘譯』は、大体、原書のChapterを篇として翻訳している。翻訳した個々の文章の冒頭に○をつけているので、一文章ずつを抜き出したような印象を与えるが、意図的と思われる省略はあるものの、それぞれの文章は連続している。したがって、翻訳におけるそれぞれの篇は、Chapterとしてまとまった内容になっているのであり、「摘譯」という標題は、個々の文章ではなく、Chapter単位で抜き出した翻訳であることを意味する。

The Mechanism of Man は、右の構成からわかるように、Bodyの器官を動かす盲目的な力をLifeとし、Lifeに方向づけをするものがMindであるとして、そのMindの根本にSoulを想定している。それは、身体から独立性をもつ魂を認める伝統的な心理学の立場にある。しかしまた、それは、生理学を踏まえ、とりわけ骨相学Phrenology（『増補改訂　西村茂樹全集』第八巻所収『理學問答』の原著者Spurzheimの命名になる）との関連で、心の

機能や性質を説明しようとしている。『可吉士氏心象學摘譯』は、原書の伝統的立場につらなる部分ではなく、通俗的ではあるが、当時の科学的動向にかかる部分を選択して翻訳している。こうした選択的翻訳は、西村茂樹の関心の所在を示すものである。

結び　近代日本における倫理思想の特質

はじめに

近代日本の倫理思想を近代的として特質づけるものは何か。ここでは、その一端であるにしても重要なものを示すこととする。

倫理思想とは、きわめて大づかみにいえば、人々が、自己と他者との連関の総体をいかなるものであると認識しており、またいかなるものであるべきだと意識しているのかという事実認識と当為意識のはざまで、いかなる営為をなすべきであるとしているのかという規範意識を意味している。自己と他者の連関の総体は、むろん、現在の人と人との関係に限定されるわけではなく、過去から未来に至る、人々とそれを取り巻く事物事象の連関でもある。

倫理思想とは、ありていにいえば、自己と世界をいかなるものと認識し、いかにあるべきであると意識し、何をなすべきであると考えているかという、人々の思念である。思想であるから、社会の構造や制度などの客観的事態ではなく、観念であり意識形態である。

近代日本の倫理思想といっても、その内容は多岐にわたるし、人々の属する社会層や地域によっても多様な差異があることはいうまでもない。いまはただ、近代日本の国家が人々に主従道徳を求めていたことに着目する。しかも、その主従道徳は、天皇への臣民の忠だけでなく、国民の社会的基層における主僕の道でもあった。

一　封建社会の主従道徳

主従道徳は、鎌倉時代以後の武士の倫理思想の核心をなしていた。近世日本においては、それが、武士階層だけでなく、町人・農民など民衆にも広く行きわたっていた。

このことは、近世日本社会が武士の政治的倫理的指導のもとに置かれていたことと相関する。近世日本において、武士は、為政者の位置を占めるなかで、儒教思想によって主従道徳を君臣道徳として形成し直す一方、主従道徳を強く保持していた。そして、民衆は、その主従道徳を濃厚に保持していたのである。その具体的な例として、元禄期に起こった赤穂浪士の討ち入り事件を演劇化した「忠臣蔵」が、民衆の熱烈な支持を得たことをあげることができる。

主従道徳の重要な原則は主従の直接性に根ざしている。古川哲史氏は、それを「CがBの直接の家来であり、BがまたAという主人を持つ場合、CはBを超えて直接Aに忠を尽くしてはならぬというジッテ」と定式化し「忠の序」と述べている（古川哲史『武士道の思想とその周辺』福村出版、一九五七年、八七頁）。この原則は、「主君の主君は主君ではない」という言葉によってもあらわされる。この原則を変更することがきわめて困難であったことは、吉田松陰（一八三〇―一八五九）の場合に象徴的にみることができる。

松陰は、安政二（一八五五）年九月から翌三年九月まで、僧宇都宮黙霖（一八二四―一八九七）と書簡による論争をしたが、とくに安政三年八月には集中的な論争をおこなった。そこでの黙霖の主張の要点は、次の通りである。

我ハは小道ニ黨シテハ決シテ呑込ヌ故ニ直ニ王室ヲ貴ムナリ、

（原典版『吉田松陰全集』第五巻、岩波書店、四一七頁）

黙霖は、天皇への直接的な忠誠を説いたのである。これに対して、松陰は、次のように述べている。

僕は毛利家の臣なり。故に日夜毛利に奉公することを練磨するなり。毛利家は天子の臣なり。故に日夜天子に奉公するなり。吾等、國主に忠勤するは卽ち天子に忠勤するなり。

（普及版『吉田松陰全集』第八巻、岩波書店、五一八頁）

天皇への直接的な忠誠を主張する黙霖に対して、松陰は自らの属する毛利家への忠誠を尽くすことが天皇への忠誠を尽くすことになるとしたのである。

ここで、天皇への忠誠が問題になるのは、日本という国家社会の危機への対応、社会変革の実践が天皇への忠誠という形であらわれているからである。天皇は、この時点で、日本という国家社会と、観念の上で、等置されている。

このとき、松陰は、伝統的な武士の主従道徳の原則にしたがって、直接的な主君である毛利家への忠誠を通して、間接的に天皇への忠誠を尽くすのだと述べたのである。古川哲史氏は、吉田松陰の右の主張を引いて、武士の主従関係の直接性を「武士の道徳的世界における鉄則であった」と述べている（前掲書、九〇頁）。

松陰は、これより以前から、尊王の念に厚く、天皇への忠誠にゆるぎはなかった。また、日本の国家社会への忠誠心も厚かったのである。だが、天皇への直接的な忠誠が、日本という国家社会の直接的な担い手としての態度であるとするならば、この時点における松陰は、日本という国家社会の直接的な担い手ではない。

松陰は、この時点では、日本という国家社会の内部組織である毛利家の一員としての立場を、国家社会よりも優先しているのである。自らを毛利家に属するものとし、毛利家への忠誠を通して、天皇への忠誠を尽くし、国家社会の担い手たろうとしているのである。

松陰が、日本という国家社会の内部組織への帰属者である立場よりも、国家社会の直接的な担い手としての立場を優越させるのは、「草莽崛起」の思想を抱くに至る時期のことである。彼は、この時期に、次のように述べている。

今の幕府今の諸侯勤王攘夷は萬々出來ぬと明らむべし。路《みち》あらば死ぬる迄諫争するもよし、路なくば、天朝と吾が藩を外より助ける手段に止まるなり。

（四月七日付、野村和作宛書簡　普及版『吉田松陰全集』第九巻、三二四頁）

草莽崛起、豈に他人の力を假らんや。恐れながら天朝も幕府・吾が藩も入らぬ、只六尺の微軀《びく》が入用

（四月頃、野村和作宛書簡　同、三六一頁）

草莽とは、位階官職俸禄をもたない在野の人を指す。「草莽崛起」とは既存の組織に位置をもたない個人として国家社会のために立ち上がることである。このとき、松陰は、国家社会の内部組織に属するものとしてではなく、日本という国家社会に相対しており、その直接的な担い手としての自覚に至っている。

日本という国家社会への忠誠は、松陰の言葉でいえば、「尊攘」であり、「勤王」である。それは、黙霖の立場と等しく、天皇への直接的な忠誠となりそうである。だが、詳述の余裕はないが、松陰は、天皇への直接的な忠誠に近いところにいっているにしても、最後まで、毛利家に属するものとしての立場をとってもいる。

松陰の思想的あゆみをみると、日本の国家社会の担い手としての自覚を深めることは、自らの属する組織への忠誠を希釈化し、天皇への直接的な忠誠へと傾斜していくという道筋が明らかになる。天皇と日本の国家社会が理念的に等置される状況では、天皇への直接的な忠誠と日本の国家社会への直接的な忠誠とが等置されるのは、いわば論理的必然である。

とはいえ、天皇への直接的な忠誠も、日本の国家社会への直接的な忠誠も、実際上かつ理論上、難問を抱えていることは、松陰自身に即してもいえることであり、また、後に触れる和辻哲郎が指摘するところである。

いまは、松陰が武士の主従道徳の「鉄則」を相対化することで国家社会の直接的な担い手たろうとし、天皇へ

の直接的な忠誠に至ろうとしていること、そのことが近世思想から近代思想への転換を象徴するものであることを確認しておく。

二　忠誠対象の転換

近代日本の倫理思想は、天皇への直接的な忠誠という態度をもつ臣民が、その態度において国家社会の担い手として自覚するところにある。武士の主従関係における「鉄則」である直接的な主人への忠誠から天皇への忠誠へと忠誠対象を転換することにおいて、すべての臣民が、天皇と理念的に等置された日本の国家社会の担い手となる。

こうした忠誠対象の転換は、日本の国民全体において、ある特定の時点でなされたわけではない。また、この点が重要であるが、忠誠対象はただ天皇だけに限定されるものでもない。近代日本の人々の忠誠は、後にみるように、天皇への忠誠を要請し、天皇を最高の忠誠対象として位置づけるとともに、現実的には、直接的な主人への忠誠を要請しているのである。

さて、天皇への忠誠は、公教育のなかで明確に位置づけられることにより、日本における臣民すべてに要請されることになった。そのために、道徳教育の強化のなかで、儒教的君臣観念を臣民の天皇に対する忠誠として読み替えることが意図的になされた。次に掲げるものは、明治十年代に、文部省が道徳教育を担当する教師のために指示した心得である。

行儀作法は。父母兄弟の間に行ふを先とするは勿論なれども。我が日本は。海外諸國と異なる所ありて。建國の初めより今に至るまで。皇家一系にして。吾がともがら祖先以來。君民の分義あれば。幼穉の時より。上天子を敬ふの作法をわきまへ置かざるべからず。教師たるもの。よく此意を體して教ふべし。

（「教師心得七則」『小學作法書』『日本教科書大系　近代編』第二巻・修身(二)、講談社、一九六二年、一八一頁）

編中の諸章は。皆先哲の言なれば。其君といひ主君といへるは。大率當時の國君を指すものなり。然れども今日に於ては。皆是を吾が皇上の上に遷し參らすべし。漢土にても。孔孟の君に事ふる道を説き給へるは。概ね前説の如きものなれども。後人は其道を以て。天子に事へたり。

（「教師須知八則」『小學修身書　初等科之部』同書、二〇五頁）

道徳教育におけるこのような指示は、天皇への直接的な忠誠を社会全体に浸透させる試みの一環であった。そして、この天皇への忠誠という道徳は、以後、日本社会全体に浸透していったのであり、そして、それが近代日本の国家的統一において甚大な意義をもったのである。

三　近代における忠誠の問題

天皇への直接的な忠誠は、それ自身のうちに難問をはらむものであった。和辻哲郎（一八八九―一九六〇）による次の回想は、そのことを示している。

たぶん、修身の時間にでも、楠正成の話を聞かされたのであったろうと思うが、そのあとでわたくしはいろいろと思いめぐらした。もし自分も、正成と同じように、天皇から召し出されて、頼みを受けるというようなことがあれば、正成に負けないように全力をつくして奉公するであろう。しかしそういう機会は、片田舎の村の子にとっては、到底ありそうに思えない。とすると、正成を手本とするわけには行かないではないか。そうわたくしは痛切に感じたのである。

（『自叙伝の試み』『和辻哲郎全集』第十八巻、岩波書店、一八六頁）

和辻は、明治二十八（一八九五）年四月、日清戦争が終わった直後に、尋常小学校に入学し、明治三十二（一八九九）年三月にそれを卒業している。この回想は、それから、六十年ほど経た後のものである。当然、成熟した和辻自身の思想が投影されているとみなければならない。だが、これは、天皇への直接的な忠誠が含む問題性をあらわにしていることも確かである。

難問とは、天皇に直接することのできない臣民が天皇へ忠誠を尽くすことは、いかにして可能かということである。和辻によれば、それは実際的・理論的に不可能なことである。

だが、近代日本の指導層は、それを擬制的に実行する論理を、早い段階で用意していた。それを端的に示すものが、明治十五（一八八二）年一月四日に頒布された「陸海軍人に賜りたる勅諭」である。

> 一　軍人は礼儀を正くすべし。凡軍人には、上元帥より下一卒に至るまで、其間に官職の階級ありて統属するのみならす、同列同級とても停年に新旧あれば、新任の者は旧任のものに服従すべきものぞ。下級のものは上官の命を承ること、実は直に朕が命を承る義なりと心得よ。
>
> （「軍人勅諭」日本近代思想大系4『軍隊　兵士』岩波書店、一九八九年、一七四頁）

これは、下位の者が上位の者の命令を天皇の命令として服従すべきことを「礼儀」として定めたものである。この指示が、一般的な組織運営上の服務規律と異なることは、職務上の命令服従関係にとどまらない、人格的な「統属」関係となっているところにある。また、「停年」という言葉は、現代における用法とは異なり、同じ官階、同じ等級にとどまっている年数のことを意味している。だから、「同列同級とても停年に新旧あれば、新任の者は旧任のものに服従すべき」というのは、同じ身分のものでも、在任期間の短いものは在任期間の長いものに服従すべきであるといっているのである。これは、軍隊における統属関係が人格的関係であり、純然たる職務に限定された指揮命令関係にとどまるものではないことを示している。

ちなみに明治二十（一八八七）年に公布された「官吏服務紀律」では、次のように職務に限定された命令服従関係になっている。

第二条　官吏ハ其職務ニ付本属長官ノ命令ヲ遵守スベシ。但、其命令ニ対シ意見ヲ述ルコトヲ得。

（「官吏服務紀律」日本近代思想大系3『官僚制　警察』岩波書店、一九八九年、一五二頁）

所謂「軍人勅諭」の規定が重要なのは、明治二十二（一八八九）年に改正された「徴兵令」とともに、満十七歳以上満四十歳までのすべての男子が、兵役に服する義務を実質的に負うことになったときの精神的基盤を提供したものだからである。

近代日本では、天皇への忠誠が臣民における最高の徳目として提示されたが、「軍人勅諭」に象徴的に示されるように、軍隊組織の現実においては、上位者に対する下位者の忠誠が要請されていたのである。

このことを考えると、天皇への忠誠という近代日本における最高の道徳は、軍隊を典型として、社会におけるさまざまな場面における主従道徳を基盤として必要としていたのだと見通し得るだろう。

近代日本の学校教育において、道徳教育が定着していくなかで、主従道徳が修身科の徳目として組み込まれるのも、そのことと相関するとみることができる。

四　近代の主従道徳

近代日本の道徳教育のなかに主従道徳が継続的に位置づいていたことを、国定修身教科書に即して確認しておこう。

国定修身教科書は、明治三十七（一九〇四）年より使用が始まり、四度の改訂を経て、昭和二十（一九四五）年まで使用されたが、そこでもっとも重要な位置を占めているのが天皇であることはいうまでもない。国定修身教科書は、一貫して、天皇の臣民へ恩愛を語り、臣民がその恩愛に応えて、天皇尊崇という意味での忠君と、国家防衛へと献身する愛国を説いている。

ところで、注目すべきことは、国定修身教科書は、やはり、一貫して、「主人と召使い」「主人と奉公人」にかんする徳目を立てているのである。その内容は、主人による恩恵の施与、召使い・奉公人による報恩である。臣民の天皇への忠誠は、臣民における従僕の主人への忠誠と並存しているのである。

このように、臣民のあいだに主人と従僕の関係を立てることの意味は、いかなる点にあるのであろうか。

明治十年代以後、道徳教育の振興に努力した西村茂樹（一八二八－一九〇二）は、道徳教育のなかに「主僕の道」を立てることを主張した。明治十八（一八八五）年に発表した「或問十五條」では、早くも、次のように述べている。

五教の目は往昔は如何なりしかは知らざれども、今日に在りては、三条の不足あり、其一は師弟の道、其二は主僕の道、其三は人に接するの道是なり、

（「或問十五條」「其十三　孟子の五倫を論ず」『増補改訂　西村茂樹全集』第二巻、思文閣出版、七四八頁）

西村は、ここでは、「主僕の道」を一家のうちにある主人と僕婢の関係を想定していたが、明治三十三（一九〇〇）年発行の『徳學講義』第八冊では、社会に広く存在する企業における使用者と使用人の関係へと想定を変えている。その上で、「主僕の道」を立てる必要を説く理由を、次のように述べている。

全国人民中ニ於テ或ハ主人ト為リ、従僕ト為リ居ル者ハ、其数殆ト三分ノ二ニ達スベシ、是ヲ君臣トシテ視ルトキハ、古来ヨリ君臣ニ関スル教訓多シト雖ドモ、今日ハ君臣ノ名ヲ称シ難シ、然ルトキハ此ノ如キ大数ノ人民ニ其ノ本務ヲ教フル訓誨ナシ、是ヲ教育ノ闕事ト言ハザルコトヲ得ズ、

（同書、四四四頁）

近代日本社会における徳目として、君臣関係は天皇と官僚の関係であるから、国民には適用できないので、主僕の道が必要だというのである。これは、君臣の道が適用できないとする消極的な理由を述べるものであるが、

主僕の道の必要な積極的理由については、次のように述べている。

西人ノ説ニ依レバ、主僕間ノ関係ハ全ク互ノ約束ヲ以テ根基ト為スト、蓋シ事実ヲ誤ラザルノ説ナリ、然レドモ更ニ高崇ナル意味、即チ道徳ノ精神ヲ加ヘザルベカラズ、主僕ハ家族ノ一分ト云フモ可ナリ、然ルトキハ約束ヲ為スモ、又従僕ヲ役仕スルモ、倶ニ道徳ノ範囲ノ外ニ出デザランコトヲ求ムベシ、僕婢ガ主人ニ対シ、忠義ヲ尽シタルハ、史上数々見ル所ナリ、(殊ニ本邦ノ歴史ニ多シ)、此ノ如キハ其主僕双方ノ栄誉ト為ルノミナラズ、又国俗ノ美ナルコトヲ示スニ足ルベシ、(同書、四四五頁)

昔は雇主を主人と云つて矢張り君臣の様になつて居つたが近年は唯雇主雇人となつた、矢張雇主雇人と云ふ名義は少し穏当で無い、主従と云ふ心持ちでないと互に親切が薄い、

(『道徳教育講話』『増補改訂　西村茂樹全集』第一巻、思文閣出版、五六四頁)

ここで、「約束」と述べているのは、契約という意味である。西村は、日本社会が資本主義化しつつあった状況で、賃金労働による契約にもとづく雇用関係の広範な存在を、事実として認めている。しかし、それに加えて、雇用関係のなかに、主人と従僕のような、家族そのものではないが「家族ノ一分」といってよい「親切」な情誼的関係を求めたのである。

西村は、日本に主僕の道の存在することを、西洋とは異なる日本の独自性ないし優越性(「国俗ノ美」)を示すものであるとみている。そして、この主僕の道の存在による日本の独自性ないし優秀性は中国との対比でも語られている。ここに、西洋や中国との差異において日本の独自性ないし優秀性を語る言説のあらわれていることは注意しておきたいことである。

このように、主僕の道を道徳教育のなかに必要とする主張は、むろん、西村だけのことではない。明治期における正統的な修身教科書でも、次のように述べられている。

僕婢は法律上には家族にあらざれども、我が家に住み、朝夕家事を助け、主人の爲に利害を顧み、主人と共に喜憂を分つ所のものなれば、實際上には之を家族と稱する亦敢て不可なし。僕婢に對しては、ひたすら愛憐を加へ、親切に誘掖し、以て其の智を開き、徳を進むるを以て其の要旨とすべし。（中略）

僕婢を以て家族の一部となすは、我が國の美風なり。西洋に於ける僕婢と主家との關係は、唯雇者と被雇者との契約關係にして、主家は一定の勞銀を給すれば足り、僕婢は契約せる職務を果せば足れりとして、其の間頗る冷淡にして、我が國の主從に於て見るが如き、敦厚の情義を認むること能はず。主家は僕婢の誘導・啓發を其の任となし、僕婢は一意主家に奉ずるが如きは、我が美風なるを以て永く存續せしめざるべからず。

（井上哲次郎・藤井健治郎共著『師範學校修身書　道徳の要領　巻二』、一九一一年、六五頁）

これは、西村のように、一般的な企業を含めた雇用関係を想定するのではなく、明らかに、一家内における「僕婢」を想定している。しかし、主人と僕婢の間に、賃金と労役の交換を内容とする契約的な関係ではなく、家族と同様な「親切」な関係を期待している点では共通している。両者は、ともに、使用者と使用人の関係を、賃金と労役の交換を内容とする契約的な関係ではなく、親子関係のような情誼的関係であることを求めているのである。そして、ここでも、主僕の関係が情誼的であることは「我が美風」であるとして、西洋や中国に比して、独自性・優越性を示すものと考えられているのである。

だが、この使用者使用人の関係に求められる道徳は「主僕の道」であって、「親子の道」そのものではない。だから、「僕婢」は、次のように、主僕の別をわきまえるべきなのである。

一家の幼兒といへども、主家の家族の一部を形成するものなれば、僕婢たるものは、之に敬事すべきは言ふまでもなし。

（同、六八頁）

おわりに

このように、近代日本において、国家側の正統的な立場から、使用者使用人関係を擬制的な親子関係とする主従道徳が継続的に提示されていた。そして、それは、天皇への直接的な忠誠をすべての臣民の徳目として提示することと平行していた。日本における近代国家への再編制は、一方で、社会における基盤的な集団において血縁関係をもたない者同士を家族的関係として擬制するとともに、天皇と臣民との間にも家族的関係を擬制した。だから、次のような形で、近代日本における正統的な倫理思想は、日本国家を一大家族とする家族国家観を展開するのである。

日本に在つては個々の家族制度が集つて一大家族制度をなして居る。その一大家族制度の家長として天皇が在らせられることは、丁度一つの家族に一つの家長の有るが如しであります。

（井上哲次郎『國民道徳概論』三省堂書店、一九一二年、二一二頁）

日本では、君臣共に血族的關係があるからして、君臣の間に情が自然に備はって居るのであります。

（同、二七七頁）

このような個々の家族の集合として語られる一大家族としての国家の臣民に求められる道徳は、天皇への忠である。それは、個別の家族における親子関係の徳目である孝と一致するとされている。「日本に在つては君臣に父子の情あり」（同、二七七頁）とされ、「忠孝一本」「忠孝一致」と説かれるのである。ここでは、忠孝一本・忠孝一致が縷々弁証される（同、第十章、二六五頁以下）が、その詳細に立ち入る必要はない。ここで確認しておくべきことは、その弁証においても、忠と孝はまったく同一とはされないことである。家族における孝より天皇への忠の方が重いのである。それは、次のように、家族と国家は規模がちがうだけでなく、重要性においても、大いに異なるからである。

忠孝兩立しない時には、一家のことは微々たることで、國家の繁榮とは比較にならぬ。それで孝より忠を重しとする。（同、二七四頁）

孝と忠が両立しえないときには、天皇への忠が優先されなくてはならない。それは、理念的に天皇と等置されている国家が、その内に含まれる組織を凌駕していることによる。

にもかかわらず、忠孝の類同性が語られるのは、天皇と臣民の関係が家族的であるとされるからである。そして、天皇と臣民の家族的であるという性格が、西洋や中国における君主と臣民の関係と明確に異なる日本の独自性ないし優秀性という主張につながっているのである。

忠は日本に於ては、支那に於けるよりズツと深大なる意味を有して居る。西洋各國はいろ〳〵事情を異にして居るから、一概に論ぜられませぬが、併し如何なる國に於ても、恐らくは日本に於ける程深大なる意味の忠君の道徳はないのであらう。（同、二八〇頁）

本論でみてきたことは、近代日本において、国家社会の次元において天皇への直接的な忠誠の道徳が要請され、社会的基層の次元において主僕の道が要請されたことである。

この二重の主従道徳の要請において、天皇と臣民、主人と従僕の二つの関係が、ともに家族と擬制される。このとき、これらは、双務的な契約関係とは異なる情誼的な統属関係にあり、そのことが、日本の独自性ないし優秀性を証示するものと理解されているのである。

近代日本の倫理思想の重要な特質の一つは、二重の主従道徳の要請であり、その主従道徳における日本の独自性ないし優越性を宣揚するところにある。

あとがき

本書は、わたくしにとって三冊目の研究書である。本書に先立つ二冊は、徳川時代の儒家思想に関係するものであったが、これは近代日本の倫理思想を対象とするものである。

わたくしが、徳川時代の儒家を研究対象としたのは、近代日本の倫理思想を研究するための前提ないし前段階としてであった。そういう経緯であれば、本書は、前二冊の準備を踏まえた上での近代日本の倫理思想の研究成果であるから、元来の目的を十分達成できたかというと、必ずしも、そういうことにはなっていない。ものごとは、計画通りにゆかないものである。だが、前近代の倫理思想研究が、近代の倫理思想研究に生きているとはいえるであろうから、わたくし自身としては、それでいささかなりとも満足するほかはない。

なお、本書の内容を「主従道徳と国家」として要約的に証示したが、本書をまとめるなかで、「批判的体制派の思想」として証示したい気持ちがあった。本書で取り上げた思想家は、いずれも、近代日本の倫理思想を主導し、近代日本の国家を至上のものとして理念的に価値づける傾向をもっていた。だが、また、いずれも、現実の日本国家と背離し、それによって疎外されるところがあった。そういう理由からである。だが、本書の諸論考は、近代日本の倫理思想を主導した思想の分析ではあったが、それが、現実の日本国家から遊離する面を、意識的に掘り下げることをしていない。近代日本の倫理思想を主導した思想家たちが、日本国家を至上のものとして理念的に価値づけつつも、現実の日本国家から疎外される傾向をもつという逆説は、本書以後のわたくしの問題意識の一つとなった。

思えば、わたくしが、倫理学という学問分野の存在を知り、倫理学に志すようになったのは、和辻哲郎の書物に接した高校生時代のことである。そして、和辻の指導を直接受けた教授方のいる東京大学文学部倫理学研究室へ、希望通り進学して、その指導を受けて後、運よく岡山大学へ倫理学担当の教師として赴任し、以来、すでに三十五年が経過している。

この長い大学勤務のなかで、わたくしは、次第に大学教師として自己規定するようになった。大学に勤務する教員が大学教師として自己規定するのは当然すぎるほど当然のようであるが、必ずしもそうではない。というのも、大学に勤務する教員は、なによりもまず研究者として自己規定し、教育者であることを第二義的であると心得る傾向がないではないからである。まして、管理運営や社会貢献などは、「雑務」として軽んじる傾向もある。

わたくしが、大学教師として自己規定するようになったのは、そうした傾向に対する自覚的な選択としての意味をもっていた。研究はもちろん大事であり、大学はその機会をよく与えてくれる場である。だが、教育はもっとも重大な大学教師の使命であり、管理運営や社会貢献は、これまた大学教師の不可欠で重大な使命である。わたくしの大学教師としての自己規定は、研究至上主義、教育や「雑務」への軽視といった、一部の傾向への強い違和感にもとづいていた。

このような大学教師としての自己規定は、わたくしが、大学勤務のはじめから長らく、教養教育担当であったことによる面があろう。だが、より大きな理由は、倫理学という学問に対する考え方によっている。

わたくしは、倫理学という学問が、研究だけでなく、常に具体的現実とかかわるものでなくてはならないと考えている。このことは、倫理学が、それ自体として実践的応用的であるべきだということを意味しない。倫理学が、純然たる理論的研究であることもあるし、わたくし自身の研究がそうであるように、歴史的研究の形をとることもある。だが、倫理学の研究は、研究者自身の具体的現実的とのかかわりのなかでなされなくてはならない。そのように考えて、わたくしは、大学という場で要請されるさまざまな仕事を、可能な限り、遂行することを期したのである。

このようにいうのは、わたくしの研究成果が乏しく拙いことの理由とするためではない。わたくしの研究成果が乏しく拙いとしたら、それは、わたくしの非力菲才の故である。わたくしは、比較的恵まれた研究環境にあったし、研究にあたっては可能な全力を投入した。むろん、その研究成果は、純然たる学問的手続きにもとづくものである。だが、本書としてあらわれた研究成果は、右にいうような、わたくしの倫理学についての考え方や自己規定と、直接的ではもちろんないが、つながっている。いささか冗句を弄した所以である。

非力菲才の身にして、ともかくも、本書を刊行することができたのは、多くの方々の支えがあったことによる。学恩やさまざまな意味で支援をうけた方々の名をあげて謝意を表したいところであるが、多数にのぼり、お名前を逸するとかえって失礼である。すべての方の名をあげることは、割愛させていただく。

ここでは、まず、古川哲史先生と尾田幸雄先生とに謝意を表したい。和辻哲郎に端を発したわたくしの倫理学研究は、近年、西村茂樹研究に集中するようになった。その機縁は、公益社団法人日本弘道会編『増補改訂　西村茂樹全集』の編集に参加したことである。そして、このことは、古川・尾田両先生のご推薦によることであった。ところが、『増補改訂　西村茂樹全集』の刊行完成を目前にして、昨二〇一一年八月二十二日に古川哲史先生が、同九月三日に尾田幸雄先生が、相次いで逝去された。両先生に、追悼の誠とともに心からの謝意を表するものである。

また、『増補改訂　西村茂樹全集』は思文閣出版の刊行になるが、その編集に参加したご縁により、本書の刊行を思文閣出版に引き受けていただくことができた。市場価値に乏しい本書の刊行を敢えて引き受けて下さったことはまことに感謝に堪えない。思文閣出版に対して、そして、本書の刊行に向けて直接的にお世話下さった同社の中江俊治氏、および、精確緻密な編集をして下さった大地亜希子氏に、心からの御礼を申し上げる。

最後に、私事にわたるが、これまでの大学教師生活において、内助の功を尽くしてくれた妻由美子にも感謝の気持ちをあらわすこととする。

二〇一二年五月五日

高橋文博

〈初出一覧〉

序　新稿

第Ⅰ部　近代の立ち上げ――知識人たち

第一章　明治十年代の道徳教育――修身教科書を中心に――　西村清和・高橋文博編『近代日本の成立――西洋経験と伝統――』ナカニシヤ出版、二〇〇五年

第二章　徳育論争における福澤諭吉　井上克人編『豊饒なる明治』関西大学出版部、二〇一二年

第三章　道徳教育における主従関係の近代　同右

第四章　近代日本における経済と倫理　『岡山大学文学部紀要』第三九号、二〇〇三年

第五章　阿部次郎の社会思想――『三太郎の日記』を中心に――　日本哲学史フォーラム『日本の哲学』第九号、二〇〇八年

第六章　安倍能成と平和論　岡山大学倫理学会『邂逅』第一九号、二〇〇一年

第Ⅱ部　近代の語り直し――和辻哲郎

第一章　アジアの中の日本　佐藤康邦・清水正之・田中久文編『甦る和辻哲郎　人文科学の再生に向けて』ナカニシヤ出版、一九九九年

第二章　自然のあり方は「人間の有り方」　『人間会議』二〇〇四年夏号

第三章　天皇・武士・民衆――和辻哲郎における日本倫理思想史の構図――　『理想』第六七七号、二〇〇六年

第四章　和辻哲郎における敗戦　　岡山大学倫理学会『邂逅』第一七号、一九九九年

第五章　和辻哲郎の戦後思想　　『日本哲学史研究』第八号、二〇一一年

第Ⅲ部　西村茂樹文献解題

一　『泊翁巵言』　　日本弘道会編『増補改訂　西村茂樹全集』第三巻、思文閣出版、二〇〇五年

二　『往事録』　　同第四巻、二〇〇六年

三　『校正萬國史略』　　同第五巻、二〇〇七年

四　『輿地誌略』　　同第六巻、二〇〇八年

五　『求諸己齋講義』　　同第八巻、二〇一二年

六　『樝寧氏道徳學』　　同右

七　『理學問答』　　同第九巻、二〇一〇年

八　『希穀氏人心學』　　同右

九　『可吉士氏心象學摘譯』　　同右

結び　近代日本における倫理思想の特質　　新稿

◎著者略歴◎

高橋　文博（たかはし・ふみひろ）

1948年，群馬県生．

東京大学文学部卒，東京大学大学院人文科学研究科博士課程（倫理学）単位取得中途退学．

博士（人文科学，お茶の水女子大学）．

岡山大学大学院社会文化科学研究科教授．

主要著書に『近世の心身論』（ぺりかん社，1990年），『吉田松陰』（清水書院，1998年），『近世の死生観』（ぺりかん社，2006年）など．

近代《きんだい》日本《にほん》の倫理《りんり》思想《しそう》　主従《しゅじゅう》道徳《どうとく》と国家《こっか》

2012（平成24）年９月25日発行

定価：本体5,500円（税別）

著　者　高橋文博
発行者　田中　大
発行所　株式会社　思文閣出版
〒605－0089　京都市東山区元町355
電話 075－751－1781（代表）

印　刷
製　本　亜細亜印刷株式会社

©F. Takahashi
ISBN978-4-7842-1656-7　C3012

索　　引

【人　名】

（宗教的・神話的存在を含む）

【書　名】

く

け

こ

さ

し